国際刑事裁判所と人権保障

東澤　靖

国際刑事裁判所と人権保障

学術選書
127
国際人権法

信山社

はしがき

　日本が国際刑事裁判所（ICC）規程に加入した年に，前著『国際刑事裁判所　法と実務』を出版してから，相当の年月が経過した。2003年から活動を開始したICCにおいても，昨2012年にようやく2つの事件について第1審判決に至っている。その間にICCをめぐって生起するさまざまな問題について，関心の趣くままに拙い論文を書き続けてきたが，それらを再構成して本書にまとめることとした。10章からなる本書のうち，第1章から第9章までのものは，すでに発表済みの論文に，適宜，現在の視点からの追加や訂正を加えた（「初出一覧」参照）。第10章については，ICCをめぐる日本社会の位置を再確認する意味で，新たなものとして書き加えた。

　本書は，第1部から第5部まで，5つの主題のもとに構成されている。

　「第1部　紛争下の大規模人権侵害と国際刑事裁判所」においては，現在の国際社会においてICCが何を目指そうとし，どのような役割を果たすことができるのかを，ICCが直面する課題とともに示そうとした。

　「第2部　被告人の権利——公正な裁判への課題」においては，国際的な刑事手続においても最大の当事者となる被告人の諸権利，そしてそれに支えられるべき公正な裁判が，どのように妨げられ，あるいは実現されてきたのかを検討した。それを通じて，国際刑事手続における公正な裁判を実現する方法と条件が，模索されるだろう。

　「第3部　被害者の権利と救済」は，被害者の権利を論じている。ICCの一つの歴史的な意義とされる被害者のための諸制度が，どのように動き出し，どのような課題に直面しているのか。それが真に被害者にとって意味のある制度となるために，克服しなければならない課題は多い。

　「第4部　侵略犯罪の訴追をめぐる課題」は，2010年にICC規程を見直すために開催された検討会議をめぐる考察である。とりわけ，幾多の困難を経て採択された侵略犯罪に関わる改正は，それ自体が新たな希望であると同時に，真に機能するものとなるための多くの課題をはらむものとなった。

　そして「第5部　日本の課題」では，このように一定の成果と産みの苦しみを同時に抱え続けるICCに対し，日本はどのように関わることができ，

はしがき

また関わるべきなのかを示そうとした。この点は，ぜひ読者にも考えていただきたい課題である。

　日本がICC規程に加入した直後の論文で，私は，ICCをめぐる国家と個人との関係について論じたことがある（「国際刑事裁判所　日弁連としての関わりからみえる課題」法律のひろば，2007年9月号，38-47頁）。それは，弁護士として戦後補償や人権侵害の国際的な救済に関わる中で，国際法やICCがより個人の救済にとって意味のあるものとなることを願って書かれたものであった。

　しかし，本書に所収した各論文を見返す中で，私は，法そのものよりもむしろ，国際法やICCを動かす国家や市民の役割の重要性を，強く意識せざるを得なかった。ICCが成功という評価を得ることができるとすれば，それは果たして何を尺度として語られるべきものなのか。「正義」や「法の支配」など，ICCに関してしばしば主張される理念は，何のために必要とされるのか。そして，そのような検証に耐えうるICCの活動を実現させるためには，市民社会から，そして日本の地から，どのような関わりを持つことができるのか。

　もちろん，本書は，そのような問いのすべてに答えているわけでもないし，模索を続ける著者に，満足な解答を見いだす能力があるわけではない。しかし，この間，ICCをめぐって実際に生じてきた数々の発展や問題点を，評価し，検証する中で，その解答に少しでも近づこうと考えた。本書における著者の分析と意見に対しては，さらなる指摘や批判を強く期待している。

　なお本書の出版に際しては，明治学院大学より2013年度学術振興基金補助金の交付を受けたことを申し添える。

　　2013年初秋

　　　　　　　　　　　　　　　　　　　　　　　　東澤　　靖

目　次

はしがき

第1部　紛争下の大規模人権侵害と国際刑事裁判所

第1章　重大・組織的な人権侵害事態と国際刑事裁判所……3
　I　国際刑事裁判所（ICC）の目的，制度そして現状……3
　II　普遍性をめぐる問題点……6
　III　平和と司法的正義（Peace and Justice）……9
　IV　実効性をめぐる問題点……11
　V　おわりに……14

第2章　国際刑事裁判所における最初の有罪判決……15
　I　事件の概要……15
　II　本判決の認定……16
　　1　武力紛争の性質（16）
　　2　子ども兵士に関する戦争犯罪（17）
　　3　共同犯罪実行（co-perpetrator）としての責任（17）
　III　解説及び検討……18
　　1　本判決の意義（18）
　　2　判決の認定における争点（19）
　　3　判決が指摘した検察官の捜査・訴追の問題点（22）
　　4　刑の量定（23）

第2部　被告人の権利——公正な裁判への課題

第3章　国際刑事裁判所における捜査・訴追対象者の権利……29
　I　国際刑事手続における捜査・訴追対象者の権利……29
　II　ICC規程と捜査・訴追対象者の権利……31
　　1　規程における捜査・訴追対象者の権利（31）
　　2　実体法的権利（31）

vii

　　　　3　手続法的権利 (33)
　Ⅲ　武器対等原則をめぐる発展……………………………………………34
　　　　1　武器対等原則と国際刑事手続 (34)
　　　　2　武器対等原則をめぐる諸問題 (35)
　Ⅳ　弁護士事務所の制度化と弁護士会の役割……………………………37
　Ⅴ　おわりに…………………………………………………………………38

第4章　国際刑事裁判所における「公正な裁判」……………………39
　Ⅰ　はじめに…………………………………………………………………39
　Ⅱ　ICC での公正な裁判を確保するための措置…………………………40
　　　　1　ICC において保障される被疑者・被告人の諸権利 (40)
　　　　2　証拠の開示を受ける権利と公正な裁判 (42)
　　　　3　被害者の参加と被告人の公正な裁判を受ける権利 (43)
　Ⅲ　ルバンガ事件の経緯……………………………………………………45
　Ⅳ　犯罪事実確認手続における証拠の要約 (Summary) と削除編集
　　　(Redaction) ………………………………………………………………47
　Ⅴ　被害者の参加形態をめぐる問題点……………………………………49
　　　　1　争いとなった被害者の範囲と参加形態 (Modality) (49)
　　　　2　公判裁判部の決定 (50)
　　　　3　上訴裁判部の判決 (51)
　　　　4　考　察 (52)
　Ⅵ　証拠開示と秘密保持合意文書 (Documents on Condition of
　　　Confidentiality) の開示…………………………………………………55
　　　　1　公正な裁判が不可能な場合の結果 (55)
　　　　2　秘密保持合意と被告人に有利な証拠の開示義務 (56)
　　　　3　公判裁判部の決定 —— 手続の中止と被告人の釈放 (57)
　　　　4　上訴裁判部の判決 (58)
　　　　5　考　察 (60)
　Ⅶ　予審裁判部の認定事実と公判で認定可能な犯罪事実………………61
　　　　1　問題の所在 (61)
　　　　2　公判裁判部の決定 (62)

3　上訴裁判部の決定 (64)
　　　4　考　察 (65)
　Ⅷ　仲介者（Intermediaries）の身元開示と公正な裁判……………66
　　　1　仲介者（Intermediaries）の問題と開示決定 (66)
　　　2　検察官による不開示と公判裁判部の決定 (68)
　　　3　上訴裁判部による破棄 (70)
　　　4　考　察 (71)
　Ⅸ　まとめにかえて………………………………………………………73

第3部　被害者の権利と救済

第5章　国際刑事裁判所における被害者の地位……………77

　Ⅰ　はじめに………………………………………………………………77
　Ⅱ　ICCにおける被害者制度の背景……………………………………77
　　　1　刑事手続と被害者 (77)
　　　2　国際刑事裁判における被害者の取扱い (78)
　　　3　被害者をめぐる国際人権法の発展 (80)
　Ⅲ　ICCにおける被害者の権利と組織…………………………………82
　　　1　ICCにおける被害者の権利 (82)
　　　2　被害者の定義 (82)
　　　3　被疑者・被告人の権利との調整 (83)
　　　4　被害者に関する裁判所組織の体制 (84)
　Ⅳ　被害者と証人の保護…………………………………………………86
　　　1　総　説 (86)
　　　2　手続の各段階における保護措置 (88)
　　　3　被害者・証人室（VWU）の職務 (90)
　Ⅴ　被害者の手続参加……………………………………………………92
　　　1　ICCにおける制度創設の背景と概要 (92)
　　　2　被害者の法律上の代理人と公設代理人事務所 (95)
　　　3　被害者及びその代理人の参加の形態 (97)
　　　4　参加が認められる手続と被害者への通知 (99)
　　　5　被害者の参加をめぐる諸問題 (100)

　　　　　　　　　　　　目　次

　　Ⅵ　被害者に対する賠償と信託基金……………………………108
　　　　1　総　　説　(108)
　　　　2　被害者に対する賠償　(112)
　　　　3　被害者のための信託基金　(115)
　　Ⅶ　おわりに……………………………………………………117

第6章　国際刑事裁判所における被害者の参加……………………119
　　Ⅰ　ルバンガ事件と被害者の参加………………………………119
　　　　1　第1公判裁判部の決定　(120)
　　　　2　上訴許可決定　(122)
　　Ⅱ　上訴裁判部の判決（本件判決）……………………………122
　　Ⅲ　解説及び検討…………………………………………………124
　　　　1　被害者の参加をめぐる状況と国際人権法　(124)
　　　　2　国際刑事手続における被害者参加制度の概要　(125)
　　　　3　被害者の認定（判断①）　(127)
　　　　4　被害者参加の要件（判断②）　(128)
　　　　5　被害者参加の諸形態（判断③及び④）　(129)

第7章　国際刑事裁判所における最初の賠償に関する決定………133
　　Ⅰ　はじめに……………………………………………………133
　　Ⅱ　ルバンガ事件の有罪判決…………………………………135
　　Ⅲ　被害者賠償に関する国際法の発展とICCの制度…………137
　　　　1　国際法の発展　(137)
　　　　2　ICCで採用された制度　(139)
　　Ⅳ　本決定の内容と問題点……………………………………141
　　　　1　本決定の構成と概要　(141)
　　　　2　総論的な問題点　(142)
　　　　3　法と賠償原則　(147)
　　　　4　賠償命令と賠償実施の手続　(157)
　　Ⅴ　上訴手続で明らかとなった問題点………………………161
　　Ⅵ　まとめ………………………………………………………164

目　次

第4部　侵略犯罪の訴追をめぐる課題

第8章　国際刑事裁判所ローマ規程の改正手続と2010年検討会議 …………………………………………………… 169

Ⅰ　はじめに …………………………………………………………… 169

Ⅱ　ICC規程における改正と検討会議のシステム ……………… 169
　　1　諸規定の概要　(169)
　　2　改正手続　(170)
　　3　検討会議　(177)

Ⅲ　検討会議の対象となりうる事項 ……………………………… 178
　　1　はじめに　(178)
　　2　審議が義務づけ，勧告・示唆されている事項　(178)
　　3　その他の再検討が考えられる事項　(186)

Ⅳ　検討会議の準備と審議課題 …………………………………… 189
　　1　検討会議の準備　(189)
　　2　検討会議の審議課題　(190)

第9章　国際刑事裁判所ローマ規程の侵略犯罪の改正 ………… 193

Ⅰ　はじめに …………………………………………………………… 193

Ⅱ　侵略犯罪に関する規定新設経過と決議の概要 ……………… 195

Ⅲ　解釈における総論的問題点 …………………………………… 197
　　1　用いられた改正手続　(197)
　　2　決議本文や了解文書の法的地位　(201)

Ⅳ　侵略犯罪の定義と個人責任──新規程8条の2，25条(3) ………… 203
　　1　侵略犯罪の定義の枠組み　(203)
　　2　侵略行為の定義　(204)
　　3　侵略犯罪の定義　(206)
　　4　定義がもたらす影響の限定　(209)

Ⅴ　管轄権行使条件──15条の2及び15条の3 ………………… 210
　　1　管轄権行使の契機（トリガー〔ひきがね〕）　(211)
　　2　管轄権行使の手続的な条件　(211)
　　3　管轄権行使の時間的な条件　(215)

　　　　　　　　　目　次

　　　4　管轄権行使の国，人，地域に関する条件　(217)
　　　5　ICC による侵略行為の認定の独立性　(226)
　　　6　侵略犯罪管轄権行使条件規定の影響の限定　(227)
　Ⅵ　ま　と　め………………………………………………………………227
　資料　第6決議の訳文…………………………………………………………230

第5部　日本の課題

第10章　国際刑事裁判所と日本の課題……………………………………239
　Ⅰ　は　じ　め　に………………………………………………………239
　Ⅱ　ICC 規程加入の際の日本国内の対応……………………………240
　　　1　ICC 規程加入の目的　(240)
　　　2　国内法の対応をめぐる議論　(247)
　Ⅲ　ICC 規程加入の意義と日本の役割を問い直す…………………251
　Ⅳ　人権保障のための ICC………………………………………………263

初　出　一　覧
事　項　索　引

第1部
紛争下の大規模人権侵害と国際刑事裁判所

第1章　重大・組織的な人権侵害事態と国際刑事裁判所

I　国際刑事裁判所（ICC）の目的，制度そして現状

　2012年3月，国際刑事裁判所（ICC）第1公判裁判部は，コンゴ民主共和国の反政府勢力の指導者とされるトーマス・ルバンガ・ディーロ被告に対し，戦争犯罪（子ども兵士の徴集や使用）を認める有罪判決を行った[1]。国際社会は，ICCにおける初めての公判を通じた判決として，この判決を歓迎したが，この判決を迎えるまでには，ICCは，逮捕から約6年を要したことをはじめとして，数々の問題点を克服しなければならなかった[2]。

　ICCの設立に際して，その主要な目的の一つが重大・組織的な人権侵害事態（以下では，「大規模人権侵害」という）に対応することにあったことは疑いがない。その設置の基礎となった国際刑事裁判所に関するローマ規程（ICC規程）は，その前文において，「児童，女性及び男性」が残虐な行為の犠牲者となってきたことを踏まえて，そのような重大な犯罪を行った者が「処罰を免れることを終わらせ，もってそのような犯罪の防止に貢献する」ために，ICCを設立することをうたっている。そこには，過去には大規模人権侵害の責任者が国家権力や国際政治を背景に不処罰のままに放置されてきたという歴史認識と，そのような不処罰の文化を終了させることが，大規模人権侵害に対処し予防するために必要だという理念が存在する。

　ICCが大規模人権侵害に対応するメカニズムは，次のようなものである。ICCはICC規程発効（2002年）後の，集団殺害犯罪，人道に対する犯罪及び戦争犯罪（さらには後に触れる定義等が採択された後の侵略犯罪）に対して管轄

1　Trial Chamber I, Judgment pursuant to Article 74 of the Statute, ICC-01/04-01/06-2842, 14 March 2012. 判決の内容については，本書第2章。
2　ルバンガ事件における数々の手続上の問題点については，本書第4章。

権を持つ。ICC の手続は，それらの犯罪が行われたと考えられる事態を，締約国や国連安全保障理事会（安保理）が検察官に付託した場合，あるいは検察官が所定の手続に従って捜査に着手した場合に，開始される。

　大規模人権侵害に対して独立の国際裁判所が訴追と処罰を行うことを通じて，不処罰の文化を終了させるという目的を達成するために，ICC 規程は，いくつかの画期的なシステムを採用した。例えば容疑者の所属する国家の主権との関係では，ICC が捜査や訴追を開始するためには必ずしもその国家の同意を必要としない。安保理が付託した事件であれば当然のこととして，あるいはそれ以外の場合にも，容疑者の所属する国家が締約国となっている場合に限らず，犯罪が締約国の領域で発生すれば非締約国の国民に対しても ICC が管轄権を行使できるとした（12 条，条文はことわりのない限り，ICC 規程の条文。以下同じ）。刑事責任から容疑者の公的資格を無関係としたことも（27 条），国家が主権免除を盾に国家指導者や政府高官の責任を免れさせる道を封じるものであった。また，国際政治との関係では，その影響を排除する独立性を ICC に与えるために，ICC での捜査や訴追は，安保理などの国際機関の意向にかかわらず進めることができることとした（ただし，安保理決議による 12 ヵ月間の延期は可能。16 条）。さらに前述のように，検察官は，締約国や安保理による付託がなくても，予審裁判部の許可を受けることを条件に，自らの職権で ICC が管轄権を有する犯罪を調査できることとされた（15 条）。これらのシステムにより ICC は，その対象犯罪に当たるような大規模人権侵害に責任を持つ者を，その所属する国家の意に反してでも，あるいは安保理常任理事国の拒否権に煩わされることなく，捜査し訴追する権限を与えられた。

　他方で，ICC は，無制限な普遍的管轄権やそれを裏づける法執行のための組織や資源を与えられたわけではなく，その権限を行使するに際して，いくつかの前提や条件を課されている。その主要なものの一つは，補完性の原則であり，ICC は，事件に管轄権を持つ国家が捜査や訴追を行う意思や能力がない場合でなければ事件を受理することができない（1 条，17 条）。また，自ら警察力や法執行機関を持つわけではない ICC は，証拠の収集，容疑者の逮捕や引渡し，そして最終的には拘禁刑や没収命令の執行を締約国の国際協力に依拠せざるを得ない。このようなシステムの中で，ICC が大規模人権

第1章 重大・組織的な人権侵害事態と国際刑事裁判所

別表　事件の進行状況（2013年7月1日時点）

事態	管轄権	事件容疑者数	未逮捕・未召喚	予審裁判部	公判裁判部	有罪判決	無罪判決
ウガンダ	締約国付託	4＊	4				
コンゴ民主共和国	締約国付託	6	1	2＊＊	1	1（上訴）	1（上訴）
ダルフール（スーダン）	安保理付託	7	4	1＊＊	2		
中央アフリカ共和国	締約国付託	1			1		
ケニア共和国	検察官の職権	6		3＊＊	3		
リビア	安保理付託	2＊	2				
コートジボワール	非締約国受託宣言	2	1	1			
マリ	締約国付託						

＊　ルクウィヤ（ウガンダ），カダフィ大佐（リビア）については，逮捕状が発布されたが，それが執行される前に死亡したことにより，手続は終了したので容疑者数には含めていない。

＊＊　アブガルダ（ダルフール），ムバルシマナ（コンゴ），コスゲイとフセイン・アリ（ケニア）に対する犯罪事実については，予審裁判部がその確認を拒否する決定を行っている。また，ムタウラ（ケニア）に対する訴追は撤回された。

侵害に対してどのように機能できるかは，まったくの未知数であった。

　2002年7月1日にICC規程が発効した後，ICCの実際の活動は2003年に開始された。2005年7月に，ウガンダの事態で最初の逮捕状が発布された後，別表に記載したように現在までに8つの事態，28名の容疑者に関する事件がICCに係属した。

　これらの事件の中で最も先行しているのは冒頭に触れたルバンガ事件であり，また，同じコンゴ民主共和国の事態で，初の無罪判決もなされている（マチウ・ングジェロ・チュイ被告，Trial Chamber Ⅱ, Judgment pursuant to article

74 of the Statute, ICC-01/04-02/12, 18 December 2012)。しかし，合計 26 名の容疑者のうち，11 名については逮捕状が執行されていない。その中には，6年以上にわたって逮捕状が執行されていないウガンダの事件，あるいは安保理付託事件にもかかわらず逮捕状が執行できないダルフール（スーダン）やリビアの事件がある。

　以上に加えて，ICC の検察局は，その他の事態についても予備的な調査を行っており，その対象にはアフガニスタン，グルジア，ギニア，コロンビア，パレスティナ[3]，ホンジュラス，韓国（北朝鮮による戦争犯罪）及びナイジェリアなどの事態が含まれてきた[4]。

　このように少なからぬ事件が係属し，進行している ICC であるが，大規模人権侵害に対して期待された役割を果たすことができているのだろうか[5]。

II　普遍性をめぐる問題点

　大規模人権侵害の責任者に対する不処罰の文化を終了させるという ICC の理念に照らせば，その管轄権は，対象とする国家を問わない普遍的なものであるべきである。しかし，ICC はその規程を受け入れた諸国家の条約によって設置された機関であり，世界中で発生するすべての事態に対して普遍的管轄権を与えられたものではない。容疑者の国籍国または犯罪の発生地国が ICC 規程の締約国もしくは管轄権受諾国であるか，そうでない場合には，安保理がその決議によって事態を ICC の検察官に付託することによってしか，ICC はその管轄権を行使することができない（12 条，13 条）[6]。大規模

3　パレスティナの事態については，イスラエル軍によるガザ侵攻を機に，パレスティナ自治政府が 2009 年 1 月に ICC 管轄権行使の受託宣言を提出した。しかし，ICC 検察局は，パレスティナが受託宣言を行うことができる「国家」であるかどうかを判断する権限を与えられていないと述べて，調査を中止する発表を行った。The Office of the Prosecutor (OTP), Situation in Palestine, 3 April 2012.

4　OTP, Report on Preliminary Examination Activities 2012, 22 November 2012.

5　ICC が直面する課題の概要については，ICC 裁判官である尾﨑久仁子「国際刑事裁判所の現状と課題」刑事法ジャーナル No.27（2011）44-52 頁参照。

6　さらに，ICC に管轄権の認められる事件においても，前述した補完性の原則や重大性の要件のもとでの受理許容性を満たさなければ，実際に事件を進めることはできない（17 条）。

第1章　重大・組織的な人権侵害事態と国際刑事裁判所

　人権侵害に関わる国家がICC規程に批准・加入をせず，安保理もそれを放置する場合には，大規模人権侵害に対してICCが機能することはできないという選別性が，ICCには内在する[7]。そのような選別性が，アメリカ軍のイラクへの侵攻，最近ではスリランカでの内戦やシリアでの市民に対する攻撃，そして前述したように管轄権受諾宣言を行ったパレスティナでの事態を，ICCの管轄権の枠外に放置している。

　ICCが管轄権を行使できる範囲は，2010年に採択された侵略犯罪の管轄権行使条件においては，さらに狭められることになった[8]。すなわち，侵略犯罪の場合には，他の対象犯罪の場合とは異なり，非締約国の国民によるまたはその領域での侵略行為，さらには締約国であっても管轄権を受諾しない宣言をした場合には，ICCは管轄権を行使できないこととされた（ICC改正規程15条bis 4項，5項）[9]。この改正によって，侵略犯罪については，犯罪の発生地国が締約国内であっても非締約国の国民にはICCは管轄権を行使できず，また，締約国であっても宣言によってICCの管轄権を拒否できるという例外が設けられることになる。このような結果は，侵略犯罪をめぐる困難な議論の結果のやむを得ない妥協であり，合意に至ったこと自体が国際法における重要な発展であるとしても[10]，他の対象犯罪と比べて，選別性を増大させることとなったことは否定できない[11]。

　さらに，ICC規程自体に内在する問題とは離れて，実際のICCの活動の普遍性に対する批判として，事態や事件の地域的な偏りがある。先の別表を見

7　安保理での決議に拒否権を行使できる常任理事国のうち3ヵ国（アメリカ，ロシア，中国）がICC規程の非締約国にとどまっていることも，安保理による付託を限定的なものとしている背景としてある。

8　侵略犯罪は，ICCの対象犯罪の一つであるが，その定義と管轄権行使条件が採択されるまでは，ICCが管轄権を行使できないとされていた（5条(2)）。そのため2010年にカンパラ（ウガンダ）で開催された締約国の検討会議において，侵略犯罪の定義と管轄権行使条件を定めるICC規程の改正規定が採択された。

9　侵略犯罪の改正内容については多くの論文があるが，本書第9章を参照。

10　Kreß, C. and von Holtzendorff, L., 'The Kampala Compromise on the Crime of Aggression,' 8 Journal of International Criminal Justice (JICJ) (2010) pp. 1179-1217, 1217.

11　真山全「国際刑事裁判規程検討会議採択の侵略犯罪関連規定──同意要件普遍化による安保理事会からの独立性確保と選別性極大化」国際法外交雑誌109巻4号（2011年）543-575, 574頁。

れば明らかなように、これまでの事件は、すべてアフリカ諸国における事件であり、そのような状況が、ICC はアフリカに対する西側の新植民地主義の道具ではないかという批判も呼んできた。実際、アフリカ諸国からなるアフリカ連合（AU）は、2008 年以降、ICC のみならず、西側諸国によるアフリカの指導者に対する普遍的管轄権の行使に対し、それは普遍的管轄権原則の濫用、主権の侵害であるとの主張を繰り返すようになった[12]。また、スーダンのバシル大統領に対する ICC の逮捕状発布に伴い、2009 年 7 月に AU は、それは和平の努力を妨げるものであるとして、AU 加盟国が同大統領の逮捕や引渡しに協力しないことを決定し、また ICC 検察権の裁量権行使のあり方に懸念を表明した[13]。その決定や声明において AU は、強力な西側諸国が常設刑事裁判をアフリカのような世界の弱小国における敵対者を攻撃するために用いているとの主張を続けている[14]。もちろん、ICC の政治的独立性や前述したように ICC 規程が被疑者の地位による区別を否定していることを考えれば、AU の行う批判のすべてが当をえたものとはいえない。他方で、AU はその構成国に多数の ICC 締約国を含む ICC の推進勢力である。その AU が ICC の活動の普遍性を問題にしている事実は看過することはできない。実際にアフリカに限らず大規模人権侵害の事態が発生しているもとで、ICC が他の地域の事態に対する捜査や訴追を積極的に進めることなしには、その活動の正当性を認めさせることは困難である。ICC 規程に内在する限界は前

12　Decision on the Report of the Commission on the Abuse of the Principle of Universal Jurisdiction, July 1, 2008, Assembly/AU/Dec.199 (XI).その後も、同様の決定は、2011 年 1 月の第 18 回総会まで繰り返し行われている（Assembly/AU/Dec.213 (XII), Assembly/AU/Dec. 243 (XIII) Rev. 1, Assembly/AU/Dec. 271 (XIV), Assembly/AU/Dec. 292 (XV), Assembly/AU/Dec.335(XVI)）。

13　Decision on the Report of the Commission on the Meeting of African States Parties to the Rome Statute of the International Criminal Tribunal (ICC), July 3, 2009, Assembly/AU/Dec. 245 (XIII) Rev.1. その後も同様の決定は現在まで行われており（Assembly/AU/Dec.270 (XIV), Assembly/AU/Dec.292 (XV), Assembly/AU/Dec.335 (XVI), Assembly/AU/Dec.366 (XVII), Assembly/AU/Dec.397(XVIII)）、その中では、リビアのカダフィ大佐に対する ICC の逮捕状執行に協力しないことやケニア事態に関する手続を安保理が延期要請すべきことも述べられている（上記 Dec.366(XVII), 2011 年 7 月）。

14　Jalloh, C. C., 'Universal Jurisdiction, Universal Prescription? A Preliminary Assessment Of The African Union Perspective On Universal Jurisdiction,' 21 Criminal Law Forum (2010) pp. 1–65, 25.

提としながらも，その中でICCが取り扱う事態の地域的普遍性を実現することが，事態を付託する締約国や安保理，そしてICC検察官に求められている。

Ⅲ 平和と司法的正義 (Peace and Justice)

武力紛争の継続中あるいはその後において，和平交渉や国民和解と，重大な人権侵害に対する司法的正義の追及と，いずれを優先させるべきなのかは，長く争われてきた課題である。ICC規程は，すでに触れたように不処罰の文化を終了させるという目的のもと，和平交渉や国内での刑事免責が，ICCが行う犯罪に対する捜査や訴追に影響を与えることを認めていない。また，今日，国連において平和と司法的正義とが同時に追及されるべきものであることは，広く受け入れられるに至っている。例えば，潘基文国連事務総長は，「平和と正義をどのように『和解』させるかまた『配列』するかの議論は，10年以上続いてきた。今日，私たちは概念上の発展を達成した：議論は，もはや平和と司法的正義との間に存在するのではなく，平和とどのような種類の正義かとの間に存在する」と語っている[15]。しかし，平和と司法的正義がたとえ長期的には両立するものであるとしても，短期的にはそれらが抵触することがあるのは現実の問題である。国際犯罪に関与したとされる者が和平交渉や平和構築において重要な役割を果たすことがあり，もしそれらの者に対する訴追がなされたままであれば紛争を集結させる同意を得ることが困難な場合もあるからである[16]。

ICCの事件において，この問題が顕在化したのがウガンダの事態であった。ウガンダ政府は，締約国として自国の内戦の事態を2003年にICCに付託し，ICCは2005年に反政府勢力（LRA）の指導者に対する逮捕状を発布した。そして，その翌年にLRAがウガンダ政府との交渉を開始したことから，ICCの逮捕状が停戦合意や和平交渉を促進したとの理解も一時はなされていた[17]。

---

15 ジュネーブ条約60周年記念大臣級作業会期（ニューヨーク）における演説（2009年9月26日）(http://www.un.org/News/Press/docs/2009/sgsm12494.doc.htm)。

16 ICC Assembly of State Parties (ASP), Report of the Bureau on stocktaking: Peace and Justice, ICCASP/8/52, 20 March 2010, paras. 5-6.

しかしLRAは，ウガンダ政府との交渉において，ICCの逮捕状が撤回されないのであれば暴力を再開するなどの条件を設定し[18]，紛争地域の人々はICCでの訴追が中止されなければ和平交渉の進展が脅かされるとの懸念を抱く状況となった[19]。そして，結果としては，現在に至るまで，最終的な和平合意も被疑者に対する逮捕も実現していない。

平和と司法的正義は，2010年にウガンダで開催されたICC規程の検討会議においても，ICCの活動を評価するための討論のテーマの一つであった[20]。平和と司法的正義のパネルにおいては，著名な国際NGOの代表などから，平和と司法的正義は，今日では一緒に追求すべき積極的な関係にあることや，短期的にも戦争犯罪の訴追が和平プロセスを促進しているとのコメントが繰り返された。しかしながら他方で，国連やウガンダにおいて実際の和平プロセスに携わるパネリストからは，人権を追求するための最速の方法は戦争を終わらせることであり正義へのアプローチには特に時機について柔軟さが与えられるべきだ，平和と司法的正義との間には否定しようのないジレンマがありウガンダの場合もICCが逮捕状を発布した当初は歓喜の声があったがそれが実際に執行できないことにより衰退しているとの報告もなされた。

平和と司法的正義とが同時に追求されるべきものであるとしても，個々の事態においてそれをどのように追求できるのかという問題に，絶対的な回答があるわけではない。ICC設立の際には，「正義なくして平和なし（No Peace without Justice）」というスローガンが叫ばれたが，平和なしには司法的正義を実現することも困難だという現実のジレンマが，ここには存在する[21]。そうした中で，ICCが依って立つ，いかなる和平の実現過程においても大規模

---

17 たとえば，ICC検察官の第5回締約国会議での挨拶（2006年11月23日）「The Northern Uganda situation」の項。

18 第11回ICC記者会見における検察官の声明（2007年10月10日」「The Situation in Northern Uganda」の項。

19 国連安全保障理事会5525会期（2006年9月15日）における事務総長代理による報告（S/PV.5525）4頁。

20 ASP, Official Record, REVIEW CONFERENCE OF THE ROME STATUTE OF THE INTERNATIONAL CRIMINAL COURT, KAMPALA, 31 MAY-11 JUNE 2010, RC/11. Annex V (b), Stocktaking of international criminal justice: Peace and justice.

21 Schabas, W. A., "The International Criminal Court: A Commentary on the Rome Statute," (2010) p. 665.

人権侵害の責任者に対する司法的正義の適用が貫かれるべきだという規範に対しては，国際政治の中で今後においても幾度となく疑問を提起されることとなるであろう。結局のところは，ICC が大規模人権侵害の事態に対し，より普遍的かつ実効的な司法機関として機能し，その存在の正当性を証明し続ける以外には，それらの疑問を克服していく途はない。

IV　実効性をめぐる問題点

　さらに，ICC が捜査を開始した事件においても，実際に捜査や訴追を進めることが可能かという問題が存在する。ICC においては，欠席裁判は認められていないことから，ICC での訴追を行うためには，逮捕状や召喚状の執行により被疑者の身柄を確保することが必要となる。しかし，ICC が実際に逮捕状や召喚状を執行できず，前述のウガンダの事件のように，手続が進行しないままの事件も少なくない。これはいうまでもなく，ICC が各国の領域で自ら執行機関を持たず，被疑者の確保も証拠の収集も各国の協力に依拠せざるを得ないことに由来する。そして，国家の協力は，ICC において最も脆弱な領域である[22]。ICC 規程は，締約国に一般的な協力義務を課すものの，違反に対しては締約国会議や国連安保理に問題を付託する以上の措置は存在しない[23]。また，当然のことながら非締約国に協力を義務づけることはできない。

　安保理による付託がなされたとしても，実際の捜査や手続の遂行には，多くの困難がある。安保理が 2005 年に ICC に付託したダルフール（スーダン）の事態においても，バシル大統領をはじめ ICC が発布した逮捕状はいまだ執行されていない。そうした困難さの背景には，スーダンの現政権が ICC に対して被疑者を保護しようとしていること，事態を付託した安保理決議 1593 自体に ICC の捜査活動を促進するための前提条件が欠けていたこと[24]，また，前述のようにアフリカ諸国が反発したことなどの，政治的要因が存在

22　Schabas 同上，p. 976.
23　ICC における国家の協力の構造については，村井伸行「国際刑事裁判所に対する国家の協力」村瀬信也・洪恵子編『国際刑事裁判所——最も重大な国際犯罪を裁く』(2008)。

する。アメリカの ICC への敵対姿勢を変更されたと評価されたダルフールの事例は，他方で，安保理の付託のみによっては，大規模人権侵害への実効的な措置とはならず，引き続き ICC と安保理との間の協力関係を強化する必要性を示している[25]。

同じ安保理付託の事態でも，リビアの場合には少し様相を異にする。リビアの事態は，2011 年 2 月の安保理決議 1970 で ICC の検察官に付託され，その後に旧政権が崩壊して新リビア政府が誕生することとなった。その意味では，旧政権の指導者である被疑者に対する国家の保護は失われた。そして旧政権崩壊前の同年 6 月には，ICC は，カダフィ大佐，次男のサイフ・アルイスラム・カダフィ及び情報機関幹部であったアブドラ・アルサヌシの 3 名に対する逮捕状を発布し，死亡したカダフィ大佐を除き，同年 11 月以降，サイフ・アルイスラムはリビア国内で，アブドラ・アルサヌシもモーリシャスで身柄を確保された。スーダンの場合には，最初の逮捕状の発布が安保理付託の 2 年後（2007 年），バジル大統領の逮捕状が 4 年後（2009 年）であったことを考えれば，リビアの事態における逮捕状の発付は，はるかに迅速なものであった。この安保理決議も，リビア以外の諸国の協力義務や国連による資金拠出の否定などでスーダンの場合と同様の問題点を抱えていたが，被疑者を保護する政権が崩壊したことで，ICC での訴追が支障なく進むことが期待された[26]。

---

[24] 安保理決議 1593 は，ICC への協力義務を，スーダンと紛争当事者に対して課すのみで，他の国々に対しては協力を促すにとどまった。また，捜査や訴追のために必要な費用についても国連が拠出することを禁止していた。

[25] Stahn, C., 'How is the Water? Light and Shadow in the First Years of the ICC,' 22 Criminal Law Forum (2011) pp. 175–197, 177–180. ICC 検察官は，2013 年の安保理への報告において，ダルフールにおいてなお続いている犯罪や逮捕状を受けた被疑者が ICC の締約国にすら渡航している現状を報告した上で，「安保理と（ICC）締約国の両方が，協調かつ統一した形でこの問題にとりくむことが，真に重要な事項だ。」と訴えた。Seventh Report of the Prosecutor of the International Criminal Court to the UN Security Council Pursuant to UNSCR 1593 (2005), 5 June 2013, para. 46.

[26] 他方で，安保理による付託が武力介入を許容する決議とともになされたことによって，ICC の公平性や役割に重大な問題を提起することになったという指摘もある。Stahn, C., 'Libya, the International Criminal Court and Complementarity,' Journal of International Criminal Justice, Vol. 10-2 (2012) pp. 325–349, 345–346.

ところが、ICC によるサイフ・アルイスラムの引渡請求に対し、新リビア政府は延期の請求を繰り返し[27]、ICC 予審裁判部がその請求を斥けると、2012 年 5 月 1 日に正式に受理許容性に関する異議申立を提出した。新リビア政府の理由とするところは、自国内で捜査と訴追を行う意思と能力があるとする補完性の原則に基づくものであり、ICC の検察官も新リビア政府の国内訴追の可能性に対しては柔軟な態度をとってきた[28]。しかし、ここでは予審裁判部から指名された被告人公設弁護人事務所（OPCD）の弁護人が、カダフィ大佐の死亡の経緯に見られるように、新リビア政府のもとでの公正な裁判が困難であることや死刑の可能性があることを理由に、被疑者の ICC への引渡しを強く求めている[29]。その後、新リビア政府の異議申立に対しては、ICC 予審裁判部が事件に対する ICC の許容性を認めて、申立を斥けた (Decision on the admissibility of the case against Salif Al-lslam Gaddafi, ICC-01/11-01/11-344, 31 May 2013. 上訴)。こうしたリビアの状況は、ICC が実効的に活動するためには、被疑者を保護しようとする国家の抵抗のみならず、補完性原則のもとで国内裁判の公正を確保する必要性、さらには被疑者となった旧指導者への報復を意図する国家や勢力による抵抗を克服するための国際協力の必要性を示している。

---

27 以上の経緯についての詳細は、稲角光恵「リビアにおける国際犯罪の処罰に関わる 2011 年の動向 —— ロッカビー事件からカダフィ裁判まで」金沢法学 54 巻 2 号（2012）1 -14, 7 -11 頁参照。

28 経過の概要については、OTP , Third Report of the Prosecutor of the International Criminal Court to the UN Security Council Pursuant to UNSCR 1970 (2011), 16 May 2012, paras, 14-31. 安保理付託の事件にも、補完性原則や受理許容性・異議申立の手続が適用されるかについて、ICC 規程自体からは明確ではないが、ICC 検察局は安保理付託事件についても受理許容性の審査を行う方針を繰り返してきている。Schabas（注 21）p. 301.

29 Stahn（注 26）pp. 335-336, 347-349. このような状況の下で弁護人は、ICC 検察官の新リビア政府寄りの一連の行動を理由に、ICC 上訴裁判部に、検察官の除斥を申し立てた（2012 年 5 月 3 日）。さらに、同被疑者に面会するためにリビアを訪問中の OPCD の弁護人と ICC 職員が、拘束されるという事態も生じた（同年 6 月 7 日）。

V　お わ り に

　大規模人権侵害に対処するための国際刑事司法機関として，ICC が克服すべき課題は，もちろん以上に尽きるわけではない。本章では触れることができなかったが，国際刑事手続で初めて実現された ICC の被害者参加と賠償制度も，その実際の運用においては少なからぬ問題に直面してきている[30]。

　そのような数々の課題を抱えながらも，大規模人権侵害においてその責任者は個人の刑事責任が追及されるべきだという国際的な規範意識は，国際社会の中で着実に定着しつつあるし，そのために ICC の設立が果たして来た象徴的役割は否定することはできない。その活動開始時に ICC 検察官は，「ICC の実効性はそこにもたらされた事件の数で計るべきではない。反対に，補完性は，国内機関の正常な機能の結果として，この裁判所での裁判の不存在こそが，主要な成功となることを示している」と述べていた[31]。しかし，ICC 自体が実効的に機能することなしに，そのような成功を達成することもまたできないのである。

---

[30]　その抱える問題点については，本書第 5 章を参照。
[31]　Statement made by Mr. Luis Moreno-Ocampo at the ceremony for the solemn undertaking of the Chief Prosecutor of the ICC（2003 年 6 月 16 日）。

第2章　国際刑事裁判所における最初の有罪判決

I　事件の概要

　2012年3月14日になされた本判決（ルバンガ事件）[1]は，2003年に活動を開始した国際刑事裁判所（ICC）における初めての第1審判決である。コンゴ民主共和国（DRC）は，2002年にICCの設立条約であるローマ規程（以下，「ICC規程」。以下，条項は断りがない限りICC規程のもの）の加盟国となり，2004年3月3日同国領域内における事態をICCに付託した。これを受けて，ICCは，DRC国籍で，コンゴ愛国者連合（UPC）の創設者兼代表かつコンゴ解放愛国軍（FPLC）の創設者兼最高指揮官であるとされるトーマス・ルバンガ・ディーロ（Thomas Lubanga Dyilo）被告人に対し，2006年に逮捕状を発付・執行し，翌2007年1月29日，第1予審裁判部は犯罪事実の確認を行って，事件を公判裁判部に送付した。事件は，同年3月6日に第1公判裁判部に係属して審理が行われてきた。公判は，証拠開示問題などで2度にわたって停止されたが[2]，67名の証人，1373件の証拠を取り調べて，2011年8月に最終弁論が行われていた（手続の詳しい経緯は，本書第4章III）。

---

[1]　The Prosecutor v. Thomas Lubanga Dyilo: Trial Chamber I, Judgment Pursuant to Article 74 of the Statute, ICC-01/04-01/06/2842, 14 March 2012. その要約版 Summary of the "Judgment pursuant to Article 74 of the Statute," ICC-01/04-01/06-2843 も公表されている。本判決に対する評釈としては，稲角光恵「判例研究　国際刑事裁判所初のルバンガ事件判決の意義と課題」金沢法学55巻1号（2012）63-79頁がある。

[2]　公判の審理の中で発生した数々の手続上の問題点については，本書第4章を参照。また，審理の過程での各種決定の評釈として，村井伸行「判例紹介　国際刑事裁判所（ICC）に対する違法な逮捕・勾留に基づく手続中止申請――ルバンガ・ディーロ事件（国際刑事裁判所2006年10月3日予審部決定・同年12月14日上訴部判決）」国際人権18号（2007）133-135頁，本書第6章がある。

犯罪事実の確認で認定されていた訴追事実は，2002年9月初めから2003年8月13日までの間に15歳未満の児童をFPLCに強制的に徴集し及び志願に基づいて編入し，ならびに敵対行為に積極的に参加させるために使用したという戦争犯罪に，被告人は，共同犯罪実行として責任があるというものだった。ただし，第1予審裁判部は，本件は非国際的武力紛争における戦争犯罪だとする検察官の主張に対して，2002年9月初めから2003年6月2日までの行為については隣国ウガンダによるIturi地域の占領などを理由に国際的武力紛争における戦争犯罪（8条(2)(b)(xxvi)），同日以降8月13日までの行為は非国際的紛争における戦争犯罪（8条(2)(e)(vii)）であるとしていた。これに対し，本判決は，2002年9月1日から2003年8月13日までの間を通じて，すべて非国際的紛争における戦争犯罪として，被告人は上記の犯罪に共同正犯としての責任（25条(3)(a)）があるという，検察官の主張を認める有罪判決を行った（1358項，以下項数の引用は断りがない限り本判決の項）。

なお量刑については，有罪判決後に量刑のための審理が行われ，2012年7月10日，同公判裁判部は，被告人に対し14年の拘禁刑の決定を言い渡した[3]。

II　本判決の認定

本判決の主要な認定は，以下のようなものである。

1　武力紛争の性質

「しかしながら，武装集団が政府のために行動しているのでなければ，互いに敵対する2つの国家が存在しないもとでは，国際的武力紛争は存在しない。……他方の国家が自らのために武装集団に対して及ぼす支配の必要な程度に関しては，当公判部は『全般的な支配』のテストが正しいアプローチだと結論する。……国家は，『武装集団に財政援助，訓練及び装備または作戦上の支援を行うことに加えて，その集団の軍事行動を組織し，調整し，または計画することに役割を果たす』時に必要な程度の支配を行使していると言

---

[3] Trial Chamber I, Decision on Sentence pursuant Article 76 of the Statute, ICC-01/04-01/06-2901, 10 July 2012.

うことができる。」(541項)

以上の基準のもとで本判決は，訴追対象の武力紛争はすべてその性質において非国際的であった認定した（567項）。

2　子ども兵士に関する戦争犯罪

(1)　強制的徴集及び志願に基づく編入（conscription and enlistment）

「それゆえ，当裁判部は，上記の規程のもとで，強制的徴集及び志願に基づく編入の犯罪は，強制によりまたは強制なしで，15歳未満の児童が武力勢力や集団に登録されまたは加入する時点で実行されるとする，第1予審裁判部に同意する。……これらの犯罪はその性質において継続的である。それらは，当該児童が15歳に達するかその勢力や集団を去る離脱する時にのみ終了する。」(618項)

(2)　敵対行為に積極的に参加させるための使用（using children to participate actively in hostilities）

「敵対行為に積極的に参加する者は，前線にいる（直接に参加する）者から戦闘員を支援する無数の役割に関与する少年や少女まで広範囲の個人を含む。直接的または間接的参加に及ぶこれらの活動のすべては，根底にある共通の特徴──問題となる児童は少なくとも潜在的な標的である──を持つ。『間接的な』役割が敵対行為への積極的な参加として取り扱われるべきかどうかの決定的な要素は，それゆえ，児童により戦闘員に提供される支援がその児童を，潜在的な標的として真の危険に晒すかどうかである。」(628項)

以上の基準のもとで本判決は，訴追対象期間において15歳未満の児童が，UPC/FPLCに集められてUPC本部や複数の軍事キャンプのいずれかに訓練のために連れて行かれた事実（819項），各種の形態で敵対行為に積極的に参加させるために使用された事実（916項）を，合理的な疑いを超えて認定した。

3　共同犯罪実行（co-perpetrator）としての責任

「上記に述べた理由により，検察官はそれぞれの訴追事実に関して以下を証明しなければならない。

(i)　被告人と最低1人の共同犯罪実行者との間に，ひとたび実行されれば

通常の成り行きにおいて関連ある犯罪の実行という結果が生じる合意または共同計画（common plan）が存在した。

(ii) 被告人は，関連ある犯罪の実行という結果が生じる共同計画に不可欠の寄与（essential contribution）を提供した。

(iii) 被告人は，15歳未満の児童を強制的に徴収し，志願に基づいて編入し，または敵対行為に積極的に参加させるために使用することを意図（mean）し，あるいは，共同計画の実施によりこれらの結果が『通常の成り行きにおいて生じる』（in the ordinary course of events）ことを意識（aware）していた。

(iv) 被告人は，共同計画の実施に不可欠の寄与を提供することを意識していた。そして

(v) 被告人は，武装紛争の存在を確立する事実の状況（factual circumstances）と，これらの状況と彼の行為との間の連関（link）を意識していた。」（1018項）

　以上の基準のもとで本判決は，被告人が，UPC-RP（改名後のUPC）の議長として Ituri における UPC/FPLC の支配を確保するために実効的な軍隊を設立する共同計画を，遅くとも2002年9月から是認し，またその実施に積極的に加わったこと（1134, 1351項），議長及び最高司令官の地位と職務ならびに共同実行者との共同作業を通じて不可欠の寄与を行ったこと（1270-2項，1356項），当該犯罪が共同計画の実施の通常の成り行きの結果として生じることや，武力紛争の存在を基礎づける事実状況や自らの行為との関連を意識していた（1347, 1349, 1350, 1357項）ことを，合理的な疑いを超えて認定した。

III　解説及び検討

1　本判決の意義

　ICC は，2003年に活動を開始し，本判決までに ICC には，7つの事態，26名の容疑者に関する事件が係属していた[4]。ルバンガ事件は，ICC における最初の事件としてその手続を早く完成させることが期待されてきたが，結

果的に、逮捕から第1審判決までに約6年の時間を要することになった。そうした中で、ようやく第1審判決までにたどり着いたことはICCが実際に機能する司法機関であることを示したものとして、国際社会は一様に歓迎している。また、近年深刻な問題として注目されてきた子ども兵士の問題が、ICCにおいて重大な国際犯罪であると確認されたことの意義も大きい。

　他方で本判決は、単に検察官の主張を受け入れた有罪判決という単純なものではない。本稿の後半で指摘するように、検察官の捜査方法を厳しく批判し、被害者として証言した証人の信用性を一様に排斥しながら、行われた有罪認定である。そのような判断がどのように可能であったのか、という点にもあわせて注目すべきであろう。

2　判決の認定における争点

(1)　武力紛争の性質

　ICCの対象犯罪とされる戦争犯罪には、国際的武力紛争におけるジュネーブ諸条約の重大な違反行為と法規慣例違反行為（8条(2)(a)(b)）、国際的性質を有しない武力紛争（非国際的武力紛争）におけるジュネーブ諸条約共通3条違反行為と法規慣例違反行為（8条(2)(c)(e)）とがあり、15歳未満の子ども兵士については、国際的武力紛争・非国際的武力紛争のいずれにおいても法規慣例違反行為として犯罪とされている。本判決は、非国際的武力紛争の定義に関して、ICC規程（8条(2)(f)）の他にジュネーブ第2追加議定書（1条(1)）や旧ユーゴスラビア国際刑事法廷（ICTY）の先例に依拠しながら、その当事者たりうる武力集団の判断基準を示した（537項）。また、武力集団の行動に関する国際的・非国際的の区別については、ジュネーブ諸条約共通2条に関するJCRCコンメンタリーやICTYの先例に依拠して前述の「全般的な支配」のテストを採用した（541項）。訴追事実の一部が国際的武力紛争であったと認定した第1予審裁判部との結論の違いは、ルワンダのみならずウガンダについても、UPC/FPLCに対する「全般的な支配」があったと認めるに十分な証拠がないとする認定によるものである（561項）。そして本判決は、犯罪事実の確認で認定された事実に対し、事実の追加認定は許されないが法的評

4　ICCに継続する事件の概要は、本書第1章参照。

価の変更は許されるとする規定（裁判所規定55）を適用して，上記の結論を導いた（566-7項）。

(2) 子ども兵士に関する戦争犯罪

15歳未満の子ども兵士の禁止については，ジュネーブ第2追加議定書（4条(3)(c)）や子どもの権利条約（38条）などの国際法に関連規定がある[5]。本判決が子ども兵士に関する戦争犯罪を定義するに際して，主に依拠したのは同様の犯罪規定を持つシエラレオネ特別裁判所（SCSL）の先例であった（603項など）。それらの定義は，犯罪事実の確認の際にも用いられていた内容であり，特に問題とすべき点はない。

特筆すべきは，事実認定における子どもの年齢の認定の困難さである。行政による出生登録がしばしば存在せず，また，保安上の理由で家族の協力を受けることも困難な状況のもとで，年齢確認は検察官の捜査段階でも大きな問題であった（169-177頁）。また後に述べるように検察官が申請した元子ども兵士だとされる証人は，その証言の信用性を否定されて（633項），被害者証人からその点を立証することもできなかった。しかし，本判決はその認定には注意が必要だとしながらも，専門家ではない者であっても明らかに15歳未満の子どもと明らかにそうではない子どもを見分けることは可能であるとして（643項），目撃証言などから15歳未満の子どもの存在を認定した。

もう一つの問題は，公判を通じて明らかとなった，子ども兵士使用の一形態としての性暴力の取扱いである。公判裁判部は，公判中に参加被害者の申立を認めていったんは性暴力も審理対象に含めることを指示する決定を行ったが，その決定は上訴裁判部により覆されていた[6]。そのため本判決では，「性暴力の主張を訴追事実に含めなかった検察官の懈怠」を指摘しながら（896，629項），性暴力が子ども兵士使用の一形態に含まれるかどうかについては判断せずに（630項），性暴力の具体的事実を指摘した上で（890-5項），その事実を本有罪判決の認定事実には含めず，刑や賠償の審理の際に考慮す

---

[5] 禁止される子ども兵士の年齢については，2002年に発効した「武力紛争における児童の関与に関する児童の権利条約の選択議定書」（日本は2004年に批准）は，18歳に引き上げている。

[6] この経緯の詳細は，本書第4章参照。

るとした（896, 631項）。なお、この点については、「敵対行為に積極的に参加させるための使用」を明確に定義し、性暴力を含める判断をすべきだとする個別意見がある（Separate and Dissenting Opinion of Judge Odio Benito 15-7項）。

(3) 個人の刑事責任

ICC 規程における個人の刑事責任の形態には、いわゆる実行犯（単独犯罪実行、共同犯罪実行、間接犯罪実行〔25条(3)(a)〕）、いわゆる従属犯（命令犯、教唆犯、勧誘犯、ほう助犯、唆し犯、援助犯、集団への寄与犯〔25条(3)(b)(c)(d)〕）、そして指揮官その他の上官責任（28条）がある[7]。本件で被告人は、共同犯罪実行——正確には「他の者と共同して」犯罪を行ったとして訴追され、本判決もその責任を認めた。

共同犯罪実行の責任は「他の者と共同して」（jointly with another）犯罪を行った場合に認められる。この定義に加えて本判決は、そのような責任を認定するための要件を、主観的要素に関する規定（30条）、構成要件文書、犯罪事実の確認における認定などを踏まえて上記判旨のように設定した。

この要件の第1の特徴は、第1予審裁判部が用いた「合意または共同計画（common plan）」を共同犯罪実行の要件として採用したことである[8]。この共同計画は、当該犯罪の実行に向けて特定されたものである必要まではないが、その遂行が通常の成り行きにおいて犯罪が実行される十分な危険を体現するというような、犯罪性の重要な要素を含まなければならないとされる（984項）。

第2の特徴は、第1予審裁判部と同じく、共同犯罪実行の寄与は「不可欠」なものでなければならないとした点である（999項）。この結論は、犯罪

---

[7] 東澤靖『国際刑事裁判所 法と実務』（2007）121-3頁。

[8] ICC の予審裁判部は、これまでにも、ICTY やルワンダ国際刑事法廷（ICTR）が用いる「共同犯罪企図」（joint criminal enterprise）の概念は個人の心理状態を重視しすぎる主観的な概念だとして、共同計画の概念を用いてきている。Schabas W. A., "The International Criminal Court: A Commentary on the Rome Statute," (2010) p. 428.「共同犯罪企図」については、古谷修一「個人の刑事責任と組織的支配の構造」国際法外交雑誌109巻4号（2010）34-66頁、竹村仁美「国際刑事法における JCE（Joint Criminal Enterprise）の概念(1)（2・完）」一橋法学6巻2号965-979頁、6巻3号1417-1435頁（2007）などに詳しい。

実行責任は他の従属犯責任より高度のものでなければならないという理解を前提とする（998項）。

以上に対しては，犯罪に対する寄与の「不可欠性」は不要であるとするFulford裁判長の個別意見がある（Separate Opinion of Judge Adrian Fulford）。ICC規程（25条）では実行犯とその他の従属犯との間に序列はないこと（Fulford 8項）や不可欠性の事後的評価は非現実的であること（同17項）などを根拠としている。なお，この不可欠性の要件は，その背景にあるとされるドイツ刑法の行為支配の理論とともに，第2公判裁判部の後の判決の補足意見において，厳しく批判されていることを指摘しておく（The Prosecutor v. Mathieu Ngudjolo Chui: Trial Chamber II, Judgment Pursuant to Article 74 of the Statute Concurring Opinion of Judge Christine Van den Wyngaert, ICC-01/04-02/12, 18 December 2012）。

3　判決が指摘した検察官の捜査・訴追の問題点

本判決の興味深い特徴の一つは，検察官の捜査のあり方，そしてそれによってもたらされた証拠上の問題点について多くの記述（VI-VIII，593頁中168頁）を行っているという点である。

本判決が問題としたのは，第1に，公判を1度は無期限停止させることになった検察官による仲介者（intermediary）の利用である[9]。検察局は，DRCでの捜査において多くの困難に直面した。人権活動家らから元子ども兵士など証人候補者の情報は得ていたものの，捜査対象地域の治安の悪さにより自由に行動できない，あるいは，証人候補者がICCへの協力を知られることを極度に恐れていたなどの状況で，捜査チームは，証人候補者への接触や確保を，人権活動家など現地の仲介者に頼らざるを得なかった（167項）。また，元子ども兵士などの年齢の確定においても，地域の行政機構の未確立や法医学的確認の困難さから，検察局は年齢確認を供述で足りるものとした（170項）。しかし，実際に検察官の申請する「元子ども兵士」の尋問を通じてそれらの証人が仲介者による不当な影響を受けていることが判明し，そのことは仲介者自身への尋問につながっていった。そして，本判決は，仲介者らが

---

[9]　仲介者ならびにそれによってもたらされた公判手続中止の問題については，本書第4章参照。

それら証人に虚偽の被害証言を行うように説得または援助をした危険性を認定し（483項），その結果，仲介者らが関与した証人の証言は容易に信用できないという判断を行った（482項）。併せて本判決は，「検察側が直面した甚だしい困難にもかかわらず，その捜査責任を上記の方法で仲介者に委ねるべきではなかった」，検察側の確認・調査不足は裁判所に重大な時間と負担を強いたのみならず，証人となった若者に仲介者がつけ込むという結果につながった，などと厳しい批判を加えた（482項）。

さらに本判決は，この仲介者問題との関わりで，被害者参加が認められていた証人について，その証言の信頼性・正確性の欠如を理由に参加の権利を取り消し（484項），また，弁護側の立証により被害者の身分を詐称していたことが判明した3名の被害者参加も取り消した（502項）。この点については，信頼性がないことが判明した被害者証人について，有罪認定の証拠として使用できないとしても，被害者としての認定まで取り消すべきではないとする反対意見がある（Benito 15-7項）。

4　刑の量定

前述のとおり量刑は，それを許容する規定（76条(2)）と弁護側の申立により，本判決と異なる決定（前記注3，以下，本決定）によってなされた（本決定20項）。本決定には，15年の拘禁刑が相当とするBenito裁判官の反対意見がある。

ICCにおいて拘禁刑は，犯罪の極度の重大さなどの例外的事情がない場合，30年が上限とされ（77条(1)），検察官はその上限の30年の拘禁刑を求刑した（本決定95項）。そして本決定は，ICC規程（78条）などに従い，犯罪の重大さ，有罪の判決を受けた者の個別の事情，そして減軽・加重事由などを考慮するとした（同23-4項）。また量刑に関する事実の立証について，検察官提出の加重事由は「合理的な疑いを超える」の基準によって，弁護側提出の減軽事由は「蓋然性の優劣」（balance of probabilities）の基準によって認定することとした（同33-4項）。その上で本決定は，本件犯罪が広範かつ相当に多数にわたるものであるが（同49項），個別事情として被告人がそれを意識していたが意図していたものではない（同52項），被告人が犯罪の重大さを理解する知的能力を持っていた（同56項）などの事情を認定した。

加重事由としては，性暴力がそれに当たるか問題となったが，公判でそれを提起しなかった検察官を批判する一方で（同60項），被告人の有罪事実と性暴力との関係が合理的疑いを超えて証明されなかったとして，加重事由には加えられなかった（同75項。反対意見あり）。軽減事由として本決定は，検察官の非違行為を列挙しながら，それにもかかわらず被告人は，「手続を通じて礼儀正しくかつ協力的であった」との事情を考慮した（同91項）。

　その上で本決定は，認定した犯罪事実ごとに量刑（強制的徴集で13年，志願に基づく編入で12年，敵対行為への使用で14年。反対意見あり）を行った上で，併合刑として14年の拘禁刑の判決を下した（同97-9項）。またICC規程（78条）に従い，ICCによる逮捕以降の拘禁期間を刑期に算入した（同23-4項，108項）。なお，被害者信託基金に組み入れられるべき罰金については，調査の結果でも被告人の資金は発見できなかったとして，罰金刑は不適当とした（同106項）。

　本決定が指摘するように子ども兵士に関する犯罪の量刑については，SCSLの判決の他には国際法廷の先例がなく（同12項），数少ない先例は禁固50年，35年など（同13項）ICCの拘禁刑の上限を超えるものであった。そうした中で，14年の拘禁刑は30年の上限のもとで中程度の量刑となるが，なぜ14年という期間（拘禁期間を差し引けば約8年）を見いだしたのかについては，認定した事情をすべて考察したという以上の説明を本決定は行っていない。推測すれば，人の身体や生命への侵害を直接には伴わないという本件犯罪の性格，さらには本決定で繰り返されることになった検察官の訴訟活動の問題点などが，中程度の量刑を導き出す理由となったのかも知れない。

　本判決及び本決定については，その後，有罪判決に対しては被告人側から，量刑決定に対しては被告人側と検察側との双方から上訴がなされており，上訴裁判部に係属している。

　本判決は，その有罪判決にいたる解釈の枠組みは，基本的にこれまでの予審裁判部の解釈を踏まえたものである。しかし「合理的な疑いを超えた証明」という枠組みの中で，詳細な事実認定を積み上げて有罪の結論を導いた最初の先例として重要な意味を持つ。他方で，検察側の捜査手法や公判活動への批判と，その結果として余儀なくされた慎重な証拠の評価は，国際刑事裁判の困難性をも示す結果となった。

本判決及び本決定の後の 2012 年 8 月 7 日，この事件について第 1 公判裁判部は，有罪判決を踏まえた被害者への賠償に関する決定を行った[10]。国際刑事裁判における初の賠償制度のもとでの歴史的な決定であるが，その紹介は別の機会に譲りたい（本書第 7 章）。

---

[10] Trial Chamber I, Decision establishing the principles and procedures to be applied to reparations, ICC-01/04-01/06-2904, 07 August 2012.

第 2 部

被告人の権利

―― 公正な裁判への課題 ――

第3章 国際刑事裁判所における
捜査・訴追対象者の権利

I 国際刑事手続における捜査・訴追対象者の権利

　国際刑事裁判所における捜査・訴追対象者の権利[1]を考える場合，それに至る数々の国際刑事手続の中での位置づけが必要である。なぜなら，捜査・訴追対象者の権利の内容や性格は，第二次世界大戦後のニュルンベルク裁判や東京裁判などの国際軍事法廷にはじまり，1990年代以降の旧ユーゴスラビア（ICTY）やルワンダ（ICTR）などの国際刑事法廷あるいは混合法廷（構成員や適用法が国内・国際双方を含む）における経験により発達してきているからである[2]。

　ニュルンベルク裁判や東京裁判に対しては，まずその政治的及び法的な正当性に対して，さらには今日の国際刑事手続の到達点から振り返った時，刑事実体法や手続法に対して，数多くの批判と歴史的評価が加えられてきた[3]。

---

[1] ICC規程においては，予審手続が介在することにより起訴の前後による被疑者・被告人の区別が困難であり，また「捜査における人の諸権利」と公判が開始されてからの「被告人の諸権利」という形で規定されているため，ここでは，前者を捜査対象者，後者を訴追対象者，総称して捜査・訴追対象者として議論する。

[2] 国際軍事法廷としては，国際軍事法廷（ニュルンベルク裁判）と極東国際軍事法廷（東京裁判），国際刑事法廷としては，旧ユーゴスラビア国際刑事法廷，ルワンダ国際刑事法廷及びコソボ戦争と民族犯罪裁判所，混合法廷としては，東ティモール重大犯罪パネル，シエラレオネ特別裁判所及び民主カンプチア時代の犯罪の訴追のためのカンボジア裁判所特別裁判室がある。さらに2007年2月6日，国連とレバノン政府との間で，レバノン特別法廷の設置が合意されている。

[3] この問題についての総括的な論評としては，Roling, B. V. A. and Cassese, A., "The Tokyo Trial And Beyond: Reflections of a Peacemonger," (1993) など。刑事手続法の特徴と問題点について，Calvo-Goller, K. N., "The Trial Proceedings of the International Criminal Court: ICTY and ICTR Precedents," (2006) pp. 9-16。

捜査・訴追対象者の権利についても，今日では，多くの否定的評価が加えられている[4]。そうした批判の中に共通するのは，捜査・訴追対象者の権利が軽んじられることは，国際刑事手続自体の正当性を掘り崩すことになるという懸念である。

そのような経験を踏まえてか，1990年代以降に設置された国際刑事法廷あるいは混合法廷においては，少なくとも国連が関わるものについては，法廷の信用性と正当性とを確保する重要な要素として，そこで実施される刑事手続が国際人権基準に合致することが求められてきた。たとえば，ICTYの設置に際して国連事務総長は，「法廷が，手続のすべての段階における被告人の権利に関し，国際的に承認された基準を尊重することは，自明の理である」との報告を行っていた[5]。その結果，ICTYやICTRの設立規程においては，市民的及び政治的権利に関する国際規約（自由権規約）や人権と基本的自由の保護のための条約（ヨーロッパ人権条約）における捜査・訴追対象者の諸権利と同様の規定が含められるに至った[6]。そして，実際の判決においても，ヨーロッパ人権裁判所の判例や自由権規約委員会の先例に依拠した判例法理が形成されている[7]。

ICC規程においては，ICTYやICTRにならって，後に詳しく見るように捜査・訴追対象者の諸権利を規程の中に詳細に含める方法をとることとなった。同時に，裁判所の適用法の項で，法の適用及び解釈は，「国際的に認められた人権と両立するもの」であることが義務づけられている（21条(3)，以下断りがない限りICC規程のもの）。

---

4 被告人と弁護人の権利の観点からの問題点について，例えば，Bohlander et al., "Defense in International Criminal Proceedings: Cases, Materials and Commentary," pp. 38-48 を参照。他方で，「1945年及び1946年の裁判を，5～60年後に通用する人権基準で評価するのは誤りだ。」（Schabas, W. A., "Unimaginable Atrocities," (2012) p. 74）との見方も当然ある。
5 安全保障理事会決議806の第2項に従った事務総長報告（UN Doc. S/25704 (1993)）。
6 ICTY規程20条，21条，ICTR規程19条，20条。
7 Zappala, S., "Human Rights in Internaional Criminal Proceedings," (2003) pp. 3-7.

II ICC 規程と捜査・訴追対象者の権利

1 規程における捜査・訴追対象者の権利

　ICC 規程においては，捜査・訴追対象者の権利は，「捜査における人の諸権利」(55条) と「被告人の諸権利」(67条) に詳細に列挙されている。さらに捜査・訴追対象者の権利は，一事不再理 (20条)，刑事法の一般原則 (22条から33条) や無罪の推定 (66条)，あるいは捜査，許容性決定，予審，公判及び上訴などの手続の中に混在している。またすでに述べた，国際人権法の両立と差別の禁止 (21条(3)) も，解釈を補充するものとして適用されることになる。

2 実体法的権利

(1) 管　轄　権

　国際刑事裁判所は，特定の対象犯罪 (5条から8条　事物管轄) のうち ICC 規程発効後の犯罪 (11条　時的管轄) に対し，管轄権を有する。また，その管轄権の行使には，補完性の原則による制限 (1条)，犯罪行為の領域や被告人の国籍に関する前提条件 (12条(2)) が存在する。犯罪実行時に18歳未満のものに対しては，管轄権は認められていない (26条)。捜査・訴追対象者は，事件の受理可能性をめぐる手続の中で (17条から19条)，自らに対する嫌疑が国際刑事裁判所の管轄に属せず，また，前提条件を満たしていないことを主張する権利を持つ。これに関連して捜査・訴追対象者は，国内裁判所など他の裁判所で裁判を受けている場合は，一定の例外を除いて，国際刑事裁判所の裁判権から免れることができる (20条)。

(2) 罪刑法定主義と構成要件

　ICC 規程は，従来の国際刑事手続とは異なり，罪刑法定主義の厳格な履行を要求し (22条(1)，23条)，類推解釈の禁止や捜査・訴追対象者に有利な解釈 (22条(2))，遡及処罰の禁止 (24条) などの原則を定めている。

　対象犯罪は，現時点では管轄権を認められていない侵略犯罪を除き，ICC

規程によって各犯罪類型の定義が定められ（6条から8条），その定義された行為を「故意に及び認識して」という主観的要素をもって行った場合に（30条(1)）成立する。さらに外形的要素や主観的要素の解釈・適用を補助するために「犯罪の構成要件に関する文書」と題する文書が別途定められている（9条）。他方で，国際刑事裁判所の対象犯罪は，「国際共同体全体の関心事である最も重大な犯罪」に限定されることや（5条(1)），それぞれの犯罪の性格から，犯罪が成立するために特別の状況，対象，行為の性質あるいは特別の主観的要素が要求されている場合が多い。これらの特別な要素は，捜査・訴追対象者にとって犯罪の成立を否定するための重要な弁護事由となりうる。

犯罪の対象となる実行犯や従属犯の形態は，ICC 規程に列挙されている（25条(3)）。先行する国際軍事法廷で確立した原則に従い[8]，過失犯を含む上官責任の成立（28条），消滅時効や出訴期間の不適用（29条）といった犯罪の成立を拡張する規定もある。

(3) 責任阻却事由とその他の弁護

刑事責任を阻却する事由としては，行為無能力，酩酊状態，正当防衛と緊急避難及び強迫（duress）があるが，行為無能力の場合を除いては責任が阻却されない例外とされる場合も規定されている（31条(1)）。また，個々に列挙されていない責任阻却事由についても，確立した国際法・国内法の原則や国際人権法として，裁判所は考慮できる余地がある（21条）。そのような責任阻却事由としては，被害者の同意[9]，犯罪行為の防止，遺伝子的弁護などがありうる[10]。

逆に従来の国際刑事手続で主張されてきた責任阻却事由が，予め全部または一部封じられている点もある。国家元首などの公的資格にあることは，犯

---

8 「ニュルンベルク法廷憲章と同法廷判決において承認された国際法の諸原則」（国際法委員会で採択され1950年の国連総会に提出）。

9 ただし，規則70は，性暴力事件における同意の推認に対して，それを限定するための種々の制限を加えている。

10 Knoops, Geert-Jan G. J., "Defenses in Contemporary International Criminal Law," (2001) pp. 30-31, 125.

罪の成否や量刑においては考慮されない（27条）。事実の錯誤は責任阻却事由となるが，法の錯誤は原則として責任阻却事由とはならない（32条）。上官や政府の命令に従ったという主張も，一定の例外を除いて責任阻却事由とはされない（33条）。

3　手続法的権利

(1)　根拠とされる文書

　ICC規程は，手続法的権利について，捜査中における人の権利（55条）と無罪の推定及び被告人の権利（66, 67条）という2種類の包括的な規定を持っている。それ以外にも手続の各段階で個別に（例，61条(6)），あるいは裁判所や検察官の被告に対する義務と言う形で，各所に規定されている。さらにそれらは，手続及び証拠規則（「規則」）及び裁判所規定（「裁規」）によってより具体化されている（51条，52条）。これらの手続的な権利の範囲や射程については，裁判所が国際人権法との整合性が求められているもとで，自由権規約委員会やヨーロッパ人権裁判所の先例，判例が反映されていくものと考えられる。

(2)　捜査対象者の権利（55条）

　捜査中の権利として規定されているのは，まず自白の強制禁止，拷問等の取扱の禁止，無料通訳・翻訳の権利，恣意的な逮捕・拘禁の禁止，容疑の告知，黙秘権，弁護人選任権など一般に認められている諸権利である。日本の刑事手続に比べて特筆すべきであるのは，取調べにおける弁護人の立会権や録音・録画（55条(2)(d)，規則112），黙秘を不利益に考慮されないことや資力がなければ公的弁護を受けること（55条(2)(b)(c)）が明記されている点である。これらの手続法的権利は，国際刑事裁判所から要請を受けて各国の国内で行われる手続に適用されることがある。捜査対象者に対する取調べ（55条(2)など）などがその端的な例であり，要請を受けた国は，少なくとも国際刑事裁判所の捜査対象者に関する限り，公的弁護人の付与や取調べでの弁護人立ち会いなどの権利を保障しなければならない（55条(2)本文）。

(3) 訴追対象者の権利（67条）

被告人の権利として規定されているのは，公開・公正・公平な裁判であり，それを保障する最低限の権利として，理解可能な言語で被疑事実の告知を受ける権利，弁護人との秘密交通権・準備に対する時間と便宜の保障，不当な遅延のない裁判，弁護人選任と公的弁護，反対尋問権と証人喚問権，無料通訳・翻訳の権利，自白の強制と黙秘の不利益考慮の禁止，非宣誓供述権，そして被告人の証明責任・反証責任の排除などが列挙されている。

Ⅲ　武器対等原則をめぐる発展

国際刑事手続における捜査・訴追対象者の権利については，武器対等原則をめぐる議論が活発になされてきている[11]。

1　武器対等原則と国際刑事手続

いうまでもなく訴訟やそれに先行する手続における武器対等原則は，国際人権法が保障する「公正な裁判を受ける権利」（自由権規約14条(1)，ヨーロッパ人権条約6条(1)など。なお，自由権規約委員会・一般的意見32（2007）も参照）の中心的な原則として承認されてきた[12]。そして，武器対等原則は，公正な裁判を受ける権利の保障を通じて，ICTYやICTR，国際刑事裁判所においても，承認された原則となっている[13]。例えば，国際刑事裁判所の第2予審裁判部は，「公正さは，武器対等あるいは手続における当事者間の均衡の概念に密接に関連している。」（Situation in Uganda, Pre-Trial Chamber Ⅱ, Decision,

---

11　詳細は，東澤靖「武器対等の原則及び国際刑事手続における展開」芹田健太郎・棟居快行・薬師寺公夫・坂元茂樹編集代表『講座国際人権法2　国際人権規範の形成と展開』(2006) 115-160頁参照。

12　Trechsel, S., "Human Rights in Criminal Proceedings," (2005) p. 85. Nowak, M.,"U. N. Covenant on Civil and Political Rights: CCPR Commentary: 2nd revised edition," (2005) p. 322.

13　Cassese, A., "International Criminal Law," (2003) p. 395. Schabas, W. A., "An Introduction to the International Criminal Court: Fourth Edition," (2011) pp. 221 – 222, Triffterer, O. ed.,"Commentary on the Rome Statute of the International Criminal Court: Second Edition," (2008) pp. 1253-1254.

ICC-02/04-01/05, 19 August 2005, para. 30）と述べている。

　しかしヨーロッパ人権裁判所において武器対等原則は，弁護側に検察側との関係で平等な機会を与えられるべきことを主たる内容としていた[14]。これに対し，ICTY上訴裁判部は，検察側と弁護側との間の，武器対等原則を形式的対等（procedural equality）に留まるか，実質的対等（substantial equality）を含むかという論争に対し，武器対等原則は，国際法廷においては，国内裁判所での手続に比べてよりリベラルな解釈がなされなければならないと判断してその対象を広げ，「裁判所は，事件遂行の援助を求める当事者の請求を受けた場合，規則と規程のもとで付与可能なすべての実用的な設備を与えるべきことになる」と判断した[15]国際刑事手続においては，諸国家の協力を得て証拠収集にあたる検察側と，犯罪が実行されたとされる紛争地に立ち入ることにさえ多大の困難を伴なう弁護側とでは，その不均衡は著しいものがある。その点で，裁判所が実質的な武器対等を公正な裁判の原則として承認したことの意味は大きい。

2　武器対等原則をめぐる諸問題

　ICTYやICTRにおいて，武器対等原則をめぐってしばしば問題となったのは，起訴状の記載内容の特定の程度，防御の準備のための十分な時間及び便益の程度，そして証拠の開示をめぐる問題である[16]。

　起訴状について国際刑事裁判所では，捜査対象者に対する嫌疑は，予審裁判部における嫌疑確認手続で審査される（61条）。検察官はそれに先立つ合理的な期間内に，嫌疑を含む書類と証拠を捜査対象者に提供し（同条(3)），提供される書類には，捜査対象者の人定事項の他に，時間と場所を含んで犯罪を十分に基礎づける法的及び事実的諸事実や，その事実に対する法的評価や正確な関与形態を記載しなければならないとされている（裁規52）。

　防御の準備のための十分な時間及び便益については，ICTYやICTRは，一般的に制限的な解釈を行い，そのことが事実や法理の調査能力，人材や費

14　Trechsel（注12）pp. 97-8.
15　Prosecutor v. Tadic, Appeals Chamber, Judgment, Case No. IT' 94-1-A, 15 July 1999 pp. 30, 37. Schabas（注13）p. 222.
16　その詳細については，東澤（注11）を参照。

用の不足，そして弁護活動における安全の確保などの問題に直面する弁護人の批判を受けてきた。この問題に対し国際刑事裁判所は，後に述べる公設弁護士（代理人）事務所の制度化などの措置で問題の改善を図っている。

　証拠の開示については，被告人は，検察官の無罪，責任軽減あるいは検察官証拠の信用性に影響する資料について開示請求権が認められ（67条(2)），裁判所は，適切に開示命令の権限を行使すべきものとされている（61条(3)，64条(3)）。他方で，証拠開示は，証人やその家族の安全，国家の公務員，機密情報や安全保障情報の保護などの制限が認められ（68条(5)(6)，72条，73条），それらは所定の手続を経て裁判所により判断される（規則76から84）。

　この証拠開示の問題について，国際刑事裁判所の上訴裁判部は，同裁判所の最初の事件となったコンゴ民主共和国のルバンガ事件の犯罪事実確認手続で，興味深い判断を行った[17]。すなわち，犯罪事実確認手続において検察官は，捜査に与える障害を理由に，証人の供述調書についてその氏名を弁護側に開示せず，また削除編集（redaction）をして供述調書等を弁護側に開示することの許可を予審裁判部に求め，予審裁判部はこれを許可した（この問題の詳細は，第4章Ⅳを参照）。この許可決定に対する弁護側の上訴に対し，上訴裁判部は，その決定を覆す判断を行った。その主要な理由は，決定に十分な理由が付されるべきことは公正な裁判に対する権利のために重要であり，原決定はそれを怠ったというものである。そして控訴部は，そのような法理を導く理由として，ヨーロッパ人権裁判所とICTY上訴裁判部の判決を引用し，それらの分析は「本件事件に同様の影響力を持って適用される」と述べた[18]。

17　The Prosecutor v. Thomas Lubanga Dyilo, Appeals Chamber, Judgment on the appeal of Mr. Thomas Lubanga Dyilo against the decision of Pre-Trial Chamber I entitled "First Decision on the Prosecution Requests and Amended Requests for Redactions under Rule 81," ICC-01/04-01/06 773, 14 December 2006. ならびに第1予審裁判部の第2決定に対する同様の判決（ICC-01/04-01/06 774, 14 December 2006）。

18　（注17）の各判決，773: para. 20, 774: para. 30.

IV 弁護事務所の制度化と弁護士会の役割

　捜査・訴追対象者の権利と弁護士の地位と弁護士の役割は密接不可分な関係にある[19]。また，弁護士は被害者代理人としても国際刑事裁判所で活動する。しかし，ICC規程においては，弁護士の地位や役割に関する独立した規定は存在しなかった。そのようなもとで当初は，ICTYやICTRの経験から，弁護活動に対する規制・懲戒権限が裁判所に専属し弁護士の独立性を確保できないのではないか，検察官との間での圧倒的な武器の不対等が放置されたまま不十分な弁護活動を強いられるのではないか，との懸念が存在した。そしてそのことは，冒頭に述べたように捜査・訴追対象者の権利を危うくし，裁判所の正統性に関わる問題へとつながっていく。そのような懸念を解消するために，現在までにいくつかの発展が実現されている。

(1) 弁護士制度の設計における弁護士（団体）の参加
　まず，懲戒の根拠規定となる専門的行為規範の提案と資力がない捜査・訴追対象者に与えられる法律扶助の運営や割当方法の提案においては，書記局長が「独立の弁護士代表組織や弁護士協会と協議」して行われるものとされた（規則20.3，21.1）。また，弁護士の専門性向上やトレーニングについても，「国内の刑事弁護団体や弁護士会，または独立の弁護士代表組織や弁護士協会」と協力するものとされている（規則20.1f）。弁護士に対する懲戒機関は，第1審は委員全員が，上訴審は5名中2名が，弁護士の選挙で選出され，その職務の独立性が保障されている（専門的行為規範第4章）。

(2) 公設弁護士（代理人）事務所
　武器対等原則を制度的に実現する手段として，国際的な刑事法廷の中に独立性を認められた弁護人事務所を設置することは，最初にシエラレオネ特別

---

[19] 弁護士や弁護士会の役割についての詳細は，東澤靖「国際刑事裁判所の設立と弁護士の役割」上村英明・斎藤小百合・東澤靖共同監修『「正義」の再構築に向けて——国際刑事裁判所の可能性と市民社会の役割』(2004) 89-96頁，同「国際刑事裁判所の実務④国際人権基準と弁護士の役割」刑事弁護44号 (2005) 190-195頁参照。

裁判所で実現した。さらに最近設置が決まったレバノン特別法廷では，弁護人事務所は，裁判所，検察局，書記局とならぶ裁判所の機関として，その裁判所規程に取り入れられている[20]。

国際刑事裁判所では，被告人弁護のためと被害者代理のために2つの公設弁護士（代理人）事務所が設置されている（裁規77, 81）。弁護のための公設弁護士事務所は，事務所それ自身と所属弁護士らの完全な独立が保障され，正規の弁護人が選任される前の初期の段階の手続での被告人の代理や，弁護人に対する法的情報の提供や援助などの業務に当たるものとされている。

(3) 国際刑事弁護士会（ICB）

また，国際刑事裁判所における弁護士の利益や独立を擁護することを目的として，各国の弁護士会，弁護士団体，専門家個人が会員となって，国際刑事弁護士会（ICB）が設立されている。ICBは，世界各地でセミナーやトレーニングも行ってきたが，2007年に日本弁護士連合会などと共催でセミナーを開催した。

V　おわりに

国際刑事裁判所における捜査・訴追対象者の権利は，それをめぐる規定と制度は，国際人権法に照らして高い水準の内容が実現されている。しかし，それらの権利がどのように実現されていくのかは，今後の事件を通じた判例法の形成に委ねられざるを得ない部分が多い。とりわけ，そこで扱われる事件が，大量虐殺や民族浄化，大規模な性暴力や紛争への子どもの投入など，「国際共同体全体の関心事である最も重大な犯罪」が予定されているもとで，処罰を求める国際的な圧力を前にどのように捜査・訴追対象者の権利を確立していくのかは，決して容易な課題ではない。しかし圧力にさらされた課題であるからこそ，捜査・訴追対象者の権利の確立は，国際刑事裁判所の独立性をはかる重大な試金石となってゆくであろう。

---

20 「安保理でのレバノン特別法廷設置に関する国連事務総長報告」（2006年11月15日）4-C項，添付の合意書案13条および添付の規程案7条。

第4章　国際刑事裁判所における「公正な裁判」

I　はじめに

　2002年のローマ規程発効後，2003年から実際の活動を開始した国際刑事裁判所（ICC）は，2012年に至って，ようやく2つの第1審判決を迎えることができた。ICCで最初に手続が開始した事件は，コンゴ民主共和国（DRC）の事態に関する後述のルバンガ事件であるが，ルバンガ被告は，2006年3月17日にICCに移送された後，2012年3月14日の第一審判決（有罪）に至るまで，約6年の勾留を余儀なくされた。

　ICCのこれまでの活動については，国際社会に対する重大な犯罪を裁く初めての常設裁判所として，多くの期待を集めてきた。当初は，ICCとの関係が疑問視されていた国連安全保障理事会も，スーダンのダルフールの事態やリビアの事態をICCに付託するなど，ICCとの連携を強めている。また，その実際の稼働が疑問視されていた侵略犯罪についても，2010年検討会議の相違によって，その定義と管轄権行使条件が採択され，早ければ2017年からICCが侵略犯罪をも裁いていく道筋がつけられた（本書第9章）。

　他方で，ICCの活動に対しては，多くの疑問や問題点が投げかけられている。例えば，大きな問題点の一つとしては，ICCがこれまで取り扱って来た事件がすべてアフリカにおける事態だということがある。「人々の中には，ICCが，世界の他の地域での同様の事態に関してはわずかな関心しか払わないのに，アフリカ大陸で行われた犯罪を訴追することに集中しすぎているように見えるという見解を表明する者もある」[1]。進んで，ICCは，アフリカを支配しようとする西側の新植民地主義の道具ではないかという考え方もあ

---

[1] Goldstone, R., 'Does the ICC target Africa?,' IBA, EQ: Equality of Arms Review, Issue 2 MARCH 2009, p.3.

る[2]。そのような中で，アフリカ連合（AU）が，これまでICCが逮捕状を出したスーダンのバシル大統領やリビアのカダフィ大佐について，加盟国に対し逮捕や引渡しに協力しないように求める決議を行うなどの問題も発生してきた[3]。

ICCが対外的に抱える問題の一方で，ICCにおける手続も少なからぬ問題に直面してきた。ICCにおける手続の中で，公正な裁判という観点からどのような課題があるのか。以下では，ICCにおける公正な裁判のための枠組みを概観しながら，現在までのところ最も進行した事件であるルバンガ事件で発生してきた問題を検討する。

なお，以下では，ICCの基本文書である「国際刑事裁判所のためのローマ規程」は，ICC規程あるいは規程と略し，また，そのもとで締約国会議が制定された「手続及び証拠に関する規則」は規則と略する。引用においてとくにことわりがなければ規程の条文をさす。

II ICCでの公正な裁判を確保するための措置

1 ICCにおいて保障される被疑者・被告人の諸権利

国際刑事裁判所が裁くのは，「国際社会全体の関心の対象となっている最も重大な犯罪」である（5条）。そのような国際犯罪の被告人にどのような権利や弁護が認められるべきかについて，国際社会ははじめから共通理解があったわけではない。ニュルンベルク裁判の前，チャーチル英首相がナチの高官に対する最も適切な処遇は略式処刑であると考えていたというのは有名な話である[4]。重大な犯罪の被告人や弁護人に対し社会の敵意や非難が集中し，そうした状況のもとで被告人の権利や弁護活動に理解を得ることがいか

---

2 同上。

3 Coalition for the International Criminal Court (CICC), AFRICAN UNION MAINTAINS CONTRADICTORY STANCE ON JUSTICE, 18 July 2011. http://www.coalitionfortheicc.org/documents/CICC_Advisory_AUSummit_18July2011_FINAL.pdf.

4 Cassese, A., "International Criminal Law," (2003) p. 330. Schabas, W. A., "An Introduction to the International Criminal Court: Fourth Edition," (2011) pp. 221-222.

に困難であるかは，時代や地域を問わず刑事裁判に常に存在する問題である。そして，しばしば国家や政治勢力の間に生じた武力紛争の責任者を処罰するという刑事裁判において，裁判所がその独立性を欠いて処罰目的を優先させる場合には，被告人の権利や弁護権は，その目的のために極めて脆弱なものとなってしまう危険性がある。そうであるからこそ，国際的裁判の信頼性が公正な裁判において被告人の権利を厳格に尊重することにかかっているという考えは，ICC 規程の起草過程で繰り返し表明されてきた[5]。

　公正な裁判を受ける権利に関する主要な国際人権法上の規定は，自由権規約（市民的及び政治的権利に関する国際規約）14 条である。同条は，それに先だって制定されたヨーロッパ人権条約 6 条とほぼ同じ内容である。また，「公正な裁判を受ける権利」（The right to a fair hearing/ trial）は，世界人権宣言（10 条）や米州人権条約（8 条）でも保障された権利であり，公正な裁判の原則は「現在までに，国際法の慣習的規範の範ちゅうに属するようになっている」と評価されている[6]。

　国際人権法の公正な裁判を受ける権利の中核的原則として発展し，そして国際刑事裁判においてもしばしば用いられてきたものに，武器対等原則（Principle of Equality of Arms）がある[7]。武器対等原則は，主にヨーロッパ人権条約 6 条の解釈の中で確立し，自由権規約 14 条 1 項の解釈においてもその存在が確認されている[8]。そして，武器対等原則は，公正な裁判を受ける権利の保障を通じて，旧ユーゴスラビア国際刑事法廷（ICTY）やルワンダ国際刑事法廷（ICTR）においても，承認された原則となっている[9]。国際刑事手続においては，諸国家の協力を得て証拠収集にあたる検察側と，犯罪が実行

5　Triffterer, O., "Commentary on the Rome Statute of the International Criminal Court: Second Edition," (2008) p. 1248.

6　Cassese（注 4 ）p. 395.

7　武器対等の原則について詳しくは，東澤靖「武器対等の原則及び国際刑事手続における展開」芹田健太郎・棟居快行・薬師寺公夫・坂元茂樹編集代表『講座国際人権法 2　国際人権規範の形成と展開』（2006）115-160 頁を参照。

8　Trechsel, S., "Human Rights in Criminal Proceedings," (2005) p.85. Nowak, M., "U.N. Convenant on Civil and Political Rights: CCPR Commentary: Second revised edition," (2005) p. 322.

9　Cassese（注 4 ）p.395, Schabas（注 4 ）pp. 221-222, Triffterer（注 5 ）pp. 1253-1254.

されたとされる紛争地に立ち入ることにさえ多大の困難を伴う弁護側とでは，その不均衡は著しいものがある。その点で，裁判所が実質的な武器対等を公正な裁判の原則として承認していくことの意味は大きい。武器対等原則の適用は，ICC の裁判例においても，繰り返し確認されてきている。

ICC 規程においては，捜査における被疑者の権利（55 条）と被告人の権利（67 条）として，被疑者・被告人の諸権利に関するまとまった規定が置かれている。ここで規定された諸権利は，公正な裁判を受ける権利をはじめとして，自由権規約をはじめとする国際人権法に掲げられた諸権利を網羅し，さらに具体的なものとなっている[10]。

また，それ以外にも捜査，管轄権と許容性の決定，最初の手続，犯罪事実の確認審理，公判及び上訴手続に関する諸規定において，被疑者・被告人が行使できる手続的権利が各所において保障されている。また，訴追事実を争うための実体的権利が，管轄権不存在の主張，受理許容性の主張，一事不再理の主張（20 条），刑事法の一般原則に基づく主張（22-33 条），無罪の推定（66 条）などにも存在する。以上に加えて ICC 規程は，裁判所に，法の適用及び解釈において「国際的に認められた人権と両立するもの」であることが義務づける（21 条(3)）ことにより，より広範な国際人権法の適用を可能としている。

2　証拠の開示を受ける権利と公正な裁判

証拠開示を求める権利について，自由権規約をはじめとする国際人権法は明示の保障規程をおいていない。しかし，検察官の手持ち証拠の開示を求めることは，公正な裁判や武器対等原則の重要な要素であり，国際人権法が保障する「防御の準備のための十分な便益」（自由権規約 14 条(3)(b)，ヨーロッパ人権条約 6 条(3)(b)）に含まれるものと理解されている。例えば，自由権規約委員会は，一般的意見 13（1984）第 9 項，一般的意見 32（2007）第 33 項及び Harward v. Norway（451/91）1994 年 7 月 15 日 9.5 項で，弁護側による捜査側の関係書類へのアクセスを認めている。また，ヨーロッパ人権裁判所は，「裁判所は，（中略）訴追権力が被告人にとって有利または不利なすべての重

10　ICC における被疑者・被告人の権利の概要については，東澤靖「第Ⅵ章　被疑者・被告人の権利」『国際刑事裁判所　法と実務』（2007）199 頁以下。

要な証拠を弁護側に開示することは6条1項の公正さの要件であり、そして、当該事件でそれを怠ることは公判手続における瑕疵を生じさせるものと考える」(Edwards v. UK, A 247-B, 1992年2月16日36項)との判断を示してきた[11]。

規程は、検察官が証拠として用いる予定の証拠に関する通常の証拠開示の規定(61条(3), 64条(3)(c))に加えて、被告人に有利な証拠の開示を受ける権利を、検察官に証拠開示義務を課す形で保障している(67条(2))。すなわち検察官は、自らが保持・管理する証拠の中で、被告人に有利な情報(無罪を示す証拠、それに資すると信じられる証拠、罪を軽減することに資すると信じられる証拠、訴追に係る証拠の信頼性に影響を及ぼしうる証拠)がある場合には、その情報を証拠として利用する意図がない場合であっても、被告人に対してできるだけ速やかに開示しなければならない。この開示義務は、公正な裁判に対する権利の基本的な要素であり、規程が検察官に課している真実発見義務(54条(1)(a))に基づくものであるとされる[12]。この権利の規定の適用に疑義が生じた場合には、裁判所が判断する(同項)。この点は、弁護側も、犯罪事実の確認手続の前や公判開始前に、自ら依拠しようとする証拠を検察官に対して開示する義務を負っている(規則78, 79)。しかし、相手方に有利な証拠の開示義務は、検察官にのみ課せられた義務である。

他方で、ICCにおいては、一定の資料や情報については、証拠開示が制限される。必ずしも規程や規則で整理されているものではないが、証拠開示が制限される情報としては、当事者の内部的文書(規則81.1)、検察官の捜査に障害を与える文書(規則81.2)、検察官が、もっぱら新たな証拠を得るために、提供者が同意しないかぎり秘密とすることを条件とした文書や情報(54条(3)(e), 規則81.3)、締約国や協力国が国家安全保障その他の理由で保護を求める情報(72条, 93条(4), 73条, 68条(6), 93条(8))、証人や被害者及びその家族の安全を保護が必要な場合(68条(1)(5), 規則81.3)、などがある。

3 被害者の参加と被告人の公正な裁判を受ける権利

ICC規程における国際刑事手続の画期的な特徴は、その刑事手続に被害者

---

11 Trechsel(注8)pp. 92, 222-226.

12 Schabas, W. A., "The International Criminal Court: A Commentary on the Rome Statute," (2010) p. 817.

の参加を認めたことである。第二次世界大戦後の国際軍事法廷（ニュルンベルク裁判）と極東国際軍事法廷（東京裁判），そして，そこでの経験をもとに国連総会で確認されたニュルンベルク原則[13]においても，被害者に関する記述は存在しなかった。また，国際軍事法廷から約半世紀近くを経て，国連安全保障理事会が設置した，1993年のICTYや1994年のICTRでも，被害者の刑事手続への参加は認められなかった。他方で，1985年に国連で採択された「犯罪と権力の濫用の被害者のための司法の基本原則宣言」[14]や2005年に同じく国連総会で採択された「国際人権法の重大な侵害と国際人道法の深刻な侵害に対する救済と保障の権利に関する基本原則とガイドライン」[15]は，重大な国際人権法と国際人道法違反の被害者の権利の一つとして，司法へのアクセスを保障するように求めるものの，被害者の刑事手続への参加までは認めていない。

　そのような中で，ICC規程は，ICCの刑事手続に被害者が参加する権利を持つことを認めた。具体的には，ICCにおいて被害者は，その「個人的利益が影響を受ける場合には，当該被害者の意見及び懸念が，裁判所が適当と判断する公判手続の段階においてならびに被告人の権利及び公正かつ公平な公判を害さず，かつ，これらと両立する態様で，提示され，及び検討される」ことが認められている（68条(3)）。その意味で，ICCにおける被害者の参加は，被告人の公正な裁判を受ける権利と両立することが原理的に求められている。

　さらに被害者の参加について，その詳細や具体的手続に触れているのが，規則であり，被害者の定義（規則85），見解・懸念の表明（規則89），代理人の選任（規則90），審理への出席，発言と尋問（規則91），公開記録の閲覧（規則131.2）などいくつかの拡張的な参加形態が規定されている[16]。しかし，

---

[13] Principles of International Law Recognized in the Charter of the Nuremberg Tribunal and in the Judgment of the Tribunal, UN Doc. A/CN.4/SER.A/1950/Add.1 (1950).

[14] Declaration of Basic Principles of Justice for Victims of Crime and Abuse of Power, GA Res 40/34, annex, UN Doc A/40/53 (1985).

[15] Basic Principles and Guidelines on the Right to a Remedy and Reparation for Victims of Gross Violations of International Human Rights Law and Serious Violations of International Humanitarian Law, GA Res 60/147, annex, UN Doc A/60/147 (2005).

[16] 東澤（注10）232-242頁。

第 4 章　国際刑事裁判所における「公正な裁判」

それらが認められるための要件や，規則や規裁では触れられていない参加形態などをめぐって多くの解釈上の問題点が存在する[17]。そして，被害者の参加形態が，刑事手続への出席や意見表明にとどまらず，検察官の提示していない犯罪事実の主張や証拠の提出にまで至る場合には，被告人側はそれに対してどのような防御ができるのか，そして検察側と弁護側との間の武器の対等を中心に検討されてきた公正な裁判の枠組みを大きく変えることになりはしないか，という問題が生じることになる。

Ⅲ　ルバンガ事件の経緯

　検察官対トーマス・ルバンガ・ディーロ事件（ルバンガ事件）は，ICC における最初の逮捕と犯罪事実確認手続を経て現在までに公判手続を終了し，最も手続が進行している事件である。この事件の手続の経過については，本書第 2 章 I でも触れたが，ここではより詳しく記載する。2002 年に ICC 規程の加盟国となったコンゴ民主共和国（DRC）は，1960 年に独立した後も内戦や国際紛争を繰り返してきたが，2002 年に成立したカビラ政権のもとで 2004 年 3 月 3 日同国領域内における事態を ICC に付託した。これを受けて ICC は，同年 7 月 5 日，DRC の事態を第 1 予審裁判部に所轄させることとした。

　その後，DRC 国籍で，コンゴ愛国者連合（UPC）の創設者兼代表かつコンゴ解放愛国軍（FPLC）の創設者兼最高指揮官であると言われているトーマス・ルバンガ・ディーロ（Thomas Lubanga Dyilo）に対し，検察官が逮捕状を請求し（2006 年 1 月 12 日），第 1 予審裁判部が逮捕状を発布し（同年 2 月 10 日），すでにルバンガ氏が DRC 政府によって身柄を拘束されていたことから逮捕状が執行されて身柄はハーグに移送された（同年 3 月 17 日）。そして，第 1 予審裁判部における最初の出頭手続（同年 3 月 20 日），犯罪事実の確認審理（同年 11 月 9 日から 28 日）を経て，2007 年 1 月 29 日，第 1 予審裁判部は，犯罪事実の確認決定を行った（ICC-01/04-01/06-803：犯罪事実の確認の決定）。

---

[17]　本書第 5 章参照。

第1予審裁判部が確認した犯罪事実は，ウガンダやルワンダの関与する国際的紛争及び DRC 国内での非国際的紛争において UPC/FPLC の軍隊に15歳未満の子どもが志願に基づいて編入また強制的に徴集された事実のもとで，ルバンガ氏が，UPC の事実上の代表として他の司令官らとの共謀の上で総合的な調整その他の関与を行ったという戦争犯罪（8条(2)(b)(xxvi) 及び8条(2)(e) (vii)）であった。犯罪事実の確認決定により，ルバンガ事件は，2007年3月6日に第1公判裁判部に係属した。その後，公判裁判部では公判前の手続が繰り返され，実際に公判が開始したのは，2009年1月26日である。公判では，当事者による証拠の提出が2011年5月20日に終了し，同年8月26日に当事者及び参加者の最終弁論を終了して，判決のための審議に入った。そして，2012年になって，第1審判決（3月14日，有罪），量刑の決定（7月10日），賠償に関する決定（8月7日）が相次いでなされた（判決・決定の内容は本書第2章及び第7章を参照）。

　このようにルバンガ事件では，2006年3月の ICC への移送から，犯罪事実確認手続が終了するまで約10ヵ月，実際の公判が開始するまで約2年，そして実際の公判は2年以上の時間を要し，最終的に第1審判決までは，逮捕から約6年の時間を要することとなった。[18]　この期間の経過は，ICC が取り扱う犯罪が国際的に重大な犯罪であったとしても，異常な遅延といわざるを得ないし，その遅延の理由には数多くの理由があるであろう。以下では，そうした遅延要因の中で，被告人の公正な裁判を受ける権利をめぐって，ICC の裁判部が体験することになった問題点を検討する。なお，以下では，第1予審裁判部を予審裁判部，第1公判裁判部を公判裁判部と記載する。

18　公判手続は，ヒアリングが220回行われ，その間に裁判部は307件の口頭の決定，624件の書面による決定を行った。参加が認められた被害者の数は123名であり，特定の事項については証人を尋問することも許可された。ICC Press Release: 26 August 2011, Trial Chamber I to deliberate on the case against Thomas Lubanga Dyilo, ICC-CPI-20110826-PR714.

IV 犯罪事実確認手続における証拠の要約 (Summary) と削除編集 (Redaction)

　前述のようにルバンガ事件では，被疑者の逮捕から犯罪事実確認の決定までに約10ヵ月間を必要とした。その中で問題となったのは，検察官が犯罪事実の証明のために用いた供述書などの要約（Summary）や削除編集（Redaction）された供述書の取扱いであった。犯罪事実の確認審理手続において，検察官による開示制限，すなわち，証人や家族の安全確保のため氏名や身元特定情報を除いた供述調書等の要約のみを開示することは許されるか（規則81.4, 6），将来または現在の捜査の支障とならないように情報提供者（NGO）などに関する情報を削除編集した供述書等のみを開示することは許されるか（規則81.2）といった問題が争われた。

　予審裁判部は，規則81.2で認められた検察官による一方的（ex parte）審理の結果，要約や削除編集による証拠の提出を認める2つの決定（2006年9月15日決定[19]と同年9月20日決定[20]）を行ったが，それらの決定の決定理由は具体的な事実を引用しない一般的なものにとどまっていた。それに対して，弁護側は，予審裁判部の決定が，必要な事実の認定を欠いている，供述書などの要約や削除編集された供述書などを証拠として使用することは弁護側の公正な裁判に対する権利を侵害するものでで認められない，としていずれの決定に対しても上訴した。

　これに対して，上訴裁判部は，2006年12月14日，予審裁判部の2つの決定をいずれも破棄する2つの判決（判決773[21]と判決774[22]）を行った。まず，これらの判決は，理由を付した決定は公正な裁判の要素であるとする

19　Pre-Trial Chamber I, First Decision on the Prosecution Requests and Amended Requests for Redactions under Rule 81, ICC-01/04-01/06-437, 15 September 2006.

20　Pre-Trial Chamber I, Second Decision on the Prosecution Requests and Amended Requests for Redactions under Rule 81, ICC-01/04-01/06-455, 20 September 2006.

21　Appeals Chamber, Judgment on the Appeal of Mr. Thomas Lubanga Dyilo against the Decision of Pre-Trial Chamber I entitled First Decision on the Prosecution Requests and Amended Requests for Redactions under Rule 81, ICC-01/04-01/06-773, 14 December 2006.

ヨーロッパ人権裁判所やICTYの先例を引いて，予審裁判部の決定が十分な理由を付していないと判断した（判決773 paras.18, 20 と判決774 paras.28, 30）。上訴裁判部によれば，証人やその家族への危険を理由とするのであれば，予審裁判部は，その実際の危険，保護措置の必要性ならびに被告人の公平で公正な裁判を受ける権利を害さず，矛盾しないと考える理由を，示さなければならない（773判決 para.21）。また，削除編集が，将来の捜査を害さないために必要であるとすれば，その事実や法的基礎，そしてそれらが将来の捜査を害すると判断した理由を示さなければならない（774判決 para.32）。

他方で，供述調書等の要約の使用については，規程が犯罪事実確認手続でその利用を認めていること（61条(5)）などを理由として，犯罪事実確認手続においては，証人保護の目的でその身元を隠すための供述調書等の要約の使用は，それが被告人の権利や裁判の公正公平を害さない限り，原則として許されるとした（773判決 para.40）。また，削除編集についても，上訴裁判部は，犯罪事実確認手続においては，原則として，検察官は，削除編集した供述調書等を証拠として提出することや削除編集されなかった部分に基づいて事実の主張をすることができ，どの程度の削除編集が認められるかは予審裁判部が弁護側の利益や公平公正な裁判の利益を考慮して判断するとした（774判決 paras.43, 46）。

検察側が犯罪事実の立証のために提出する供述調書等が要約や削除編集したものであれば，弁護側はその弾劾のために供述調書等の信用性や矛盾などを検証する機会は限定され，公平な裁判に対する権利とは抵触する。他方で規程や規則は，犯罪事実確認手続において供述調書等の要約の使用（61条(5)）や将来または現在の捜査の支障を防ぐための開示の制限（規則81.2）を認めている。しかし，要約や削除編集された供述調書等が犯罪事実の認定のために認められるのは，あくまで公判ではなく，それに先立つ「犯罪を行ったと信ずるに足りる実質的な理由を証明するために十分な証拠が存在するか否かを決定する」（規程61条(7)）予備的な手続であることによってのみ正当

---

22 Appeals Chamber, Judgment on the Appeal of Mr. Thomas Lubanga Dyilo against the Decision of Pre-Trial Chamber I entitled "Second Decision on the Prosecution Requests and Amended Requests for Redactions under Rule 81," ICC-01/04-01/06-774, 14 December 2006.

第4章　国際刑事裁判所における「公正な裁判」

化される。さらにそのような予備的な手続ではあっても，上訴裁判部は，公正な裁判に対する権利のもとで，証拠に関する決定には十分な理由が付されなければならないこと，そして，予審裁判部が被告人の権利を害するものではないかを，個々のケースごとに判断すべきことを要請した。

　以上の結論は，公正な裁判に対する権利の観点からは，正当化されるものである。しかし，これらの問題の上訴による確定に3ヵ月もの時間を要したことは，ルバンガ事件の犯罪事実確認手続を遅延させる一つの要因となった。

V　被害者の参加形態をめぐる問題点

1　争いとなった被害者の範囲と参加形態（Modality）

　ルバンガ事件では，公判手続の初期の段階（2008年5月時点）までに，4名の被害者の参加が認められていたが，DRCの事態全体については135名の被害者参加が認められてきた。そして公判手続を開始するに先立って，公判手続に参加できる被害者の範囲はどこまでか，そして参加した被害者はどのような訴訟活動をすることができるのかが，検察側と弁護側のみならず，被害者代理人，書記局及びそのもとにある被害者公設代理人事務所（OPCV）を巻き込んで審理された。以下では，被害者の参加形態をめぐる問題点を，公正な裁判の観点から検討するが，以下に述べる決定や判決の詳しい内容は，本書第6章を参照されたい。

　審理の結果，公判裁判部は，2008年1月18日，「手続を通じて被害者の参加に関連するすべての事項について，当事者と参加者に一般的なガイドラインを提供することを意図する」という野心的な決定を行った[23]。しかし，後述するように被害者の範囲と参加形態を広く認めるその決定に対しては，直ちに検察官と弁護側が上訴許可の申立を行い，公判裁判部は，次の3つの争点について，上訴を許可した[24]。

　　A．被害者の概念は，個人的かつ直接の害悪の存在を必要的に意味するか。

23　Trial Chamber I, Decision on Victims' Participation, ICC-01/04-01/06-1119, 18 January 2008, para. 84.

B．被害者が主張する害悪及び規程 68 条のもとでの「個人的な利益」は被告人に対する容疑に関連づけられなければならないか。
　C．公判に参加する被害者が被告人の有罪・無罪に関連する証拠を提出し，また証拠の許容性や関連性に対する異議を提起することは可能であるか。

　最初の A と B の問題は，公判手続への参加を認める被害者の範囲に関わるものである。被害者の範囲については，規程 68 条(3)の「個人的利益が影響を受ける場合」という一般的規定の他に，規則 85 において，「裁判所の管轄権の範囲内の犯罪の実行の結果として害悪を被った自然人」及び一定の関係を持つ組織や機関という定義がなされている。そこに言う影響を受ける個人的利益について，その直接性や間接性，そして公判で審理される被告人の犯罪事実との関連性の要否について，解釈上の問題が生じていた。
　次の C の問題は，すでに見た各種の被害者の参加形態の中で，被害者に犯罪事実の立証に関わる証拠を提出し，また，証拠に対する異議を申し立てる権限を認めるべきかどうかというものである。

2　公判裁判部の決定

　参加を認める被害者の範囲について，2008 年 1 月 18 日の公判裁判部の決定（注 23 の決定）は，自然人の場合には，犯罪の直接のみならず間接の被害者であれば足り，また，その関連を求められる犯罪は，被告人について訴追された犯罪には限定されず，裁判所の管轄権のもとにある犯罪でその事態の中で発生している他の犯罪であってもよいとした（paras.90 to 94）。そのため，DRC の事態において発生した犯罪の被害者は，ルバンガ事件の犯罪事実に無関係であっても，その公判手続に参加することが潜在的には可能となる。もっとも特定の手続との関係で参加するために被害者は，裁判所が検討する証拠や争点が被害者の個人的利益に影響を与える理由と求める参加の内容と程度を示して，具体的な参加の申請をしなければならない（paras.95 to 96）。

24　Trial Chamber I, Decision on the Defence and Prosecution Requests for Leave to Appeal the Decision on Victim's Participation of 18 January 2008, ICC-01/04-01/06-1191, 26 February 2008.

このように公判手続と個人的利益との関係を要求する点では，一定の歯止めが設けられるが，その個人的利益は，賠償に限られず，証拠や争点に関わることなど広汎な意味を含んでいる（para.98）。

次に被害者の参加の形態として公判裁判部は，非公開のものも含めた記録や書類へのアクセス，証拠については検察官手持ち証拠の吟味，証拠の許容性に対する異議申立及び被害者自ら証拠を提出すること，非公開聴聞や片面的（ex parte）審理への参加や書面提出などの訴訟公為，裁判所規則 56 のもとで賠償に関わる証拠を有罪・無罪を審理する公判において取り調べることなど，数多くの参加形態が可能であると判断した（paras.105 to 122）。この点で公判裁判部に特徴的なのは，関係する法源の項で「国際的に認められる人権」（21 条(3)）として，先に挙げた国連総会の「国際人権法の重大な侵害と国際人道法の深刻な侵害に対する救済と保障の権利に関する基本原則とガイドライン」を考慮するとしていることである（para.35）。この決定には，Blattmann 裁判官の詳細な反対意見が付されている[25]。

3 上訴裁判部の判決

公判裁判部の決定から約 6 ヵ月を経て 2008 年 7 月 11 日に下された上訴裁判部の判決は，以上の公判裁判部の決定を一部では認容し（争点 A 及び C），一部では破棄する（争点 B）というものであった[26]。

すなわち，被害者の範囲の問題の中で，被害の直接性については，「決定すべき争点は，被った害悪が当該個人にとって個人的（personal）なものであるかどうかである。もしそうであれば，直接及び間接的な被害者に認められる。」（para.1）として公判裁判部の判断を受け入れた。他方で，公判で審理される犯罪事実との関係では，「公判手続の参加のためには，被害者の主張する害悪及び規程 68 条(3)のもとでの個人的な利益の概念は，被告人に対して確認された容疑に関連づけられなければならない」（para.2）として，裁判所の管轄権のもとにある犯罪でその事態の中で発生している他の犯罪でも

---

25 （注 23）の決定に付属する Separate and Dissenting Opinion of Judge Rene Blattmann。
26 Appeals Chamber, Judgment on the Appeals of The Prosecutor and The Defence against Trial Chamber I's Decision on Victims' Participation of 18 January 2008, ICC-01/04-01/06-1432, 11 July 2008. この判決の詳しい判例評釈として，本書第 6 章参照。

よいとした公判裁判部の判断を否定した。

　また，被害者の参加形態について上訴裁判部は，「しかしながら上訴部は，これらの条項が，被害者の公判手続において被告人の有罪・無罪に関連する証拠を提出し，また証拠の許容性や関連性に対する異議を提起する可能性を排除するものであるとは考えない」(para.3)として，公判裁判部の判断を受け入れた上で，被告人の公正な裁判を受ける権利との関係で，それが可能な場合を以下のように具体化した。

　「公判裁判部は，被害者に証拠の提出と検討を許可する権限を行使する場合の手続と限界を正しく特定した：(i)裁量的な適用，(ii)当事者への通知，(iii)特定の手続によって影響を受ける個人的な利益の明示，(iv)証拠開示に関する義務と保護命令の遵守，(v)適切性の決定，及び(vi)被告人の権利と公正な裁判との一致。これらのセーフガードが取られるのであれば，被害者に被告人の有罪・無罪に関連する証拠を提出し，また証拠の許容性や関連性に対する異議を提起する参加的権利を与えることは，検察官が被告人の有罪を証明する責任や被告人の権利と公正な裁判と矛盾するものではない。そうすることによって，公判裁判部は，被害者に証拠を提出・検討する無制限の権利を創設したものではなく，かわりに被害者は，自らの利益が証拠や争点によってなぜ影響を受けるのかを明示しなければならず，それによって裁判部は，場合ごとにそのような参加を許可するかどうかを決定する。」(para.4)

　このように被害者に犯罪事実に関する証拠提出，証拠に対する異議の提起については，それを認めるべきではないとする Kirsch 裁判官と Pikis 裁判官の一部反対意見が付されている[27]。

4　考　察

　一般に，被害者が国内刑事手続の中でどのような地位を与えられているかは，法域によってさまざまである。典型的な当事者対抗主義（adversarial system）のもとでは，被害者には証人以上にいかなる役割も与えられないのに

27　Appeals Chamber, Partly Dissenting Opinion of Judge Philippe Kirsch, ICC-01/04-01/06-1432-Anx, 24 July 2008.

対し，職権主義（inquisitorial system）のもとでは，訴追開始権限や被告人の罪責についての見解表明，さらには証拠申請や証人尋問などの訴訟当事者としての役割など各種の参加形態が認められてきた[28]。その意味では，刑事手続に被害者の参加を認めること自体は，公正な裁判を害するものとは言えないし，また，前述のように近時国際法の中で発展している被害者の権利にも合致する。他方で，被害者の刑事手続への参加は，その利益が一般に被告人の利益とは対立することから，検察官の別働隊となりうる被害者の弾劾から，被告人の権利をどのように保護するべきかという問題が生じてくる。また，このような被害者の参加によって生じる被害者と被告人との間の緊張関係を調整すべきことは，ICC 規程が「被告人の権利及び公正かつ公平な公判を害さず，かつ，これらと両立する態様で」（68 条(3)）と定めて意図するところであった。また，被害者の参加によって生じる緊張は，被害者と検察官との間でも生じうる。有罪判決の獲得に向けて訴訟戦略を駆使する検察官にとって，検察官の支配の及ばない形で被害者が公判手続で主張や立証を行うことは，検察官の訴訟活動にとって不利な結果をもたらす場合もある。その場合，被害者の参加によっても害されるべきではない検察官の訴訟活動が存在するのかどうかが検討されなければならない。

参加が認められる被害者の範囲について，公判裁判部が裁判所の管轄権のもとにある事態の中で発生した他の犯罪の被害者であってもよいと判断したのに対し，上訴裁判部は，その公判手続で審理されている犯罪事実の被害者に限定されるとの判断を行った。上訴裁判部の判断は，被害者の定義規定（規則 85）のウィーン条約法条約に照らした解釈や公判裁判部に認められた権限などから，導き出されている。同じ結論は，被告人の公正な裁判を受ける権利からも導き出されるであろう。すなわち，公判裁判部の多数意見に対する，公判手続に参加を認められる被害者の範囲が過剰かつ不明確なものとなり，自らに関係しない被害への対応を求められる被告人の権利を害するとともに，被害者にも具体的な利益を与えることにもならないとする公判裁判部の Blattmann 反対意見の指摘が妥当する（注 25 の反対意見 para.10）。その意味で，この点に対する上訴裁判部の判断は，被告人の公正な裁判を受け

---

[28] Cassese（注 4）pp. 365-367, 372.

権利にとって妥当なものである。

しかしながら，上訴裁判部の判決は，被害者の参加形態の点で，多くの問題を残すことになった。上訴裁判部は，規程や規則の解釈において，「規程68条(3)の精神と意図に公判手続という文脈の中で効果を与えるためには，被害者による参加を意味あるものにするように解釈されなければならない」（注26の判決 para. 97）という考慮のもとに，被害者が犯罪事実に関する証拠提出や証拠に対する異議の提起を行う可能性を認めた。しかし，この結論に対しては，同じ上訴裁判部の裁判官が反対意見で述べるように，次のような批判が妥当する（注27の反対意見）。

・有罪証明のための責任（onus）は検察官に専属すべきである。
・被告人の権利のためには当事者追行主義の枠組みが維持されるべきであり被告人が対抗すべき当事者を検察官以外に設けるべきではない。
・被害者に証拠提出を認めることは，訴訟当事者のみに詳細な証拠開示義務を規定し被害者には触れていない規程や規則の起草者の意図に反する。
・証拠に関する訴訟行為を被害者の参加形態の一つとして位置づけて制度化することは，被害者のひんぱんな申出を可能にし，手続を相当に遅延させるかも知れない。

上訴裁判部の多数意見は，こうした問題を，裁判所が適切にセーフガードの措置を取ることによって防止しようとする。しかし，そもそも被害者の証拠に関わる参加が何の目的のために必要なのかが検討されなければならない。被告人を有罪にするための証拠を自ら提出することや，被害者の性的プライバシーや安全に影響を与えかねない証拠の提出を阻止することは，被害者が検察官を通じて行うことや意見及び懸念を表明することによっても可能である。逆に，証拠に関する被害者の参加を正面から認める場合に想定される，公正な裁判に関する上述のような不利益を考慮すれば，上訴裁判部の判断は疑問である。

第 4 章　国際刑事裁判所における「公正な裁判」

VI　証拠開示と秘密保持合意文書（Documents on Condition of Confidentiality）の開示

1　公正な裁判が不可能な場合の結果

　前述の供述調書等の要約や削除編集に関する上訴裁判部の判決と同じ日に，上訴裁判部は公正な裁判を受ける権利に関する，もう一つの重要な判決を行っていた[29]。この判決は，管轄権に対する異議申立の事件に関するものであり，弁護側は，被告人がコンゴ民主共和国政府による違法な勾留と処遇を検察側の手続の濫用として管轄権を争う理由に挙げていた。この判決は，手続に弁護側が主張する事実は認められないとした予審裁判部の決定を指示して上訴を退けたが，その理由中で，被告人の権利救済について興味深い判断を行っていた。すなわち，裁判所の管轄権の行使は，規程 21 条(3)のもとで国際的に承認された人権規範に沿って行われなければならないとした上で（para.36），ヨーロッパ人権裁判所の諸判例に依拠しながら次のように判断していた。

　　「被疑者や被告人の基本的な諸権利に対するその訴追者による侵害によって，公正な裁判が不可能となる場合には，その人を裁判にかけること自体が矛盾したものとなるであろう。正義は，実施されないだろう。公正な裁判は，正義を行うための唯一の手段である。もし公正な裁判が保てないのであれば，司法手続の目的は阻害され，手続は中止されなければならない。」(para.37)

　上訴裁判部は，被疑者・被告人の諸権利の侵害によって公正な裁判を維持できない場合の救済方法として，手続の中止という選択肢を認めたのである。しかしながら，公正な裁判を不可能とするような事態が ICC において実際

29　Appeals Chamber, Judgment on the Appeal of Mr. Thomas Lubanga Dyilo against the Decision on the Defence Challenge to the Jurisdiction of the Court pursuant to article 19 (2)(a) of the Statute of 3 October 2006, ICC-01/04-01/06-772, 14 December 2006.

に発生することは，この判決の時点では上訴裁判部もまったく予測していなかったであろう。

2　秘密保持合意と被告人に有利な証拠の開示義務

すでに述べたように，ICC 規程のもとで検察側は，被告人に有利な証拠，すなわち「当該被告人の無罪を示し若しくは無罪を示すことに資すると信じ若しくは当該被告人の罪を軽減することに資すると信ずるもの又は訴追に係る証拠の信頼性に影響を及ぼしうるもの」を開示する義務を負っている（67条(2)）。他方で，検察官は，「専ら新たな証拠を得るために秘密を条件として自己が入手する文書又は情報」を情報の提供者が同意しない限り開示しないとする秘密保持合意を行って入手することが認められているが（54条(3)(e)），そのような情報は，同条に「従う場合以外，開示してはならない」とされている（規則81.3）。そのため，これらの規定は，検察官が秘密保持合意に基づいて入手した文書や情報に，被告人に有利なものが含まれている場合に，その開示をどのように行うのかという問題をはらむことになる。

検察官が活動を開始した初期の事件であるルバンガ事件では，検察官は，捜査における情報の入手に際して，国連の諸機関や NGO との間で，このような秘密保持合意をしばしば利用していた。そして，検察側は，こうして秘密保持合意のもとに取得した情報の中には，被告人に有利となる可能性のある情報が相当程度含まれていることを認めていたが，弁護側の証拠開示請求があった際に情報提供者の同意を得ることができなかった。そのため，公正な裁判の重要な要素としての証拠開示と，国連の諸機関や NGO がその活動の安全などを確保するための秘密保持合意とのいずれを優先させるべきなのか，そして検察側が被告人に有利な証拠を開示できない場合に訴追はどうなるのかという問題が争われることとなった。

後に検討する 2008 年 6 月 13 日の公判裁判部の決定[30]における認定によれば，検察官が秘密保持合意に基づき取得した 200 を超える文書について，検

30　Trial Chamber I, Decision on the Consequences of Non-disclosure of Exculpatory Materials covered by Article 54 (3)(e) Agreements and the Application to Stay the Prosecution of the Accused, together with certain other issues raised at the Status Conference on 10 June 2008, ICC-01/04-01/06-1401, 13 June 2008.

察官は，約 95 の文書が被告人に有利な事実を含み，また 112 の文書が弁護側の準備に重要な内容を含むことを認めていた（para.63）。そして検察官は，秘密保持合意の存在を理由に，そのいずれも被告人には開示せず，また，公判裁判部に対しても削除編集した形でその一部（32 文書）を除いてその余を提示することをしなかった（para.64）。この問題は，2007 年 10 月の公判準備手続で検察官から提起され，翌 11 月には公判裁判部は検察官に対しその秘密保持合意の障害を取り除くように命令していた（para.3-5）。しかしその後も公判裁判部の繰り返される決定や命令にもかかわらず，検察官は，大半の文書について情報提供者から同意を取ることはできず，そのため当初 2008 年 3 月に予定していた公判審理も，いったんは同年 6 月に延長されたが，問題解決の見通しが立たなかった。

3　公判裁判部の決定 ── 手続の中止と被告人の釈放

　そのような状況で，公判裁判部は，2008 年 6 月 13 日に，同裁判部または上訴裁判部によって解除されるまで，公判手続を中止するとの決定を行った（注 30 の判決 para.94）。この決定は，手続の中止の可能性を示唆した前述の上訴裁判部の判決（注 29）に依拠して，本件では ⅰ）検察官手持ちの被告人に有利な証拠の開示は，被告人の公正な裁判に対する権利の基本的な側面であること，ⅱ）検察官は秘密保持合意による情報の取得に関する規程 54 条(3)(e)をあやまって利用してこのような事態を招いたこと[31]，ⅲ）さらに裁判部も証拠開示に関する判断権の行使を妨げられることになったことなどの要素により，公判手続は，公正な裁判の実施が不可能と言える程度に破壊されたと判断した（paras.92, 93）。

　さらにこの決定に引き続いて公判裁判部は，手続が中止となった状況のもとで被告人の勾留を継続すべきかどうかという問題について審理を行い，2008 年 7 月 2 日，公判が中止となった以上，公判出頭確保，捜査の保護手段あるいは犯罪予防などの勾留理由はもはや正当化できないとして，被告人の無条件での釈放を命じる決定を行った[32]。

31　公判裁判部によれば，検察官は規程 54 条(3)(e)の秘密保持合意を，「専ら新たな証拠をえるため」という限定的な状況のみに用いるべきなのに，「広汎な範囲の資料」を得るために，「大規模かつ重大な濫用」といえるような方法で用いたという（para.73）。

このようにしてICCにおける最初の事件が、公正な裁判を受ける権利が保障されないことを理由に、手続が中止され、被告人が釈放されるかも知れないという事態を迎えたのである。ただし、この釈放決定は、決定から5日以内に上訴のための執行停止の申立があれば、上訴裁判所が執行停止について判断するまでの間は被告人が勾留から解放されないとした（para.35）。そして検察官の申立により、上訴裁判部が執行停止を命じたことにより[33]、実際には被告人の釈放はなされなかった。

4　上訴裁判部の判決

検察官の上訴を受けて、上訴裁判部は、2008年10月21日、公判裁判部の手続中止に関する決定に対する判決（判決1486）[34]と、被告人の釈放決定に関する判決（判決1487）[35]とを行った。

まず、手続中止に関する決定に対する判決（判決1486）において、上訴裁判部は、確かに秘密保持合意のもとで資料を入手する段階では、その資料が新たな証拠を得るために利用されるのかどうかについて予測することが困難かも知れない、また、いったん秘密保持合意が結ばれた以上、公判裁判部もそれを尊重し情報提供者の意思に反してその開示を命ずることはできないなど、検察官の主張に一定の理解を示した（paras.42, 48）。他方でこの判決は、次のように判断して、手続中止に関する公判裁判部の決定を支持した。

・公正な裁判に対する権利は、検察官が所持する被告人に有利または不利

32　Trial Chamber I, Decision on the release of Thomas Lubanga Dyilo, ICC-01/04-01/06-1418, 2 July 2008, paras. 29, 30, 35.

33　Appeals Chamber, Decision on the Presiding Judge of the Appeals Chamber in the Appeal of the Prosecutor against the "Decision on the Release of Thomas Lubanga Dyilo" of Trial Chamber I, ICC-01/04-01/06-1420, 4 July 2008.

34　Appeals Chamber, Judgment on the Appeal of the Prosecutor against the Decision of Trial Chamber I entitled "Decision on the consequences of Non-disclosure of Exculpatory Materials covered by Article 54 (3)(e) Agreements and the Application to stay the Prosecution of the Accused, together with certain other issues raised at the Status Conference on 10 June 2008," ICC-01/04-01/06-1486, 21 October 2008.

35　Appeals Chamber, Judgment on the Appeal of the Prosecutor against the Decision of Trial Chamber I entitled "Decision on the release of Thomas Lubanga Dyilo," ICC-01/04-01/06-1487, 21 October 2008.

なすべての重要な証拠を弁護側に開示すべきことを要求する（para.46）。
・「検察官による規程第 54 条(3)(e)の利用は，被疑者や被告人に対する義務の違反につながるようなものであってはならない。それゆえ，検察官が規程第 54 条(3)(e)に依拠しようとする場合はいつでも，規程のもとでの自らの義務を銘記し，検察官が合意した秘密保持と公正な裁判の要請との間での潜在的な緊張を，裁判所が解決できるような方法で同条項を適用しなければならない。」(para.48)
・検察官が秘密保持合意のもとで資料を取得した場合，公判裁判部は，情報提供者の同意なくその資料の弁護側への開示を命令できないので，検察官に対する一方的な手続を通じてその資料が弁護側に開示されるべきかを判断する。そして，公判裁判部が開示を決定した場合には，検察官は情報提供者からの同意を求めなければならず，情報提供者が同意しない場合には，公判裁判部は，被告人の公正な裁判に対する権利を保護するためにどのような措置がとられるべきかを決定する（para.2）。
・公正な裁判を保持することが不可能であるが後に状況の変化により可能となりうる場合には，手続の暫定的中止は適切な救済である。そして，障害がなくなった場合には，公判裁判部が，手続中止の解除が適切か，不当な遅延のない裁判を受ける権利など他の不公正さを生じていないかなどを判断する（paras.4, 5）[36]。
・「上訴裁判部は，公判裁判部が検察官と国連との間で継続中の議論にもかかわらず，困難が克服される展望がないと結論づけたことが，誤りであるとは考えない。」(para.91)

しかしながら，公判裁判部の釈放決定に対する判決（判決 1487）では，上訴裁判部は公判裁判部の決定を破棄して，釈放が必要な理由や勾留の要件をあらためて判断するように命じた（para.44）[37]。その理由として上訴裁判部は，公判裁判部の釈放決定の理由となった手続中止決定があくまで暫定的なもの

36　なお，この点については，本件の状況のもとで，公判裁判部の中止命令は絶対的かつ非暫定的なものであり，公正な裁判が不可能であれば手続を終了させるべきだ，とする Pikis 裁判官の個別意見が付されている。
37　この判断に対しても，被告人の無条件釈放は手続停止の必然的な帰結だ，とする Pikis 裁判官の個別意見が付されている。

であること，それゆえ被告人の釈放に関する判断においてもそれが必要であるかどうかあらゆる関連状況が考慮されなければならないこと，そして，公判裁判部は，自ら検察官に対し手続解除を申請できるようになるための条件を指示していたなどの状況を考慮しないままに無条件の釈放が必然的だと判断したなどの誤りがあった，と判断した（paras.37 to 42）。

5　考　察

　公判裁判部の，手続の中止と被告人の無条件釈放の決定は，検察官にとっても，また，ICC の最初の事件を有罪・無罪の判断にすら至らずに終了させるかも知れないという意味で，その存在意義にも関わる破滅的な決定であった。しかし，被告人に有利な検察官の手持ち証拠を被告人に開示することが，公正な裁判の不可欠の要件である以上（判決 1486 para.46，判決 1487 para.92），その要件を満たさない裁判を継続することはできないことも必然的な結果であった。そして，そのような結果の責めが，規程のもとでの証拠開示義務を正しく考慮することなく，国連や NGO から秘密保持合意を利用して大量の資料を収集した検察官の行動にあったことも明らかであった。そして，ルバンガ事件において，公判裁判部と上訴裁判部は，ICC の存在意義に関わるかも知れない手続中止という苦渋の判断を行うことによって，公正な裁判を確保しようとしたと評価することができる。

　しかし，上訴裁判部は，被告人の人権をめぐるもう一つの重要な問題については，踏み込んだ判断をすることはしなかった。すなわち，上訴裁判部は，被告人の釈放決定を覆す判決を行うに際して，「同時に，裁判所は，いかなる継続する勾留も不合理に長期間にわたり，国際的に承認された人権（引用略－筆者）の違反とならないように，絶えず注意しなければならない」と述べながら（判決 1487 para.37），被告人に対する勾留がそのような状態に至っているかどうかについては明言していない。

　他方でこれらの決定は，結果的には，犯罪事実確認手続の時点から開始されていた，情報提供者から開示の同意を受ける交渉を加速することになった[38]。そして，その後検察側は，公判裁判部や上訴裁判部の判断に従って，

38　IBA, EQ: Equality of Arms Review, Issue 1 NOVEMBER 2008, pp.6, 7.

秘密保持合意がなされた文書について，一部を削除編集して提出する，被告人に有利な事実を承認する，そして不開示部分を裁判所に確認させるという行動を取った。その上で公判裁判部は，なお一部の不開示部分が残ったとしても，被告人の公正な裁判を害する危険性は無くなったと判断して，2008年11月18日，手続の中止を取り消した[39]。

提供者との秘密保持合意に基づく文書については，以上のように，公正な裁判を受ける権利を確保しながら，問題は解決された。しかし，国家が自国の安全保障などを理由に秘密性を条件として検察官に提供した情報については，被告人に有利な証拠であっても開示義務を免れる場合が，規程上は認められている（72条）[40]。この点は将来，被告人の公正な裁判を受ける権利との関係で新たな問題を招くかも知れない。

Ⅶ 予審裁判部の認定事実と公判で認定可能な犯罪事実

1 問題の所在

ルバンガ事件では，検察側の立証の最終段階の2009年5月22日に，被害者の法的代理人が公判裁判部に，公判を通じて提出された事実を戦争犯罪及び人道に対する犯罪としての性奴隷ならびに戦争犯罪としての非人道的または残虐な取扱いとして，事実の「法的な再性格付け」（legal re-characterization）を検討するように求める申立を行った[41]。前述したようにルバンガ事件は，子ども兵士の編入や強制的徴集の戦争犯罪で予審裁判部での犯罪事実の確認を受け，検察官は公判においてもその犯罪事実での有罪を主張していた。性奴隷や非人道的または残虐な取扱いは，それらに含まれていない犯罪であった。

---

39 Trial Chamber I, Reasons for Oral Decision lifting the Stay of Proceedings, ICC-01/04-01/06-1644, 23 January 2009.
40 Schabas（注12）p.820.
41 Legal Representatives of Victims, Joint Application of the Legal Representatives of the Victims for the Implementation of the Procedure under Regulation 55 of the Regulations of the Court, ICC-01/04-01/06-1891, 22 May 2009.

ICC 規程 74 条（判決のための要件）(2)は，「判決は，犯罪事実及びその改定に記載された事実及び状況を超えるものであってはならない」として，判決における認定事実を，予審裁判部により確認された犯罪事実（61条(7)(a)）とその後の公判開始までに改定された犯罪事実（61条(7)(c)(ii)，(9)）の範囲に限定している。他方で，裁判所規定 55 は，裁判所が公判で明らかとなった事実について，「法的な性格付け」(legal characterization) を変更することを認めている。「法的な性格付け」という概念は，規程には存在せず，裁判所規定において初めて登場するものである。さらに詳しく述べれば，裁判所規定 55 (1)が規程 74 条のもとでの裁判所の決定について，「犯罪事実や犯罪事実に対する改定に記載された事実や状況を超えることなしに」という限定を付しているのに対し，裁判所規定 55 (2)及び(3)は，公判の途中における裁判所による変更の手続やその際の被告人の諸権利について規定しているが，裁判所規定 55 (1)に存在する限定の文言はない。以下に詳しく述べる決定や判決では，裁判所規定 55 の諸規定は一体のもとに解釈されて犯罪事実や犯罪事実に対する改定に記載された事実や状況を超えることは常に禁止されているのか，あるいは，裁判所規定 55 (1)と裁判所規定 55 (2)及び(3)は区別された手続であり後者においてはそのような禁止は適用されないのか，という解釈問題が争われた。そして，そこにはさらに根源的に，検察官の提示していない犯罪事実に関わる事実や状況を裁判所が「法的な再性格付け」として審理することが，被告人の公正な裁判を受ける権利を害するものであるかどうかという問題を生じさせることになった。

2 公判裁判部の決定

公判裁判部は，被害者法的代理人の申立を受けて，2009 年 7 月 4 日，その申立を受け入れる決定を行った[42]。すなわち，「裁判所規定 55 (1)にある『犯罪事実や犯罪事実に対する改定に記載された事実や状況』という限定は，裁判所規定 55 (2)及び(3)で規律される現在の手続状況には適用されない」，

---

[42] Trial Chamber I, Decision giving Notice to the Parties and Participants that the Legal Characterisation of the Facts may be subject to Change in accordance with Regulation 55 (2) of the Regulations of the Court, ICC-01/04-01/06-2049, 14 July 2009.

第 4 章　国際刑事裁判所における「公正な裁判」

「裁判所規定 55 (2) の仕組みを発動させる条件は，事実の法的性格付けが変更されるかも知れないという裁判所の認定である。被害者法的代理人による提出と公判の過程で審理された証拠は，そのような可能性が存在すると裁判所の多数意見を確信させる。従って，当時者及び参加者は，早期の通知を受ける権利がある」というものである (paras.32, 33)。この決定の意味するところは，公判手続においては，予審裁判部の確認手続を通じて検察官が訴追を行う「犯罪事実に記載された事実や状況」に限定されることなく，公判裁判部が，事実の法的性格付けの変更のために，新たな基礎事実を審理することができるというものであった (para.31)。言いかえれば公判裁判部は，検察官が訴追した子ども兵士の編入や強制的徴集という犯罪事実に加えて，被害者法的代理人の申し立てる性奴隷や非人道的または残虐な取扱いという犯罪事実をも新たな証拠で審理する可能性を認めたものであった。

　この公判裁判部の決定に対しては，Fulford 裁判長の反対意見が付された[43]。その内容は，裁判所規定 55 は一体のもとに解釈されるべきであること (paras.21 to 33)，事実の法的性格付けと犯罪事実を修正，追加または変更することは区別されるべきこと (paras.18 to 20)，本件で被害者法的代理人が申し立てているのは事実の法的性格付けではなく犯罪事実の追加であって許されない (paras.34 to 45) というものであった。同裁判長は，併せて，追加された犯罪事実の審理がもたらす被告人の遅延なく裁判を受ける権利への影響も問題としていた (para.51)。

　公判裁判部の決定に対しては，被告人と検察官がともに上訴の許可を求めて，許可された[44]。

---

[43] Trial Chamber I, Minority Opinion on the "Decision giving Notice to the Parties and Participants that the Legal Characterisation of Facts may be subject to Change in accordance with Regulation 55 (2) of the Regulations of the Court," ICC-01/04-01/06-2054, 17 July 2009.

[44] Trial Chamber I, Decision on the Prosecution and the Defence Applications for Leave to Appeal the "Decision giving Notice to the Parties and Participants that the Legal Characterisation of the Facts may be subject to Change in accordance with Regulation 55 (2) of the Regulations of the Court," ICC-01/04-01/06-2107, 3 September 2009.

3　上訴裁判部の決定

　公判裁判部が上訴を許可した論点は，当初の犯罪事実には含まれていないが公判で提出された証拠によって明らかとなった事実を基礎に犯罪事実の法的性格付けを変更することができるという裁判所規定 55 についての公判裁判部の解釈は間違っているか，また，性奴隷や非人道的または残虐な取扱いという犯罪を含めるように犯罪事実の法的性格付けを変更することができるとした公判裁判部の判断は間違っているかという 2 点であった（注 44 の決定 para.40）。前者の問題点については，被告人側から，単に裁判所規定 55 の解釈のみならず，犯罪事実の法的性格付けの変更を認める裁判所規定 55 そのものが，規程や被告人の諸権利と両立しないという主張が提起された（注 45 の判決 para.65）。そして，上訴裁判部は，2009 年 12 月 8 日，公判裁判部の決定を破棄する判決を行った[45]。

　上訴裁判部は，まず，被告人側の主張に応えて，犯罪事実の法的性格付けの変更を認める裁判所規定 55 の是非を検討した。犯罪事実の改定を公判が開始されるまでの検察官の権限として限定する規程 61 条(9)との関係では，上訴裁判部は，「規程 61 条(9)と裁判所規定 55 とは手続の異なる段階，異なる主体の異なる権限を規律するものであり，それゆえ 2 つの条項は本来的に両立しないものではない」とした（para.77）。そして，ヨーロッパ人権裁判所の判例に依拠し，また，裁判所規定 55 (2)，(3)が被告人の準備のための時間や便益などの厳格なセーフガードを保障していることを理由に，「適用される人権の基準は，被告人の権利がセーフガードされている限り，公判の途中における法的性格付けの修正を禁止するものではない。」とした（paras.77, 85）。さらに，法的性格付けの変更が被告人の遅滞なく裁判を受ける権利につながるかも個別の事件の状況により判断されるとした上で，上訴裁判部は，裁判所規定 55 が本来的に被告人の公正な裁判を受ける権利に違反するとは

---

[45] Appeals Chamber, Judgment on the Appeals of Mr. Thomas Lubanga Dyilo and the Prosecutor against the Decision of Trial Chamber I of 14 July 2009 entitled "Decision giving Notice to the Parties and Participants that the Legal Characterisation of the Facts may be subject to Change in accordance with Regulation 55 (2) of the Regulations of the Court," ICC-01/04-01/06-2205, 8 December 2009.

考えないと結論づけた（paras.86 to 87）。

　しかしながら上訴裁判部は，裁判所規定55の解釈においては，同規定(2)及び(3)も同規定(1)と同様に，「犯罪事実及びそれへの改定に記載された事実や状況を超えて用いられてはならない」として，公判裁判部の解釈を誤ったものと結論づけた（para.88）。その理由とするところは裁判所規定55を規程や裁判所規定の諸条項と整合性を持って解釈した結果など多数にわたるが，人権の観点からは，「もし同規定(2)及び(3)の手続的なセーフガードと同規定(1)を切り離すのであれば，同規定(1)における人権への適合は保障されないだろう」という点も理由の一つとして掲げた（para.98）。

　上訴裁判部は，以上の判決によって，訴追された犯罪事実以外の犯罪をも審理しようとする公判裁判部の決定を破棄した。この判断に従えば，公判裁判部が実際に性奴隷や非人道的または残虐な取扱いという犯罪を含めるように犯罪事実の法的性格付けを変更することができるかどうかという具体的な問題点についても，上訴裁判部がそれはできないとする判断を行うことは論理上可能であった。しかし，上訴裁判部は，「公判裁判部は，その包含が検討されている犯罪の要素について詳細を示しておらず，またそれらの要素が犯罪事実に記載された事実と状況にどのように含まれているのかを検討していない。」として，判断に熟さない問題であるとした（para.109）。

4　考　察

　ルバンガ被告に対する訴追が，子ども兵士に関する戦争犯罪のみで行われたことに対しては，被害者やそれを支援するNGOを中心に検察官に対する少なからぬ批判が存在した。そして，実際の公判の審理を通じても被害者の証言などから，性奴隷をはじめとする他の犯罪事実が示されたことが，被害者法的代理人の申立やそれを受けての公判裁判部の判断につながったものと考えられる。他方で，予審裁判部の犯罪事実確認を経た犯罪事実以外の犯罪が公判で審理されることは，予審裁判部の制度と機能を無意味なものとしかねず，また，被告人の権利にとっても防御対象の不明確化と拡散，あるいは審理の長期化といった数々の不利益をもたらしかねないことであった。その意味で，上訴裁判部が，公判裁判部の決定を破棄して，公判裁判部の審理対象を，犯罪事実確認を経た事実や状況に限定したのは，妥当な結論と言える。

しかしながら、上訴裁判部の判決には、その判断に際して理由づけが十分に尽くされていない点もある。

第1に、裁判所規定55が許容する事実の法的性格付けの変更と、規程74条(2)が禁止する事実及び状況の変更との区別の基準が、上訴裁判部の理由中では明確に示されていない。上訴裁判部は、検察官が犯罪事実確認手続において提出すべき書類の内容を指示した裁判所規定52に依拠して、変更可能な事実の法的性格付けと、変更不可能な事実の陳述（statement of facts）とに区別している（注45の判決 para.97）。しかし上訴裁判部は、事実の陳述と規程74条(2)の事実及び状況とが同じものであるのかどうかについては何も述べていない。また、事実の法的性格付けという概念と、各国の刑事訴訟法で用いられている事実の法的評価あるいは再分類（reclassification）との異同も不明なままである。

第2に、事実の法的性格付けの変更が認められるとしても、その変更の範囲には限界があるのかどうか、例えば、訴追された犯罪に比べて、より重大な犯罪への変更も認められるのか、は上訴裁判部の判断においては明らかにされていない。

第3に、上訴裁判部は、法的性格付けの変更は被告人に一定のセーフガードが認められている限り、人権法あるいは公正な裁判には違反しないと結論づけた。しかし上訴裁判部の判決においては、事実や状況の変更はそれらに違反するのか、なぜ法的性格付けの変更は違反しないのかについて、十分な分析と理由付けは行われていない。

Ⅷ　仲介者（Intermediaries）の身元開示と公正な裁判

1　仲介者（Intermediaries）の問題と開示決定

2010年5月12日の公判裁判部の決定[46]によれば、ルバンガ事件において、

46　Trial Chamber I, Redacted Decision on Intermediaries, ICC-01/04-01/06-2434-RED2, 31 May 2010. これは、同年5月12日になされた決定（Decision on Intermediaries）を一般用に削除編集したものである。

第4章　国際刑事裁判所における「公正な裁判」

検察官は，公判で証言させた証人の約半数について，紹介を受けたり連絡するために，7名の仲介者（Intermediaries）を用いていた（para.2）。これらの仲介者についてその身元の開示の要求が弁護側からあったものの，公判裁判部は，当初は，その身元は事件の争点に無関係であり，開示の必要はないと考えていた（para.6）。しかし，検察官提出の被害者証人（子ども兵士）の尋問の過程で，証人が仲介者から証言内容を指示されたとして証言をいったんは覆したこと（paras.7 to 10），その後の被害者証人の証言でも仲介者の存在がしばしば浮かび上がってきたこと（paras.11 to 20），さらには検察官提出の被害者証人やその後の弁護側証人の反証の過程で，現地のNGOに関係する仲介者が少年らを集めて名前を変えて教えられた内容の証言をするように指示していたことなどが明らかになった（paras.21 to 20，25 to 29）。そのような経過の中で，公判裁判部は，2010年2月以降，検察官に対し，仲介者に関する各種の情報の提出を指示するようになった（paras.30 to 39）。また，弁護側も手続の濫用（Abuse of process）の申立を行う予定であることを公判裁判部に伝えた（para.54）。仲介者の問題を調査するために，その身元情報などを弁護側あるいは裁判所に開示するようにもとめる公判裁判部の指示に対して，検察官は，さまざまな理由を述べて抵抗したが，その中で主要な反論は，仲介者の身元を開示することは，仲介者やその家族に危険が及ぶので検察官には彼らを保護する義務があること，また，仲介者を通じた将来の調査の障害となるというものであった（paras.57 to 67，86 to 95）。ちなみに，被害者や証人を保護するための措置をとるべきことは，検察官のみならず，裁判所及び書記局と被害者・証人室（VWU）の義務として，要求されている（68条(1)，43条(6)）。同時に，それらの保護措置は，被告人の権利及び公正かつ公平な裁判を害したり，両立しないものであってはならない（68条(1)）。

公判裁判部は，2010年5月12日，仲介者に及ぶ可能性のある危険を含む検察官の主張を考慮した上で，「しかし，いまや検察官が証人候補を特定する際に用いたシステムには，懸念を持つ実際の理由がある。証拠によれば，仲介者には，彼らがそう望めば，証人が検察官に提供した供述に関して証人に影響力を行使する広汎な機会があり，また，ここに示されたように，このことが発生した証拠がある。そのような状況では，この公判での関係する証人のために検察側が用いた仲介者について，弁護側がこの可能性を調査する

機会を否定することは，不公正なものとなるし，証拠もそのような経緯を正当化している」と判断した（para.138）。そして，弁護側がいまだその身元を把握していない何人かの仲介者について，必要な保護措置をとった上でその身元情報を開示することや，証人として喚問することを決定した（para.150）。

2 検察官による不開示と公判裁判部の決定

しかし，その決定の対象となった1名の仲介者（仲介者143）について，さらに問題が続くこととなった。後に検討する2010年7月8日の公判裁判部の決定[47]によれば，仲介者143については，開示決定の後，VWUから保護措置を実施することは可能であるが，仲介者が財政的な要素を主張してそれに応じていないことなどが報告され，また，他方で弁護側の証人尋問を通じてその仲介者の氏名は判明していたという事情があった（paras.3 to 6）。公判裁判部は，仲介者143の関係情報が他には漏洩されない措置を含めて再三にわたり検察官に対して，仲介者143の情報を開示することを求める決定を繰り返したが，検察官は仲介者143の安全が確保できないことを主たる理由として，決定に対する上訴の可能性を示唆しながら公判裁判部の再考を求め続けた（paras.8 to 16）。仲介者143の安全については，VWUが，公判裁判部の命じた状況のもとであれば，氏名の開示は脅威をもたらすものではないと公判裁判部に報告していたが（para.17），検察官は，最終的には，検察官には人を保護する「独立の規程上の義務」があり，その義務と矛盾することになる決定には，訴訟における不利な結論を覚悟しても従うことができないと主張した（para.14）。

こうした事態は，公判裁判部を，2つの重大な問題に直面させた。第1には，検察官による繰り返される命令履行拒否が，検察官の提出してきた証拠の評価ならびに被告人に対する手続の公正さを吟味する必要性をもたらすということである（para.20）。また，より根本的な問題として，検察官が「独立の規程上の義務」を根拠に公判裁判部の命令を拒否することは，証拠開示

---

47 Trial Chamber I, Redacted Decision on the Prosecution's Urgent Request for Variation of the Time-Limit to Disclose the Identity of Intermediary 143 or Alternatively to Stay Proceedings Pending Further Consultations with the VWU, ICC-01/04-01/06-2517-RED, 8 July 2010.

第 4 章　国際刑事裁判所における「公正な裁判」

に関する最終的な決定権限を裁判所に与えた規程に違反するとともに,「そのもとではいかなる刑事裁判所も機能しない」事態であった（paras.21 to 27, 引用部分は, para.27)。そして，「被告人が公正な裁判を受けることを裁判所が保証するためには，その命令，決定及び判断が，上訴において覆されたり裁判所命令で停止されるまで，尊重されることが必要である」(para.28)。このような判断のもとに公判裁判部は，先の「公正な裁判の構成要素をつなぎ合わせることが不可能である」場合には手続を中止すべきだとする上訴裁判部の判決（注 34 の判決）に依拠して，2010 年 7 月 8 日，本件は，裁判所の手続の濫用であると断じて手続の無条件の中止を決定した（注 47 の決定 paras.30 to 31)。

公判裁判部は，さらにその後の同月 15 日，口頭審理の中で，前述の決定に対する検察官の上訴の許可を行うと同時に，被告人の無条件の釈放を命ずる口頭の決定をした[48]。その理由とするところは，「公判は，もはや公正ではないので中断され，また，被告人を手続が将来の一定の段階で復活するかも知れないというような憶測的な理由で予防的勾留に置いておくことはできない」（p.21, lines 7-9),「裁判所は手続の無条件の中止を行い，そして，この事件が将来いつか再開されるかどうかの見通しのない不確実性と同時に被告人がこれまで勾留されてきた時間の長さを考慮し，無条件の釈放以外のいかなるものも不公正となる」（p.21, lines 19-23）というものであった。ただし，この釈放決定は，前述の証拠開示にかかる釈放決定の時と同様に，決定から 5 日以内に上訴のための執行停止の申立があれば，上訴裁判所が執行停止について判断するまでの間は被告人が勾留から解放されないとしたため，検察官の申立により，上訴裁判部が執行停止を命じることにより[49]，実際には被告人の釈放はなされなかった。

---

[48] Trial Chamber I, Oral Decision, ICC-01/04-01/06-T-314-ENG, 1 July 2010, page 17, line 8 to page 22, line 8.

[49] Appeals Chamber, Decision on the Prosecutor's Request to give Suspensive Effect to the Appeal against Trial Chamber I's Oral Decision to Release Mr. Thomas Lubanga Dyilo, ICC-01/04-01/06-2536, 2 July 2010.

3　上訴裁判部による破棄

　再度，公判裁判部の手続中止決定と被告人の釈放決定を審理することになった上訴裁判部は，2010年10月8日に，手続中止決定に対する判決（判決2582）[50]と無条件釈放決定に対する判決（判決2583）[51]を行い，公判裁判部の決定をいずれも破棄した。

　上訴裁判部はまず，手続中止決定に対する判決（判決2582）において，公判裁判部の命令は検察官を拘束するものであり，検察官はそれに従わなかったこと，そして「公判裁判部が，検察官による命令への遵守拒否のために手続の重要かつ基本的な部分のコントロールを失った場合は，公正な裁判を保証することは確かに困難であり，そしてそのときは手続の中止が正当化されるであろう」ことを確認した（paras.46 to 52, 58）。他方で，命令への不遵守に対して上訴裁判部は，規程71条の制裁措置や規則171.4の罰金の措置によって対抗すべきであり，そのような制裁を科すことなしに「公判裁判部が，手続のコントロールを失い，そしてその結果，公正な裁判が不可能となって手続中止が必要だと認定したのは，それ故，評価の余地を逸脱するものであった」と判断した（para.61）。

　その上で上訴裁判部は，無条件釈放決定に対する判決（判決2583）に対しても，その前提となる手続中止決定が破棄される以上，同様に破棄されるとした（paras.1, 24）。しかし，公判裁判部が決定の主要な理由とした勾留期間の長さについて上訴裁判部は，公判裁判部が規程に定められた勾留の必要性や不当な遅延による不合理な期間の勾留についての認定を行っていないとして，自らも認定を行わなかった（para.25）。

50　Appeals Chamber, Judgment on the Appeal of the Prosecutor against the Decision of Trial Chamber I of 8 July 2010 entitled "Decision on the Prosecution's Urgent Request for Variation of the Time-Limit to Disclose the Identity of Intermediary 143 or Alternatively to Stay Proceedings Pending Further Consultations with the VWU," ICC-01/04-01/06-2582, 8 October 2010.

51　Appeals Chamber, Judgment on the Appeal of Prosecutor against the Oral Decision of Trial Chamber I of 15 July 2010 to Release Thomas Lubanga Dyilo, ICC-01/04-01/06-2583, 8 October 2010.

4 考　　察

　この問題については，上訴裁判部の判決であった日に，仲介者143に関する情報が検察側から弁護側に提供され[52]，その後，公判裁判部の元で仲介者に対する尋問が実施されるようになった。また，仲介者の尋問の結果に基づいて，弁護側は，仲介者に関する検察官の非違行為などを主な理由とする手続濫用による手続の完全な中止を求める申立を行ったが，公判裁判部は，手続の完全な中止を必要とする手続濫用を認めず，その申立を斥けた[53]。

　ハーグを拠点とし，相手国の司法協力なしには現地で実際の捜査権を行使できない検察局にとって，現地での被害者証人の確保には仲介者を利用せざるを得ない実情はある。ICC の裁判部も，「被害者の申請に関して，申請者を裁判所へのアクセスの際に援助する仲介者は，手続の適切な進行のために必須である」という積極的な評価を行う場合もあった[54]。しかし，当然のことながら仲介者は ICC の正式な機関の一部ではなく，ICC 規程その他の規則でも言及されていない。そうした仲介者が ICC の組織的な監督を受けない場合には，被害者証人への影響力の行使などの不正が介在する危険性は常に存在する。ルバンガ事件では，そのような不正の介在の可能性の証拠が弁護側によって提示されたことから，そうした仲介者の行動を公判裁判部が審査する必要性が発生した。そのような審査は，被害者証人の信用性を吟味するためには不可欠であるし，弁護側が仲介者の不正行為や影響を調査するために仲介者の身元の開示を受けることは，公正な裁判を実施するためには不可欠である。このことは，公判裁判部も上訴裁判部も認めるところであった。しかし他方で，検察側が何らかの理由でその仲介者を開示できない場合に，裁判所としては，公正な裁判は直ちに不可能となるのかどうかにおいて，公判裁判部と上訴裁判部の判断は分かれることになった。

52　Trial Chamber, Transcript, ICC-01/04-01/06-T-316, 11 October 2010, page 2, lines 19 to 23.

53　Trial Chamber I, Redacted Decision on the "Defence Application Seeking a Permanent Stay of the Proceedings," ICC-01/04-01/06-2690-RED2, 2 March 2011.

54　Pre-Trial Chamber I, Decision on the Applications for Participation Filed in Connection with the Investigation in the Democratic Republic of Congo by Applicants, 表題の被害者番号は省略 ICC-01/04-545, 4 November 2008.

被害者証人に関わる不正が生じた場合，その不正に関わった仲介者の情報は，弁護側にとっては，検察側証人を弾劾するために被告人に有利な証拠を得るための資料となる。その意味では，そのような方法を検察側の情報不開示によって絶たれることは，被告人の公正な裁判を受ける権利に関わる問題である。しかし，他方で仲介者の情報を得る主要な目的が，犯罪事実を立証しようとする検察側証人を弾劾することにあるとすれば，裁判所としては命令に違反した検察官による情報不開示の事実を訴訟手続の中で適切に考慮する方法が存在する。第1に裁判所は，検察側証人の証言結果に対して，公正な裁判に与える不利益を考慮した結果として，あるいは，人権を侵害する方法で得られた著しく信頼性に疑いをもたらす場合であることなどを理由として，証拠の許容性を否定することができる（69条(4)(7)）。また，第2に裁判所は，一般的な事実認定の過程で，検察側証人の証言結果について，その信頼性を疑わせる事情を理由にその証言結果に基づく事実の認定を拒否することも可能である。そのような措置が裁判所によって適切に取られている場合には，検察官による命令の拒否は，直ちに公正な裁判そのものを否定するとは言えない。

　裁判所による仲介者の利用については，2009年以降，裁判所書記が，仲介者の選定，保護及び支援に関する政策と実務に関して，関係機関やNGOなどとの協議を開始している[55]。そこでは，仲介者の発見と選定，関係の構築と運営，監視と評価，財政的問題などが検討されている。そのような動きは，事件の捜査や被害者への対応のために事件の現地での仲介者を利用せざるを得ない実態を考慮した上で，その利用から生じる問題を可能な限り減少させようとする試みとして評価できる。他方で，裁判所書記は，ICCの捜査や裁判手続にはなんらの権限を持たない機関であり，裁判所書記が調整して定める政策が，実際に仲介者を利用する検察局や，裁判手続の中で仲介者の問題に直面する裁判所の実務にどこまでの影響を与えることができるのかには問題もある。

55　The Registrar, Project to define policies governing relations between the ICC and intermediaries (DRAFT), May 2010.

第4章　国際刑事裁判所における「公正な裁判」

IX　まとめにかえて

　ルバンガ事件において，被告人の公正な裁判を受ける権利は，以上のように，①犯罪事実確認手続における証拠の要約と削除編集，②公判における被害者の参加形態，③証拠開示と秘密保持合意文書，④公判で認定可能な犯罪事実，⑤仲介者の取扱いなど，多くの手続段階で問題となってきた。それらの問題を扱う公判裁判部と上訴裁判部の判断においては，公正な裁判を受ける権利の保障が前提とされている事実は，ICCが一貫してICC規程の求める国際人権法との両立を重視していることを示している。それによって，裁判部の判断理由の具体性，手続への参加を認める被害者の範囲，証拠開示の実現，公判における被告人の防御の対象，そして捜査段階における仲介者の介在への監視など，多くの点で被告人の公正な裁判を受ける権利をセーフガードしようとする判例法理を形成してきている。さらには，公正な裁判の実施が不可能となる場合には刑事手続そのものを中止すべきだという，究極的な権利の救済普段も，法理としては現実のものとして認められるに至った。

　しかしながら，公判裁判部，さらには上訴裁判部においても，公正な裁判を受ける権利との関係では疑問と思われる判断が一部には見られることは，それぞれの問題に対する考察において指摘してきたとおりである。そして問題の背景には，ICCが取る新たな制度に起因し，それが抱える問題が適切に解決されていなかった側面もある。例えば，ICC規程が採用した犯罪事実確認という予審手続については，それが全体の手続の中でどのような役割を占めているのか，その手続でどこまで検察側の立証と弁護側の防御を要求するのか，さらには犯罪事実確認を経て訴追された犯罪事実にはその後の公判手続に対する拘束力があるのか，という諸問題が存在した。また，検察官の役割や権限についても，証拠収集における秘密保持合意や監督の及ばない仲介者の多様など実際上の不適切な職権行使を指摘できる一方で，高度の独立性を認められた検察官や検察局の活動（42条(1)）をどの機関がどのように制御できるのかという制度に内在する問題も明らかとなった。さらには，被害者の参加という歴史上価値ある制度についても，公判手続で被害者による証拠の提出までをも参加の形態として認めたことは，検察官による訴追・立証行

為との抵触あるいは被告人側に与える予測不可能性や防御の負担といった今後の問題を提起することになった。

　併せて最後に指摘しなければならないのは、これらの手続を通じて、被告人の「不当に遅延することなく裁判に付される」権利（67条(1)(c)）がどのような役割を果たしたかである。前述の諸問題やそれをめぐっての手続の遅延が、被告人の迅速な裁判を受ける権利に影響を与えたことは、公判裁判部や上訴裁判部の判断の中で部分的には指摘されてきた。しかしながら、それらは、ルバンガ事件の手続上の問題が迅速な裁判を受ける権利にどの程度の影響を与えてきたのか、その影響は被告人に何らかの救済を与えなければならない程度に達していたのか、そして手続を通じて迅速な裁判を受ける権利を保障するためにどのようなセーフガードが与えられるべきなのか、という重要な問題を明らかにすることはしてこなかった。もちろんルバンガ事件は、ICCの最初の事件として多くの未知の手続上の解釈問題に直面せざるを得なかった。また、それに続くその他の事件においては手続の時間について少なからぬ改善が行われていることも事実である。しかし、個別事件の被告人の公正な裁判を受ける権利が実現されたのかという視点からは、この問題は何らかの形で今後、検討されるべき課題である。

第 3 部

被害者の権利と救済

第5章 国際刑事裁判所における被害者の地位

I はじめに

　ICC規程は，その前文を「20世紀の間に多数の児童，女性及び男性が人類の良心に深く衝撃を与える想像を絶する残虐な行為の犠牲者となってきたことに留意」することから語り始めている（「国際刑事裁判所のためのローマ規程」，以下「規程」。前文第2段落）。国際刑事裁判所（以下「ICC」）の設立は，このように，重大な国際犯罪の犠牲となってきた無数の被害者に対し思いをはせるところから始まった。そして，実際にICCは，従来の国際刑事裁判手続で認められてきた被害者や証人の保護のみならず，被害者に対する賠償や手続参加という画期的な制度を実現することとなった。

　本章では，ICCにおいて実現されることとなったそれらの制度の背景と，実際に実現された制度の内容を明らかにする。その上で，それらの制度が，ICCで実際動き始めた事件の中でどのように解釈・運用されているのか，明らかとなってきた問題点を検討する。そしてそれらの検討を通じて，残された課題を明らかにし，検証することとしたい。

II ICCにおける被害者制度の背景

1 刑事手続と被害者

　一般に，被害者が国内刑事手続の中でどのような地位を与えられているかは，国によってさまざまである。伝統的に，刑事手続の中での被害者の位置づけについては，コモンロー系の当事者対抗主義（adversarial system）とシビルロー系の糾問主義あるいは職権主義（inquisitorial system）との間に大きな

違いがあると考えられてきた[1]。当事者対抗主義のもとでは，刑事訴追は検察官のみがその裁量権のもとで開始し，被害者は証人として以外にいかなる役割も与えられない[2]。被害者が損害賠償を求める場合にも，それは刑事手続とは別個に民事手続を自ら開始しなければならない[3]。他方で，職権主義のもとでは，被害者の申立ては捜査開始の契機となり，検察官は捜査開始が義務づけられ（ドイツ，イタリー），あるいは訴追の根拠があれば検察官は訴追を義務づけられ（フランス，ベルギー），被害者にも訴追開始権限が認められる（フランス）[4]。刑事手続の中でも被害者は，損害賠償を求めて参加する付帯私訴（constitution de partie civile）を行うことができ，場合によっては，証拠申請，証人の尋問，被告人の罪責についての見解表明を行うことが認められている[5]。

もちろん，以上の区別はあくまで典型化されたものであり，実際の国内制度における被害者における地位は，ここの制度の融合の中で異なったものとなっている。そして，現在の被害者をめぐる国内の刑事手続は，被害者に訴追の開始・遂行への介入や賠償判決を求めるなど積極的な役割を認められているものから，民事と刑事を厳格に区別しまた被告人の権利への配慮から被害者の参加には慎重であるものなど，さまざまである[6]。そして，被害者をめぐるこのような国内制度の多様さは，規程の採択において多くの論争の原因となり，また，現在も規程の適用をめぐって対立した解釈が行われる遠因となっている。

2　国際刑事裁判における被害者の取扱い

国際刑事裁判の手続においても，被害者の取扱いは一様ではなかった。

国際刑事裁判の始まりは第二次世界大戦後の国際軍事法廷（ニュルンベルク裁判）[7]と極東国際軍事法廷（東京裁判）[8]であるとされる。ニュルンベルク

1　Cassese, A., "International Criminal Law," (2003) pp.365-366.
2　同上 p.367.
3　同上 p.372.
4　同上 p.367.
5　同上 p.372.
6　Schabas, W.A., "An Introduction to the International Criminal Court: Fourth Edition," (2011) pp.342-343.

第 5 章　国際刑事裁判所における被害者の地位

裁判においては，アメリカとイギリスの代表の優位のもとにコモンロー，すなわち当事者対抗主義にもとづく裁判手続が取られ，アメリカの強い指導のもとで進められた東京裁判においても事情は同じであった[9]。そして，それらを設置する憲章（Charter）においては，被害者に関する記述は存在せず，実際にも被害者に関する特別の措置は取られなかった。また，その後に国連総会が採択したニュルンベルク原則においても，被害者に関する記述は存在しなかった[10]。

その後，半世紀近くを経て，国連安全保障理事会は，1993年に旧ユーゴスラビア国際刑事法廷（ICTY）を，翌 1994 年にルワンダ国際刑事法廷（ICTR）を設置した[11]。これら 2 つの法廷も，当事者対抗主義を基礎とする手続が採用されることとなった[12]。そして被害者は，それらの法廷の手続の中で依然何らの役割をも与えることはなかったが[13]，他方で法廷は，刑の宣告の際，被害者のために，原状回復（restitution）を命じることを認めるにいたった[14]。またこれらの法廷は，被害者の損害賠償を求める権利を認めたわけではないが，手続及び証拠に関する規則において，判決における有罪の認定を最終的かつ拘束力のあるものとして国内当局に送付するという形で，被害者が国内法廷を用いて損害賠償を行うことを可能とした[15]。

---

[7] International Military Tribunal, Agreement for the Prosecution and Punishment of Major War Criminals of the European Axis, and Charter of the International Military Tribunal ('IMT'), 82 UNTS 280（entered into force 8 August 1945）.

[8] International Military Tribunal For Far East, Charter of the International Military Tribunal for the Far East ('IMFTE'), 19 January 1946（General Orders No.1）, as amended, General Orders No.20, 26 April 1946, TIAS No.1589, at 11, 4 Bevans 27.

[9] Cassese（注 1）p.376.

[10] Principles of International Law Recognized in the Charter of the Nuremberg Tribunal and in the Judgment of the Tribunal, UN Doc. A/CN.4/SER.A/1950/Add.1（1950）.

[11] International Criminal Tribunal for the Former Yugoslavia, SC Res 808, UN Doc S/Res/808（1993）. International Criminal Tribunal for Rwanda, SC Res 955, UN Doc S/RES/955（1994）.

[12] Cassese（注 1）p.384.

[13] 同上 p.387.

[14] ICTY 規程 24 条(3)及び ICTR 規程 23 条(3)によれば，裁判部は，「圧迫の手段を含む犯罪行為によって得られた財産及び収益の権限ある所有者に対する返還を命じることができる」とされている。

以上のように，規程以前における国際刑事裁判においては，被害者の参加や賠償に関する制度は，確立していない状況であった。

3　被害者をめぐる国際人権法の発展

後に触れる国家責任と個人の権利の問題とあわせて，第二次世界大戦後に承認されるようになった国際人権法は，人権侵害を受けた個人が国家によって効果的な救済を受ける権利を基礎づけてきた[16]。たとえば世界人権宣言は，基本的権利を侵害する行為に対し，個人が「権限を有する国内裁判所による効果的な救済を受ける権利」を保障している（同宣言8条）。政治的及び市民的権利に関する国際規約（自由権規約）も，規約上の権利や自由を侵害された個人が「効果的な救済措置を受ける」ことができるように各種の措置を取ることを締約国に義務づけている（同規約2条3項）。さらに拷問等禁止条約は，拷問の被害者に「公正かつ適正な賠償を受ける強制執行可能な権利」を国内法制で確保すべきことを具体的に締約国に義務づけている（同条約14条1項）。

しかしながら，これらの国際人権法の規範は，国家による救済の内容としていかなるものを含むのか，具体的には，犯罪（その中には必ずしも国家に帰責できないものもある）の被害者が，国家にどのような救済を求めることができ，刑事手続にどのように関与することができ，その刑事手続を通じてどのような救済を受けることができるのか，を明確に提示してはいなかった。

それに一部応えることとなったのが，1985年に国連で採択された「犯罪と権力の濫用の被害者のための司法の基本原則宣言」（1985年宣言）であった[17]。1985年宣言は，被害者を，一般の個人による犯罪の被害者と，国家による権力の濫用の被害者とを分けて，それぞれに保障すべき権利を明らかにした[18]。そして前者の犯罪の被害者については，被害者の定義を行った上で，

15　ICTY 証拠及び手続に関する規則106及びICTR同規則106「被害者に対する損害賠償」の項。

16　Donat-Cattin, D., 'Article 75 Reparation to Victims,' in Triffterer, O. ed., "Commentary on the Rome Statute of the International Criminal Court: Second Edition," (2008) p.1400.

17　Declaration of Basic Principles of Justice for Victims of Crime and Abuse of Power, GA Res 40/34, annex, UN Doc A/40/53 (1985).

18　Bassiouni M.C., "Introduction to International Criminal Law," (2003) p.93.

司法と公正な取扱いへのアクセスの権利，原状回復・損害賠償・援助を受ける権利の内容を詳細に定めるにいたった（1項から17項）。他方で権力の濫用の被害者に関しては，同じく被害者の詳細な定義を行ったが，権力の濫用の禁止と被害者の救済（原状回復・損害賠償・援助を含む）を国内法に盛り込むことを求めるにとどまった。

被害者の権利に関する国際人権法の理解をさらに体系的なものにするにいたったのは，2005年に同じく国連総会で採択された「国際人権法の重大な侵害と国際人道法の深刻な侵害に対する救済と保障の権利に関する基本原則とガイドライン」（2005年基本原則）である[19]。この基本原則は，被害者の定義について基本的に1985年宣言を踏襲した（第8原則）。他方で2005年基本原則は，被害者の救済を受ける権利の対象を，(a)司法に対する平等かつ効果的なアクセス，(b)被害の十分な，効果的なかつ速やかな賠償，(c)侵害及び賠償制度に関する関連情報へのアクセス，として被害者のアクセスを重視し，それぞれについて詳細な原則が設けられるにいたった（第11から第24原則）。

1998年のICC規程の採択においては，被害者の権利を議論する際に，1985年宣言が大きな素材とされたことは言うまでもない[20]。加えて，2005年基本原則も，その内容に関する検討は，1989年から開始されていた[21]。その検討過程で提出された各種の草案が，ローマ会議のみならず，その後の手

---

[19] Basic Principles and Guidelines on the Right to a Remedy and Reparation for Victims of Gross Violations of International Human Rights Law and Serious Violations of International Humanitarian Law, GA Res 60/147, annex, UN Doc A/60/147 (2005).

[20] 例えば，手続の中で被害者の見解や懸念の表明を認めた規程68条(3)は，1985年宣言の6条(b)をそのまま採用したものであるとされる。Donat-Cattin, D., 'Article 68 Protection of victims and witnesses and their participation in the proceedings,' in Triffterer, O. ed.（注16）p.1279.

[21] 国連の差別防止及び少数者の権利に関する小委員会（当時）は，1989年に被害者の賠償を求める権利に関する報告をテオ・ファン・ボーベンに委ね，同氏は，1997年に「人権と基本的自由の重大な侵害の原状回復，損害賠償及びリハビリテーションを求める権利の草案」を同小委員会に提出した。また，国連人権委員会（当時）も，被害者の権利の基本原則とガイドラインの草案作成をシェリフ・M・バシオーニに委ね，同氏は，2000年に「国際人権及び人道法の侵害の被害者の救済と賠償を求める権利に関する基本原則とガイドラインの草案」を同委員会に提出した。Bassiouni（注18）pp. 94-95.

続及び証拠に関する規則をはじめとするICCの文書の採択において，参照されることとなった。

III　ICCにおける被害者の権利と組織

1　ICCにおける被害者の権利

　規程で実現された被害者の権利は，大きく①被害者や証人の保護（68条(1)(2)(4)から(6)など），②被害者の手続参加（同条(3)など），そして③賠償命令（75条など）である。そしてさらにそれらの権利は，手続及び証拠に関する規則（以下「規則」）ならびに裁判所規則（以下「裁規」）などで，さらに詳細な制度が定められている。

　それらの諸権利を詳しく検討する前に，それらに共通するいくつかの問題に触れておきたい。それは，そもそも被害者とはどの範囲の人々を意味するのか（被害者の定義），それらの被害者の権利の行使は被疑者・被告人の権利とどのように両立するのか（被疑者・被告人の権利との調整），並びに被害者の権利はどのような組織体制の中で保障されるのか（被害者に関する組織），である。

2　被害者の定義

　被害者がどのような者を指すのかは，規程においては定義されなかった。しかし，その後に採択された規則において，以下の2種類の者が被害者と定義された（規則85）。
(a)　裁判所の管轄権の犯罪の実行の結果として害悪を被った自然人。
(b)　宗教，教育，芸術または科学・慈善の目的に捧げられた自らの財産，並びに自らの歴史的記念物，病院及び人道的な目的のためのその他の場所や対象に，直接の害悪を被った組織や機関。

　この定義は，1985年宣言や2005年基本原則に比べて，財産や場所・対象に害悪を受けた組織や機関をも含めるなど，ICCの対象犯罪の種類に応じてその範囲を拡大させた面もある。他方で，それらの宣言や基本原則には存在した，被害者の直近の家族や被扶養者，被害者の援助や被害の防止のために

害悪を被った者などの間接的な被害者は[22]，明示されていない。

　第1予審裁判部は，(a)の自然人被害者と認められるための要件について，①自然人であること，②害悪を被ったこと，③害悪に先立つ犯罪が裁判所の管轄権の範囲内にあること，④犯罪と害悪の被害との間に因果関係（casual link）があること，と整理した[23]。

　また，同裁判部は，規則の定義の「害悪を被った」の解釈として，1985年宣言や2005年基本原則に依拠して，「直近の家族及び被扶養者」，「直接の被害者を助けるため，また，それらの者が被害者となることを妨げるために介入した際に害悪を被った被害者」を含むものと解釈した[24]。

　さらに，この定義のもとで被害者の範囲をどう認定するかという問題について，裁判所はいくつかの決定の中で，被害者の求める権利の種類あるいは手続の進行段階によって，権利が認められる被害者の範囲が異なってくることを前提とした判断を行っている。この点については，後述する。

3　被疑者・被告人の権利との調整

　被害者の権利や参加が手厚く保障されることによって，被告人や弁護人の権利が不当に制約されることはないのか，というのは当然想定される懸念である。この点で，規程はさまざまな形で，両者のバランスをとることを試みている。第1に規程は，裁判所による「法の適用と解釈は，国際的に承認された人権と両立するものでなければならない」（21条(3)）とする原則と被疑者・被告人の権利を明記することによって（55条，67条），被害者・被告人の権利を確固としたものとして対置している。第2に，被害者の権利に関する規定の中に，被告人の権利や公正かつ公平な公判手続を害せず，またはそれらと両立するような態様で実施しなければならないとするセーフガードの規定がおかれている（68条(1)(2)(3)(5)）。

---

[22]　1985年宣言の第2項，2005年基本原則の第8原則。

[23]　Situation in Democratic Republic of the Congo, Pre-Trial Chamber I, Decision on the Applications for Participation in the Proceedings of VPR 1, VPR 2, VPR 3, VPR 4, VPR 5 and VPR 6, ICC-01/04-101-tEN-Corr, 17 January 2006, para. 79.

[24]　Pre-Trial Chamber I, Decision on the Applications for Participation in the Proceedings Submitted by VPRS 1 to VPRS 6 in the Case the Prosecutor v. Thomas Lubanga Dyilo, ICC-01/04-01/06-172-tEN, 29 June 2006, pp. 7-8.

しかしそれでもなお，このような規程上のバランスが実際の刑事裁判で有効に機能するのか，犯罪や罪状の深刻さを立証するために用いられる被害者や証人とそれを反駁しようとする被告人の利益はどこまでいっても非和解的なものではないか，という問題は生じて来るであろう。このことは，従来の国際刑事裁判に比較して，より大きな負担を裁判所及び弁護側に課すことになるかも知れない[25]。

他方で，たとえ被害者や証人の権利や保護が強固なものであっても，被告人や弁護人に証拠へのアクセス手段や武器の対等が十分に保障されるのであれば，被害者や証人を攻撃的に弾劾する必要性は減少し，権利の両立ははるかに容易になるのではないかという可能性がある[26]。また，規程のもとで被害者は独立した存在であって弁護士によって代理される当事者であり，必ずしも検察官の訴追戦略の手段として行動するのではないという事実は，被告人に対する訴追との関係で必ずしも不利にのみ作用するものではないであろう。

4　被害者に関する裁判所組織の体制

ICC においては，被害者の諸権利の保障のために，裁判部，検察局及び書記局など裁判所の主要機関に対して，いくつかの義務が課されている。また，被害者のためにいくつかの特別の機関が設置されている。それによって被害者の諸権利の実効的な保障を制度的に実現しようとしている。

(1)　裁判所の主要機関における被害者に対する義務

まず，規程は，ICC 全体に対して，被害者や証人の安全，心身の健康，尊厳及びプライバシーを保護するために適切な措置を取るべき義務を課し，同様の保護措置をとる義務は，犯罪の捜査や訴追を行う検察官にも課されてい

---

[25] 稲角光恵「国際刑事裁判所における被害者の権利保障」法律時報 79 巻 4 号（2007）48 頁。他に，東澤靖「国際刑事裁判所の実務③被害者・証人の保護と手続参加」刑事弁護 43 号（2007）参照。

[26] 武器対等原則については，東澤靖「武器対等の原則及び国際刑事手続における展開」芹田健太郎・棟居快行・薬師寺公夫・坂元茂樹編集代表『講座国際人権法 2　国際人権規範の形成と展開』（2006）115-160 頁，一井泰淳「国際刑事裁判所における武器対等の原則の被害者の権利」自由と正義 58 巻 8 号（2007）61-69 頁，本書第 3 章を参照。

る（規程68条(1)）。この義務は，規則においてより具体化され，ICCの裁判部はいかなる指示や決定を行う場合にも，またその他の機関はその職務を行うに際して，被害者・証人の保護と参加の規定（同68条）に従い，すべての被害者及び証人にとっての必要性，特に子ども，高齢者，障害を持つ者，性格・ジェンダーの暴力の被害者にとっての必要性，を考慮しなければならない（規則86）。特に裁判所書記は，被害者の権利の実際の行使を可能にするために各種の責任を課されている（同16）。

　この義務は，被害者のみならず証人を保護するための一般的義務であるが，後に詳しく述べるように，そのための具体的な措置が対象となる手続の種類や段階に応じて規定されている。

(2) 被害者のために設立された機関

　被害者のために設立された機関は，規程に基づくもの，規則に基づくもの，そして裁規に基づくものなど，その根拠となる規定はさまざまである。まず，規程に基づいて設置された機関は，書記局の中に設けられた被害者・証人室（Victims and Witnesses Unit：VWU）であり，被害者や証人の保護を専門に扱うこととされている（43条(6)）。その職務の内容については後述する。

　また裁規において，被害者のための公設代理人事務所（Office of Public Counsel for Victims：OPCV）が設置された（裁規81）。OPCVは，後に詳しく述べるように，被害者のための法律上の代理人（弁護士）に関するサービスを提供するものとして，書記局のもとに設置されながらも独立性を与えられた機関として存在する。

　さらに，書記局の中で被害者の参加や賠償を担当する部署として，被害者保護・賠償課（Victim Protection and Reparation Section：VPRS）が存在し，被害者による参加や賠償の申請に関して，情報提供や書式の提供などの援助を行っている。

　これらの被害者に関する機関は，すべて裁判所書記のもとに所属し，裁判所書記に課せられた責任（規則16）を遂行する。これらの機関の職責は，必ずしも明確に区別されているわけではないが，それぞれの機関の特徴を述べれば，VWUは被害者・証人の保護，OPCVは被害者の法律上の代理，VPRSは被害者の権利行使に際しての援助と窓口の職責を担っているといえるだろう。

IV 被害者と証人の保護

1 総　説

　証人，とりわけ被害者証人の存在は，犯罪の立証において決定的な重要性を持つ。そのため多くの国内刑事司法においては，訴追に必要な証人に対し保護措置が取られてきたが，いったん訴追が終了してしまうと証人を保護する必要性を訴追機関が持ち続けることは難しい[27]。とりわけ国際刑事裁判においては，安全な裁判地で証言を行った後も，被害者が紛争がなお継続し，あるいは刑事司法制度が確立していない母国に戻る場合には，その安全に対する脅威は深刻である。ICTR の訴追においては，被害者が証言後に母国に戻った後に殺害されるという例が報告された[28]。そして ICTR においては，そのような危険を避けるために，証人・被害者に新しい身元や難民の地位を付与するなどの措置も取られてきた[29]。ICC もそのような ICTY や ICTR の実務を先例として，証人・被害者の保護に関する数々の規定や制度を設けるにいたった[30]。

　そのような証人・被害者の保護を設けるに際して，特に考慮されたのが性的（ジェンダー）暴力と子どもに対する暴力である[31]。ジェンダーと子どもについては，それらの集団を対象とする犯罪が，ICC の対象犯罪に含められたが[32]，同時に性的（ジェンダー）暴力と子どもに対する暴力は，証人・被害者の保護を行う際に特に考慮すべき要因として例示されている（68条(1)）。

27　Donat-Cattin（注20）p. 1276.
28　同上。
29　同上 p. 1276.
30　同上。
31　Jones, J.R.W.D., 'Protection of Victims and Witness,' in Cassese A., Gaeta, P., Jones, J. R. W. D. eds., "The Rome Statute of The International Criminal Court," (2002) p.1356.
32　性的暴力については，人道に対する犯罪（同7条(1)(g)）と戦争犯罪（同8条(2)(b)(xxii)，(e) (vi)）。子どもに対する犯罪については，集団殺害犯罪（同6条(e)）と戦争犯罪（同8条(2)(b) (xxvi)，(e) (vii)）。

これは，いうまでもなく武力紛争の歴史の中で女性がしばしば性的暴力の対象となり，あるいは相手方集団に屈辱を与え，時には民族浄化の手段として用いられてきたという認識に基づく[33]。子どもについても，紛争において安易に兵士や性奴隷獲得の手段として用いられてきた。そして同時にそうした犯罪の被害者は，直接の身体的被害を超えて，特別の配慮を必要とする精神的その他の害悪を被るという認識がローマ会議で共有された[34]。そのため，ICTY や ICTR で存在していた VWU の設置や，証人・被害者のために特別の保護措置を設けることに，ローマ会議ではほとんど異論は存在しなかった[35]。そして，VWU に関する規定（46条(3)）が，公判手続の部（第6部）ではなく，裁判所の構成及び運営の部（第4部）に置かれたのは，被害者・証人の保護は公判中のみではなく，その前後にわたるという考えからであった[36]。

　このようにして，ICC においては，裁判部，検察局及び書記局などすべての機関に被害者・証人の保護のために適切な措置を取るものとされ，その場合において，「すべての関連する要因（年齢，7条(3)に定義する性，健康及び犯罪〔特に，性的暴力又は児童に対する暴力を伴う犯罪〕の性質を含む。）を考慮する」義務が課されることとなった（68条(1)，規則86）。また，検察官は，捜査と訴追において，「被害者及び証人の利益及び個人的な事情（年齢，7条(3)に定義する性及び健康を含む。）を尊重し，並びに犯罪（特に，性的暴力又は児童に対する暴力を伴う犯罪）の性質を考慮すること」が特に義務づけられている（54条(1)(b)）。さらに裁判所書記は，書記局内に VWU を設置し，証言のために危険にさらされる者に対し，VWU を通じて各種の保護措置や援助を提供することが義務づけられている（43条(6)）。ただし被害者や証人のためにとられる保護措置は，被告人の権利や公正かつ公平な公判手続を，害するようなまたはそれらと両立しないものであってはならない（68条(1)）。

　そして，そのような義務を具体化するものとしては，規程と規則は，手続の各段階における被害者・証人の保護のための具体的な措置を定めている。

33　Steains, C., 'Gender Issues,' in Lee, R. S. ed., "The International Criminal Court: The Making of the Rome Statute: Issues・Negotiations・Results," (1999) p.358.

34　同上 pp. 382-383.

35　同上 pp. 382-385. Jones（注31）p. 1356.

36　Steains（注33）pp.383.

それには，以下に述べる公判前の証拠開示の制限，公判における各種の保護措置に加え，弁護活動を一定制約する措置が含まれる。手続の各段階で，裁判部によって命令された保護措置は，裁判部による変更等の決定があるまで，他の手続や事後の手続についても効力が認められる（裁規42）。

また，手続外においては，VWUが各種の保護措置や援助を提供する。

2　手続の各段階における保護措置

(1)　公判前の証拠開示の制限

公判にいたるまでの間に，弁護側は，犯罪事実の確認手続において，あるいは公判の前に十分な余裕を以って，検察官の手持ち証拠の開示を受ける権利を有している（61条(3)，64条(3)(c)，67条(2)，規則76.1，2，規則121。本書第4章Ⅱ参照）。しかし，証拠開示が証人や被害者及びその家族の安全に重大な危険をもたらしうる場合には，検察官は，証拠の提供を差し控え，それに代えて要約を提出することができる（68条(1)，(5)，規則81.3）。ただし，証拠開示の制限は，被告人の権利や公正かつ公平な公判手続を害せず，またはそれらと両立するような態様で実施しなければならない（68条(5)）。

この点の争いは，担当する裁判部によって，証拠開示の要否が判断されることになる。

(2)　公判における各種の保護措置

実際に公判において取られる保護措置には，公判手続の非公開等の措置や特別措置がある[37]。

(a)　公判手続の非公開等

公判手続が公開審理で行われることは被告人の重要な権利とされるが（67条(1)），その例外として裁判部は，被害者・証人を保護するために，公判手続の一部を非公開（インカメラ）とする保護措置，あるいは証言などの証拠提出を電子的手段や特別な措置で行うことが認められている（68条(2)，規則87.1，88）。

また，裁判部は，保護措置の一つとして，被害者・証人その他証言がなさ

---

[37] 保護措置の内容や手続の詳細については，東澤靖『国際刑事裁判所　法と実務』(2007) 226-230頁参照。

れることにより危険にさらされる者（被害者等）について，その特定情報や所在を公表されることや報道・情報機関に開示されることを，防止する措置を命ずることができる（規則87.3）。そのような命令には，裁判所の公開用記録からの削除，当事者に対する第三者への開示禁止命令，電子的技術の使用，被害者等の偽名の使用，手続の一部の非公開（インカメラ）などを含む。

(b) 特別措置

裁判部は，保護措置の一つとして，被害者・証人の見解を考慮しながら，心的外傷を負った被害者・証人，子ども，高齢者または性的暴力の被害者の証言を促進するような特別措置を命ずることができる（規則88.1）。そのような特別措置には，証言の間，弁護士，心理学者または家族が付き添うことを許す措置が含まれる（規則88.2）。裁判所は，特別措置の命令を行う前に，適切な場合には被害者・証人室と協議し，また，可能な場合には保護措置の対象となる者の同意を得る努力をする（規則88.1）。

(3) 弁護側の立証活動に対する制約

被害者・証人の保護のために，実際の訴訟手続の中で，尋問方法の制限や証拠の特則の措置がとられている[38]。これらの規定は，検察側と弁護側とを区別するものではないが，通常は弁護側の活動に適用されるであろう。その場合には，被害者・証人の保護のための措置と被告人の権利がまさに衝突する事態となる。他方で規程は，被害者・証人の保護のための措置は，被告人の権利や公正かつ公平な公判手続と矛盾するものであってはならないとしている（68条(1)）。そのため被害者・証人の保護と被告人の権利の調整は，弁護活動の制約に関する個々の裁判所の判断を通じて行われることになる。

(a) 尋問方法の制限

裁判部は，被害者・証人のプライバシーの侵害がその者の安全のリスクを発生させることを考慮して，被害者・証人に対する尋問方法を注意深く制御して，嫌がらせや威嚇を回避し，また性的暴力犯罪の被害者に対する攻撃に特に注意を払わなければならないこととされている（規則88.5）。

---

38 弁護側の立証活動の制限に対する問題については，同上230-231頁参照。

(b) 性的暴力の事件における証拠の特則

性的暴力の事件において裁判部は，一定の状況のもとでは被害者の同意を推認することを禁止し，また被害者や証人の事前または事後の性的行動を理由に証言の信頼性などを推認することを禁止している（規則70）。また，そのような尋問や証拠提出を行う場合には，予め裁判所の許容性の判断を受けなければならない（規則72）。加えて，他の事件においても，事前または事後の性的行動に関する証拠は証拠として認められない（規則71）。

出廷した証人が，とりわけ性的暴力の被害者が，仮に非公開とされた法廷であっても，同意の有無について弁護側から執拗な尋問を受けることは，セカンドレイプとも評される耐え難い苦痛であることは想像に難くない。また，一定の暴力と抑圧が存在するもとで，心身の危機に直面した被害者の個々の同意が犯罪の成否にほとんど意味を持たない場合も存在するであろう。他方で，被告人にとって被害者の同意が表面上にしても存在したという事情は，重要な弁護の対象であり，その点が十分に審理されないまま有罪が認定されるのは，反対尋問権の保障や公正な裁判に対する権利の制限となる事態である。その場合に，弁護側にどこまでの活動を認めるべきかの判断は，やはり個々の事件の状況によるものであり，予め定めた証拠の特則を一律に適用して弁護活動を制限することは適当ではないであろう。

3 被害者・証人室（VWU）の職務

(1) 総　説

書記局の中に設置されるVWUは，検察局と協議の上で，証人，出廷する被害者，その他証言がなされることにより危険にさらされる者に対し，保護や安全のための措置，カウンセリング，その他の適切な援助を提供することを任務とする（43条(6)）。また，同様の事項について，裁判所と検察官に対して助言を行うこともできる（68条(4)，裁規41）。またVWUには，性的暴力の犯罪を含む犯罪による心的外傷（トラウマ）に関する専門的知識を持つ職員を配置する（43条(6)）。

このVWUの具体的な職務は，規則において具体的に挙げられているが（規則16から19），そこではVWUの職務や責任の他に，VWUが所属する書記局の長である裁判所書記の責任が詳細に定められている[39]。VWUが被害

者や証人に対する保護措置，カウンセリング，援助などを与えるのに対し，裁判所書記の責任は，そのような制度を利用可能とするための周辺のサービスに関するものである（規則16）。すなわち，裁判所書記は，被害者に対しては，必要な通知，弁護士選任のための援助や選任された弁護士への援助，後に述べる手続参加促進措置などを提供し，証人についてはその権利保護のための情報や関係する裁判部決定を提供すること，さらに心的外傷や強迫を受けている被害者や証人等について，それらの者が国の領域内で移転措置や支援の役務提供を受けるために，裁判所書記は，裁判所のためにその国と協定を結ぶための協議を行うことなどである。このようなサービスは，実際には書記局の中の VPRS によって行われるものと考えられる。

(2) VWU の職務と責任

VWU は，適切な場合には裁判部，検察官または弁護側と協議の上，以下のような職務を行うことを求められている（規則17）。その職務を行うに当たって被害者・証人室は，子ども，高齢者及び障害を持つ者の特別な必要性に配慮し，また，子どもの証人の出席と保護を促進するために，適切な場合にはかつ両親や後見人との合意のもとに，各種手続で子どもを補助する者を割り当てるものとされる（規則17-3）。

(a) 被害者及び証人等に関する措置

VWU は，証人，出廷する被害者，その他証言がなされることにより危険にさらされる者に関し，特別な必要性や状況に応じて以下のような職務を行うものとされる（規則17.2 a）[40]。すなわち，保護や安全のための適切な措置の提供，保護のための長期・短期の計画の策定，保護措置に関する裁判所の諸機関や関係国に対する助言，医学的・心理学的な補助，裁判所や当事者への訓練の提供，捜査官や国際機関・NGO のための行為規範の勧告，そし

---

[39] VWU の職務や責任の詳細については，同上249-252頁参照。

[40] なお，VWU は，裁判所が一般的に保護のための適切な措置を取る義務を負う「被害者」（68条(1)など）と，VWU が保護安全措置や適切な援助を与える対象とする「出廷する被害者」（43条(6)）とを区別し，後者は「手続に参加し，かつそのためにその地位が裁判部によって認められた被害者」に限定されると解釈している。The Prosecutor v. Thomas Lubanga Dyilo, Registrar, Protection of Victims and Mandate of the Victims and Witnesses Unit, ICC-01/04-01/06-1078, 12 December 2007.

て各国家との協力などがそれである。

(b) 証人に関する措置

また，VWU は，証人に関し，特別な必要性や状況に応じて，次の職務を行う（規則 17. 2 b）。すなわち証人の権利保護のための法律相談先に関する助言，呼び出された証人の補助，そして性的暴力の被害者の証言を促進するためのジェンダーに配慮した措置をとることなどがある。

(c) 効果的な職務遂行のための手段

さらに VWU は，職務を効率的かつ効果的に遂行するために，秘密性の維持，公平ではあるが検察側・弁護側の証人に対する区別されたサービスの提供，運営上のまた技術的な補助の提供，職員の訓練，国際機関や NGO との協力などを行う（規則 18）。

(d) 専 門 家

VWU は，性的暴力の犯罪を含む犯罪による心的外傷（トラウマ）に関する専門的知識を持つ職員を配置することになっている（43条(6)）。そして，その他にも適切な場合には，その職務に必要な各種の分野について専門性を持つ職員を配置できる（規則 19）。

V　被害者の手続参加

1　ICC における制度創設の背景と概要

(1)　背　　景

すでに述べたように，刑事手続における被害者の役割や参加については，国内法制において 2 つの大きな流れがある。典型的な当事者対抗主義のもとでは，被害者には証人以上にいかなる役割も与えられないのに対し，職権主義のもとでは，訴追開始権限や被告人の罪責についての見解表明，さらには証拠申請や証人尋問などの訴訟当事者としての役割など各種の参加形態が認められてきた[41]。各国の国内法においても，被害者の参加は後に述べる ICC の制度以上の内容を実現している国から，より制限的な立場を取る国々まで

41　Cassese（注 1 ）pp.367, 372.

さまざまである[42]。

　そして，被害者の権利に関する国際人権法は，前述の 1985 年宣言において，被害者に対する手続の進行状況の情報提供，手続における見解と懸念の表明の機会の保障，法的手続における適切な援助などを含んでいたが（同宣言第 6 条），2005 年基本原則では，ICC における被害者のすべての手続段階での参加の実現に留意したものの（前文第 5 段落），刑事手続における被害者の参加は具体的に触れられていない。

　ICTY や ICTR の手続においては，その規程や手続及び証拠規則には被害者の参加に関する規定が存在せず，そのことが ICTY や ICTR の裁判を地元の社会から遠いものにしていると批判されてきた[43]。実際に，これらの法廷においては，被害者は証人としてしか手続には参加できなかった[44]。

　そのような ICTY や ICTR における反省や，いくつかの政府代表や NGO の強い要請のもとで，ICC においては，被害者の参加が実現されることとなった[45]。その中心的な規定（68 条(3)）は，1985 年宣言第 6 条(b)の文言がその基礎として用いられている[46]。そして，規程における被害者参加については，被害者を国際刑事手続において従来の「対象事項」から重要な参加者に高めたものであるとして，一般的に高い評価を受けている[47]。

　しかしながら，被害者の参加がどのような目的のもとに認められたのかは，規程からは直ちに明らかではない。その点については，被害者の人権としての司法へのアクセスの一環であること[48]，検察官と被害者の関心における

42　Jorda, C. and Hemptinne, J.D., 'The Status and Role of the Victim,' in Cassese, A. eds.（注 31）pp.1401-1402. Donat-Cattin（注 20）p. 1278.

43　Donat-Cattin（注 20）p.1277.

44　証人である以上，訴訟当事者の申請が前提であり，召喚されれば拒否することはできず，偽証罪を伴う宣誓の上でしか証言できない。また，代理人選任権，証拠の提出やアクセスはなく，他の証人の証言がある場合には在廷もできない。Jorda（注 42）p. 1390-1391.

45　Jorda（注 42）p. 1400.

46　Donat-Cattin（注 20）p.1279. Jorda（注 42）p. 1404.

47　Jorda（注 42）p. 1388. Haslam, E., 'Victims Participation at the International Criminal Court: A Triumph of Hope Over Experience?' in McGoldrick, D. eds., "The Permanent International Criminal Court: Legal and Policy Issues,"（2004）p. 315.

48　Donat-Cattin（注 20）p. 1279.

ギャップを埋めることにより真実発見に役立つこと[49], 被害者の個人的・集団的癒しの実現[50], などさまざまな説明がなされている。しかし, 刑事手続において検察官が立証しようとする司法的真実と, 被害者が語りその記録を求める真実とは, 必ずしも一致しないばかりか矛盾する場合もありうる[51]。実際にICCの事件では, 後に検察官と参加被害者との間で有罪確定を求める犯罪事実に矛盾が生じていった（本書第4章Ⅶを参照）。また規程は, 被害者の参加がどのようにして検察側と弁護側の対抗手続の構造と両立するのかという点について, 何も語っていない[52]。このような被害者の参加の必要性をどのように理解するかは, 一方で被疑者・被告人の権利や迅速な裁判などの利益と対立する場合に, 参加の認める解釈に影響を及ぼす可能性がある。そのような例を後に検討する。

(2) 参加制度の概要

規程は, 被害者の参加に関する総則的規定として, 被害者に, その個人的利益が影響を受ける場合には, 裁判所における手続の各段階で, 一定の形態で参加することを認めている（68条(3)。対応する規則は, 規則93）。また, その特則として規程は, 特定の機会（検察の捜査決定）における被害者の参加（15条(3)。対応する規則は, 規則50）と, 特定の事項（管轄権と受理許容性の問題）における被害者の参加（19条(3)。対応する規則は, 規則59）を認めている。そして被害者の参加形態は, 規程においては意見や懸念の表明にしか言及されていないが, 規則においては, 意見や懸念の表明に加えて, 審理手続への出席と発言, さらには証人や被告人に対する尋問にまで及んでいる。

参加の申請は, 裁判書が備える標準書式に従って裁判所書記に提出され, 担当裁判部が一定の手続に従ってその参加の可否と範囲を決定する（68条(3), 裁規86）。参加は, 適切な場合には, 被害者の法律上の代理人（弁護士）によって行使されることとされているが（68条(3)）, 実際には, 事件が発生した国に所在する被害者自身がICCで活動することは困難であり, 被害者の

---

49 Jorda（注42）p. 1388.
50 Haslam（注47）p. 325.
51 同上 pp. 327-332.
52 Jorda（注42）p. 1388.

参加はその法律上の代理人によってなされることになる。それゆえ次項以下では、まず、被害者の法律上の代理人の制度を説明した後、被害者の参加の形態やそれが認められる手続段階を論じることとする。

以上の概要から直ちに明らかなように、ICC における被害者の参加は、一部の国内制度において見られるように、被害者に当事者としての完全な参加を認めるものではなく、そこにはいくつかの制限がある[53]。参加のために被害者は、裁判所書記を通じて担当裁判部に申請し、その許可を受けなければならない（規則89）。規則で追加的に認められた参加形態（証人への尋問など）の場合には、さらに裁判部の許可を必要とする（規則91）。また、弁護士を通じてその活動を行うに際して、複数被害者に共通する代理人を選任するように求められることがある（規則90）。検察側や弁護側の証拠にアクセスすることはできず、自ら証拠や証人を提出する権限を認める規定はない（但し、この点については、本書第6章を参照）。後に述べるように賠償判決に関する上訴は認められているが、刑事判決に対する上訴権はない。そして、被害者の参加は、被告人の権利及び公正かつ公平な裁判という利益の前に制約されることがある（68条(3)）。このような被害者の地位は、参加の権利の内容と限界について、なお、不明確な点を残している。このことが後に実際の事件において、被害者の参加形態（Modality of Participation）の問題として争われることとなった（本書第6章参照）。

2 被害者の法律上の代理人と公設代理人事務所

(1) 被害者の法律上の代理人

被害者は、自己の権利の行使のために自由に法律上の代理人（legal representative 以下、代理人）を選任することができる（68条(3)、規則90.1）。被害者の代理人は、担当裁判部が被害者の参加や共通代理人に関して決定した条件に従って、手続に出席し、参加する権利を持つ（規則91.1）。被害者の代理人となる者は、弁護のための弁護士と同じ資格（規則22.1）が要求される（規則90.6）[54]。このような代理人に関する規定は、熟練した責任ある法律上の代理無しに、実際には被害者が裁判手続に効果的にアクセスすること

---

53 同上 pp. 1405-1407. Haslam（注47）pp. 322-323.
54 弁護士の資格要件については、東澤（注37）102-105頁参照。

は困難であるという考慮に基づく[55]。

　しかし，裁判所が取り扱う重大な犯罪においては被害者も多数に上ることが想定されるが，そのような場合に多数の被害者やその代理人の参加を認めた場合には手続の遅延が容易に想定される。そこで多数の被害者がいる場合に担当裁判部は，手続の効率性を確保する目的で，被害者（集団）に対し，1名または複数の共通代理人（common representative）を選任するように要請することができる（規則90.2，裁規79）[56]。被害者が，指定された期間内に共通代理人を選任できない場合には，担当裁判部は，被害者に代わって裁判所書記が，共通代理人を選任するように要請することができる（規則90.3）。被害者は，裁判所書記の代理人選択に異議がある場合には，担当裁判部の再審査を求めることができる（裁規79.3）。

　共通代理人が裁判所によって選任され，そして代理される被害者や被害者集団が弁護士費用を支払う資産を持たない場合，裁判所は，財政的なものを含む適切な補助を被害者に与えなければならない（規則90.5）。以上の他にも，担当裁判部が裁判の利益のために必要だと判断する場合には，被害者に代理人を指名することができるが，その場合には次に述べるOPCVの弁護士を指名することができる（裁規80）。実際には，資力を持たない被害者が多数想定されるもとで，被害者の代理の多くは，この裁判所の財政的な補助を受けた弁護士によって実施されることになると考えられる。

　ここで，被害者にどの段階から裁判所によって代理人が付与されるのか，例えば，検察官がまだ被疑者を特定することなく事態を検討している段階，あるいは被疑者を特定した逮捕状が発行，あるいは執行されておらずまだ手続が進行していない段階などで，被害者が見解や懸念を表明するために，裁判所に代理人の選任を求めることができるのかという問題が生じる。第2予審裁判部（単独裁判官）は，ウガンダの事態について，逮捕状が発行されたものの執行されていない段階での49名の被害者参加申請における代理人付与申請に対し，以下のように述べてその代理人付与申請を斥けた[57]。

　「法律上の代理人の役割は，被害者に手続への参加を許可する決定がな

55　Donat-Cattin（注20）p. 1291.
56　共通代理人選任手続の詳細は，東澤（注37）233-234頁参照。

された後においても，選択的であるので，被害者申請者は，（参加）申請の当否に関する当裁判部の決定に先立つ段階に関して，法律上の代理人の補助を与えられるべきだとする絶対的な無条件の権利を主張することはできない。」

この判断は，法律上の代理人に関する裁判所の補助が，手続の進行段階と必要性において判断されることを示している。

被害者の代理人は，辞任する場合には，担当裁判部の許可を求めなければならない（裁規82）。

(2) 被害者のための公設代理人事務所（OPCV）

被害者のための公設代理人事務所（OPCV）は，被害者とその代理人に支援と援助を与えるために裁判所書記によって設置された（裁規81）。OPCVの弁護士やその補助者は，弁護人と補助者に必要とされる資格要件（規則22，裁規67，68）を持つ者で構成され，被害者とその代理人に，法律の調査や助言，さらには特定の事項についての代理人としての出廷などを含むサービスを提供する。OPCVは，運営に関する限りは書記局の所轄のもとにおかれるが，その他の機能については，事務所自身とそこで働く弁護士やその補助者の独立性が保障されている（裁規81）。

3 被害者及びその代理人の参加の形態

(1) 見解・懸念の表明

被害者に認められた第1の参加形態は，見解・懸念の表明であり，被害者は担当裁判部の許可を得て，後に述べる手続の各段階に出席して見解・懸念

---

57 The Prosecutor v. Joseph Kony, Vincent Otti, Okot Odhiambo, Raska Lukwiya, Dominic Ongwen, Pre-Trial Chamber II, Decision on Legal Representation, Appointment of Counsel for the Defence, Protective Measures and Time-limit for Submission of Observations on Applications for Participation a/0010/06, a/0064/06 to a/0070/06, a/0081/06 to a/0104/06 and a/0111/06 to a/0127/06, ICC-02/04-01/05-134, 1 February 2007, para. 11. ただし同決定は，裁判の利益が必要とする場合には代理人を指名することはありうることを指摘し，本件では代理人選任ではなく次に述べるOPCVによる援助や補助を与えるべきとしている（12-3項）。

を表明する機会が与えられる（68条(3)，規則89)[58]。

しかし被害者の参加申請は常に認められるわけではなく，担当裁判部の職権または検察官や弁護側の申請に基づき，被害者の申請が拒否される場合がある。それは，担当裁判部が，その申請者は被害者（規則85）には該当しないと判断した場合や，被害者の個別的な利益に影響しない，あるいは申請を認めることが公判手続の段階において不適当または被告人の権利や公正公平な裁判を害すると判断する場合（68条(3)）である。ただし被害者は，いったん申請を拒否されたとしても，後の手続段階で新たに申請を行うことができる（規則89. 2）。

以上の意見・懸念表明の参加とあわせて，すでに手続への参加が認められた被害者及びその代理人は，各種の決定や判決（事件の受理許容性・管轄権に関する判断，被告人の刑事責任の有無と量刑の判決，そして賠償命令の決定）の際に在廷することが認められている（規則144. 1）。

(2) 規則で認められた被害者の参加形態

被害者の代理人となる弁護士には，担当裁判部が決定した条件に従って，審理において意見・懸念の表明にとどまらない参加が認められている（規則91)。

(a) 出席と発言

被害者の代理人は，審理に出席する権利が認められ，口頭または文書での発言ができる（規則91. 2）。ただし担当裁判部が，事件の状況にてらして発言を書面による見解提出に限定するべきであると判断する場合は，この限りではない。被害者の代理人の口頭・文書の見解に対しては，検察官と弁護側に，応答の機会が与えられなければならない。

(b) 証人等に対する尋問

被害者の代理人は，裁判所の許可を受けて，一定の手続的制限のもとにではあるが，証人，専門家証人や被告人に対し尋問を行うことが認められている（規則91. 3）[59]。

---

[58] 見解・懸念の表明を行うための手続の詳細については，東澤（注37）235-236頁参照。

[59] 被害者が尋問申請を行う手続については，同上236-237頁参照。

なお，被害者の賠償命令（75条）に関する審理に限っては，被害者の代理人の尋問に関する手続的制限は適用されず，被害者の代理人は裁判所の許可を受けて，証人，専門家証人や命令の対象者（被告人や有罪判決を受けた者）を尋問することができる（規則91.5）。

(c) 記録の閲覧

公判のために予審裁判部から送付された記録は，一定の開示制限に従いながら，参加が認められた被害者とその法的代理人の閲覧可能な状態に置かれる（規則131.2）。

(3) 賠償命令を不服とする場合の上訴権

被害者の権利の一環として認められる賠償命令については，後に詳しく述べるが，被害者またはその代理人は，その賠償命令に対し，独立の当事者として上訴する権利を持つ（82条(4)）。

以上に加えて，その後の判例によって認められるにいたった参加形態もあるが，その点については，本書第6章で検討する。

4 参加が認められる手続と被害者への通知

(1) 参加が認められる手続

規程や規則によって，被害者による見解・懸念の表明が認められている手続には以下のようなものがある。

①検察官の捜査不開始や訴追不開始の決定（53条，規則92.2）
②捜査開始許否についての予審部の決定手続（15条(3)，規則50）
③管轄権や許容性についての裁判所の決定手続（19条(3)，規則59）
④犯罪事実確認の審理手続（61条，規則92.3）
⑤公判手続（68条(3)）
⑥賠償命令の決定手続（75条(3)）
⑦刑執行開始後の刑の軽減の審理手続（110条(3)，規則224.1）

担当裁判部は，それ以外にもその裁量によって，被害者の見解表明を求めることができるが（68条(3)，規則93），そのような手続には，検察官の捜査不開始や不訴追手続（規則107），それに対する予審裁判部による再審査手続（規則109），被疑者不在での犯罪事実確認審理の開催決定手続（規則125），

犯罪事実の変更許可手続（規則128），手続の併合・分離決定手続（規則136），有罪自認公判手続の決定手続（規則139），専門家証人の訴追等免責決定手続（規則191）などがある（規則93）。

しかし，実際には，被害者の参加の申請に対して，担当裁判部は，それぞれ参加の是非を判断するものであり，その際には次項で検討するような問題がある。

(2) 被害者への通知

手続への被害者の参加が制度上認められているとしても，被害者は，手続の進行を適時に知らされることがなければ，その機会を利用することは困難である。とりわけ，国際刑事裁判所にあっては，審理や決定はハーグでなされるのに対し，被害者はそこから遠く離れた犯罪地国にとどまっていることが通常であり，その困難性は増大する。そのため裁判所では，手続を参加者に通知することによってその参加の判断を可能にするための措置がとられている。

ICCは，まず初期段階の手続について（管轄権及び受理許容性の判断の手続を除く），被害者及びその代理人に対して以下のような通知・公表を行うものとされている（規則92）[60]。

①検察官の捜査不開始や訴追不開始の決定（53条）に関する通知（規則92.2，裁規87.2）。
②犯罪事実確認の審理（61条）の開催決定の通知（規則92.3）。
③①・②により参加があった場合にその後の手続の通知（規則92.4）。
④犯罪事実確認の審理を開催する決定，並びに担当裁判部が必要と判断して要請する場合の手続の公表（規則92.8）。

5 被害者の参加をめぐる諸問題

(1) 問題の所在

以上のように，ICCにおいては，被害者は，可能性としては，ほぼすべての手続段階で，さまざまな参加形態，とりわけ被害者による見解と懸念の表

---

[60] 通知の手続や通知対象の範囲については，同上239-240頁参照。

明が，認められる。しかし，実際には，その参加が認められるためには担当裁判部の許可を受けなければならない。そして担当裁判部は，被害者の「個人的な利益が影響を受ける」かどうか，「適切と判断する公判手続の段階」，そして「被告人の権利及び公正かつ公平な公判」を害することなく両立する態様でといった，多様な解釈や評価が可能な裁量的要素のもとに判断することになる[61]。そのような判断においては，そもそも被害者の参加を広く保障すべきものととらえるのか，あるいは制限的にとらえるのかと行った裁判官の制度に対する理解によっても影響を受けざるを得ない。そのような問題を生じるいくつかの場合を，以下検討することとする。

(2) 事態の検討段階における被害者の参加
(a) 事態と事件の区別

規程においては，犯罪が含まれる特定の単位を示す用語として，事態（situation）と事件（case）とが区別されている。例えば，捜査の端緒として締約国や安全保障理事会から検察官に付託されるのは事態であるが（13条），検察官が自己の発意に基づいて捜査に着手する場合に予審裁判部に捜査の開始の許可を求める対象（15条(4)），あるいは管轄権や受理許容性の判断の対象となる（17条，19条）のは事件である[62]。そして前述のように，規程や規則によって被害者の参加が認められる手続は，すべて具体的な事件に関わるものであることから，はたして「事態」段階での被害者の参加が認められるのかが，ICCで問題とされた。

そもそも事態と事件とがどのように区別されるのかについて，第1予審裁判部は，以下のように述べている[63]。

「事態は，それは一般的には，2002年7月1日以降のコンゴ民主共和国の領域内での事態など，時間的，領域的及び場合によっては人的な要因によって定義されるが，特定の事態が刑事捜査や同様の捜査を生じさせるべきかどうかを決定する，規程に描かれた手続を伴うものである。事件は，

---

61 Haslam（注47）p. 323.
62 事態と事件の区分については，東澤（注37）142-143頁。
63 前記決定（注23）para. 65.

裁判所の管轄権の範囲内の一つまたは複数の犯罪が1人または複数の特定された容疑者によって実行されたと思われる特定の出来事を含み，逮捕状や召喚状の発行後に発生する手続を伴うものである。」

すなわち事態は，捜査開始の判断を行うための考慮の対象となる時間，場所，人によって特定される状況であり，他方，事件は，事態の中で，具体的な犯罪事実や容疑者を伴う程度に特定された捜査・訴追手続の対象であるということになるだろう。

(b) 事態における被害者の参加の可否とその内容

そのような事態の検討段階での被害者の参加申請に対し，検察局は捜査や秘密保持に支障を与え，また検察官の捜査の独立性や客観性を害するとして異議を提起した[64]。しかし，第1予審裁判部は，以下のように述べて，事態の検討段階における被害者の参加申請を認めた[65]。

「それゆえ，規程68条(3)のフランス語版の"procedure"及び英語版の"proceedings"という文言を，事態の捜査の段階を含むものとして解釈すること，そしてそれゆえにこの段階で裁判所にアクセスする一般的な権利を，その関連で設定された条件に従いながら被害者に与えることは，上述の条項に体系的に合致するものである。」

このように事態の検討の段階で，被害者の参加が可能であるとしても，参加が認められる被害者の「個人的な利益が影響を受ける」かどうかをどう判断するのか，さらにはそのような段階でどのような参加形態が可能なのか，という問題が生じる。この点で，先の第1予審裁判部の決定は，被害者とは

64　検察官の反論については，稲角（注25）50-51頁参照。
65　前記決定（注23）para. 46. 第1予審裁判部は，同じようにしてダルフール（スーダン）の事態についても，21名の被害者の参加申請について，11名に個人的利益を認めて参加を許可し，10名については否定した。ICC-02/05-111-Corr, 14 December 2007。また，第2予審裁判部は，注57の決定の後，被害者の個々の利益と事態・事件との関連性を検討し，6名について事件への参加を許可し，2名について事態への参加を許可した（1名重複，残り42名については身上特定資料不足を理由に延期）。ICC-02/04-01/05-252, 10 August 2007。

第 5 章　国際刑事裁判所における被害者の地位

いっても一律ではなく，それらの判断が手続の進行段階に比例して異なってくることを認めている[66]。すなわち，被害者は捜査段階においても，事実の解明，実行者の処罰及び賠償請求の点で個人的な利益が影響を受けるが[67]，被害者の認定は，事態の捜査の段階と事件の段階で区別されるものであり[68]，事態の捜査の段階では，犯罪と被害との間の因果関係や犯罪の責任者の特定を詳細に行う必要はなく[69]，軽度の要件を満たすことで十分とされる[70]。他方でその段階での参加の形態は，担当裁判部に対する見解・懸念の表明，捜査に関係する文書の提出，特別措置の要請に限られ，事態に関する未公表記録へのアクセスは認められないものと判断した[71]。

(c)　被疑者逮捕後の被害者の参加

手続の段階に応じた参加という取扱いは，被疑者逮捕後の被害者の参加に関する裁判部の決定と対照すればその意味はより明らかとなる。事態の検討の段階で被害者の参加を認めた第 1 予審裁判部は，その後，被疑者が逮捕されて裁判所に移送された段階での事件への参加申請に対し，その半数の被害者の申請を拒否した。その際，同裁判部は，被害者の申請者は，「申請者が被った害悪」と裁判部が逮捕状を発した「犯罪との間に十分な因果関係があることを示」さなければならないと述べて，一部の被害者についてそのような因果関係が示されなかったと判断した[72]。

このように手続の段階に応じて，初期の段階ではより広範に被害者の参加を認める反面，その参加の形態を限定し，他方で事件が特定されていった段階では参加できる被害者の資格を厳格に吟味しながら，より広い参加形態を認めていくという取扱いは，被害者の参加に関する柔軟な判断を可能にする。そのことは被害者の参加の権利を尊重しつつ，裁判の迅速な進行を実現するための一つの実務の発展ということができるかもしれない。

66　稲角（注 25）50-51 頁。
67　前記決定（注 23）para. 63.
68　同上決定 para. 66.
69　同上決定 para. 94.
70　同上決定 para. 97.
71　同上決定 para. 42 決定文.
72　前記決定（注 24）p. 8.

(3) 被害者の匿名による参加

　被害者の参加資格の拡大を，参加形態の範囲で均衡させようとする取扱いは，被害者の匿名による参加においても用いられている。

　コンゴ民主共和国のルバンガ事件において，被害者は犯罪事実確認の審理への参加を申請するのに際し，その安全の確保のために氏名を弁護側や公開記録から秘匿し，匿名での参加を求めた。これに対し，第1予審裁判部は，犯罪事実の確認の審理（61条）における被害者参加の必要性やコンゴ民主共和国の治安状況や可能な保護措置の限界を理由に，「事件の状況のもとでは，関係被害者は匿名が保持されてのみ効果的に手続に参加することができる」として，匿名による参加を認めた[73]。その反面において，被疑者の権利の観点から匿名の被害者の参加の形態は，公開された記録へのアクセスや在廷して見解を表明することに限定され，非公開の記録へのアクセスや審理においての事実や証拠の追加，証人尋問など新たな証拠を提出する行為は認められないと判断された[74]。

　これもまた，被害者が置かれた状況に応じて匿名という参加の方法を承認しながら，被疑者の防御を困難としないような参加形態に限定する取扱いと考えられる。

(4) 被害者の参加をめぐる予審裁判部と上訴裁判部の対立

(a) 被害者の参加に関する上訴の取扱い

　規程において被害者及びその代理人は，賠償の命令に対する上訴（82条(4)）を除いて，刑事の本案判決に対する上訴（81条）やその他の決定に対する上訴（82条）は認められていない[75]。逆に検察側や弁護側の当事者にとっても，参加の決定に異議がある場合の上訴は，明示の手続としては存在しない。そのような場合に唯一利用可能なのは，手続や公判の結果に著しい影響

73　The Prosecutor v. Thomas Lubanga Dyilo, Pre-Trial Chamber I, Decision on the Arrangements for Participation of Victims a/0001/06, a/0002/06 and a/0003/06 at the Confirmation Hearing, ICC-01/04-01/06-462-tEN, 22 September 2006, p. 6.

74　同上決定 pp. 6，7-8．ただし，被害者が弁護側への身元開示に同意すれば，裁判部は他の形態での参加も検討すると述べている。同決定 p. 8．

75　Haslam（注47）p. 322．上訴制度については，東澤（注37）173-178頁参照。

があるとして，原決定を行った裁判部の許可（leave）を得ての上訴である[76]。

そのため前述のコンゴ民主共和国の事態の検討において被害者の参加を認めた第1予審裁判部決定[77]に対しては，検察官が，第1予審裁判部に上訴の許可を求めたが却下された[78]。そこで検察官は，この却下決定は，上訴の規定（82条(1)(d)）に関する解釈を誤るものであると主張して，規程にも規則にも定めがない非常再審査（Extraordinary Review）を上訴裁判部に求めた。これに対して上訴裁判部は，同規定のもとでは上訴理由があるかどうかの原決定裁判部の意見は決定的なものであり，上訴対象と明示されていない決定に対する審査権限は上訴裁判部に与えられていないと述べて，検察官の非常再審査の申立てをしりぞけた[79]。

同様に，同国の事態から事件となったルバンガ事件における，被害者の参加申請を認める第1予審裁判部の決定に対して，弁護側が上訴の許可を求め，検察側も弁護側の主張する理由の大半を支持した。しかし第1予審裁判部は，上訴を許可する要件を満たさないとしてその許可を拒否した[80]。

このように上訴理由が限定されているもとで，被害者の参加をめぐる上訴裁判部の判断は，正面からは明らかにされてこなかった。

(b) 被害者の参加に関する上訴裁判部の判断

他方で，被害者に参加が認められるのは，「裁判所が適当と判断する公判手続の段階」（68条(3)。ただし「公判手続」の英語原文は，「proceddings」であり「公判」に限定する意味はない）であり，上訴や再審をも排除する趣旨ではな

---

76 規程82条(1)(d)「手続の公正かつ迅速な実施又は公判の結果に著しい影響を及ぼしうる問題に係る決定であって，上訴裁判部によって速やかに解決されることにより手続を実質的に進めることができると予審裁判部又は第1審裁判部が認めるもの。」

77 決定（注23）。

78 Situation in Democratic Republic of the Congo, Pre-Trial Chamber I, Decision On The Prosecution's Application For Leave To Appeal The Chamber's Decision of 17 January 2006 On The Applications For Participation In The Proceedings of VPRS 1, VPRS 2, VPRS 3, VPRS 4, VPRS 5 and VPRS 6, ICC-01/04-135, 31 March 2006.

79 Situation in Democratic Republic of the Congo, Appeals Chamber, Judgment on the Prosecutor's Application for Extraordinary Review of Pre-Trial Chamber I's 31 March 2006 Decision Denying Leave to Appeal, ICC-01/04-168, 13 July 2006.

80 The Prosecutor v. Thomas Lubanga Dyilo, Pre-Trial Chamber I, Decision on Defence Motion for Leave to Appeal, ICC-01/04-01/06-338, 18 August 2006.

い[81]。そのため，上訴，それも手続の途中に行われる各種の中間的な上訴において，どこまで被害者の参加を認めるべきなのかが問題となる。

　ルバンガ事件において 2007 年 1 月 29 日，第 1 審裁判部が犯罪事実の確認の決定を行った後，その決定に対して弁護側は決定に対する上訴を行い，その後に弁護人が辞任した。犯罪事実の確認決定は，規程上，上訴の対象には含められていないが，弁護側は，同決定が実質上被告人の釈放を拒否する決定であり，上訴の対象とされる釈放に関する決定（82 条(1)(b)）であると主張した。上訴裁判所は，同年年 2 月 1 日付「上訴裁判部の指令及び決定」において，上訴として受理許容性があるかどうかを審理する必要があるとした。これに対して，被害者は，その受理許容性の審理において反論を提出し，被害者の利益に関する問題への見解の提出を含む参加を申請した。この被害者の申請に対し，検察側も弁護側も反対の意見を提出した。以上の状況で，上訴裁判部は，被害者の参加について次のように述べた。

　「より一般的に，被害者により主張された利害が実際にはその個人的な利害の範囲外となるのではないか，そして代わりに検察官に割り当てられた役割に属するのではないかについて，個々の事件毎に評価がなされねばならないであろう。被害者の個人的利益が規程 68 条(3)の意味において影響を受ける場合であっても，裁判所は依然，同条の明示の文言により，被害者の見解や懸念が手続のその段階で表明されることが適切であることを判断し，参加が被告人の権利と公正かつ公平な裁判に不利となったり矛盾しないような形でなされることを保証することが求められている」[82]。

　そして上訴裁判部は，本件では被害者の個人的な利益が示されていないとして，被害者の参加の申請を斥けたのである[83]。
　以上の上訴裁判部の判断は，被害者の利益を超えた「検察官に割り当てら

81　Donat-Cattin（注 20）p. 1288.
82　The Prosecutor v. Thomas Lubanga Dyilo, Appeals Chamber, Decision of the Appeals Chamber on the Joint Application of Victims a/0001/06 to a/0003/06 and a/0105/06 concerning the "Directions and Decision of the Appeals Chamber" of 2 February 2007, ICC-01/04-01/06-925, para. 28.

れた役割」を重視する考え方を見せている。このような考え方は、第1予審裁判部が以下のように判示した被害者の参加の意義とは極めて対照的である。

「裁判部の見解では、規程は被害者に裁判所の手続における独立の声と役割を与えている。この独立性を、とりわけ国際刑事裁判所の検察官に対して行使し、それによって被害者がその利益を提示できるようにすることが可能とされるべきである。ヨーロッパ（人権：著者注）裁判所がいくつかの機会に肯定してきたように、刑事手続に参加する被害者は、『検察官の対抗者やさらにいえば同盟者と見なすことはできず、その役割と目的は明らかに異なるのである』」[84]。

以上の判断の中には、訴追を代表する検察官との関係で、被害者の声や利益をどの程度独立のものとして考えるのか、あるいは検察官の役割に吸収されるのかという、被害者参加制度の目的や機能に関する裁判官の理解の相違が現れているということができるであろう。そしてそのことは、この制度を当事者対抗主義の法文化に立って制限的なものと理解するのか、あるいは職権主義の法文化のもとで拡張的なものと理解するのかという、裁判のよって立つ法文化の違いを反映しているものとも考えられる。

(5) 被害者と証人

最後に、被害者と証人との関係について、検討しておく。

職権主義の法制度の中でも、証人となる被害者に、同時に被害者参加制度のもとでの参加を認めるかどうかは一律ではない。そして、規程や規則も参加被害者と証人被害者との関係については、明示していない[85]。そして真実の発見や癒しといった参加制度の目的は、被害者が参加することによっても、

---

83 同上決定29項。この点について、ソン裁判官は個別意見を付し、「たとえ現在の上訴の受理許容性の問題が被害者の個人的な利害に影響を与えるとしても、手続のこの段階での彼らの参加は不適切である」（同裁判官意見 para. 4）と述べ、その不適切さの理由として、同判事は、被害者の参加がもたらすさらなる手続の遅延を指摘していた（同意見 para. 23）。

84 前記決定（注23）para. 51.

85 Haslam（注47）p. 327.

証人となることによっても程度の差はあれ，同じように実現可能である[86]。他方で規程の解釈においては，フランスの先例法に依拠しながら，被告の権利を守るためには，被害者が同じ事件の中で証人と参加者とを兼ねることは許されるべきではないとの主張もなされている[87]。

この問題は，ICCの手続における，準当事者としての被害者と，通常は検察側の立証手段としての証人との性格をどう理論的に区別して理解するのかという本質に関わっている。併せて実際にも，準当事者として賠償など自らの権利を主張する被害者が証人となった場合にその証言の信用性に何らかの影響を与えるのか，参加はするが証人とならない被害者に対する保護の程度は証人とは区別されるのか，証人予定者である被害者に他の証人の尋問の間に参加被害者として在廷を認めなければならないのか，といった問題への回答が迫られることになるだろう。こうした実際的な問題を回避するためには，参加被害者と証人被害者とが区別されることが一面では望ましいし，検察側も無用な争いを回避するため可能な限り参加被害者以外の証人被害者によって立証を行うことになると考えられる。しかし，それでも証人となった被害者が参加申請を行った場合，裁判部は参加を認める他の要件（規程68条(3)）を満たす限り，証人であることを理由に参加を認めないことは，規程の解釈上は困難であろう。ただし，「被告人の権利及び公平かつ公正な公判を害さず，かつ，これと両立する態様で」という要件の運用によって，裁判部が事案毎に参加自体や参加の態様を制限することは可能であると考えられる。

Ⅵ　被害者に対する賠償と信託基金

1　総　説

(1)　被害者に対する賠償に関する国際法の現状

ICCが，国際的な犯罪による被害者の賠償の権利を承認し，その執行の方法を与えたことは，国際社会にとって歴史的な進歩である[88]。

86　同上。
87　Jorda（注42）pp. 1409, 1416.
88　Donat-Cattin（注16）p. 1400. Bassiouni（注18）pp. 102-3.

第 5 章　国際刑事裁判所における被害者の地位

　戦争犯罪の被害に対して，加害兵士の所属する国家が賠償の責任を負うことは，古くから確立してきた国際法上の原則である[89]。しかし，このような国家責任は通常，被害国の加害国に対する外交保護権によって行使されうるものと考えられ，被害者が直接に加害国に対して賠償を求める方法は国際法上確立してこなかった。そのため被害者を代表する国家が，その請求権を行使せずまたは平和条約などで請求権を放棄し，あるいは賠償金を被害者に渡さない場合には，被害者が賠償を受けることは困難であった[90]。

　そしてすでに述べたように，第二次世界大戦後の国際刑事裁判は，被害者の賠償には何らの措置を取らず，1990 年代の ICTY や ICTR においては，被害者に，原状回復（restitution）を命じることを認めるにいたったものの，賠償については，国内法廷での救済にとどめられた[91]。

　他方で，前述のように第二次世界大戦後に発展した国際人権法は，人権侵害の被害者に対し，国家に対して損害賠償を請求する権利や，国家から効果的な救済措置を受ける権利などを保証することを義務づけた。さらにその延長上に国連総会は，1985 年宣言や 2005 年基本原則は，犯罪もしくは人権法・人道法の侵害行為の被害者に，賠償を求める権利を確立していったものである（前記 II 3 参照）。しかし，被害者に対する賠償の実施は，ヨーロッパ人権裁判所や米州人権裁判所などで実現された国際的な執行のメカニズムを除けば，各国の国内手続に委ねられてきた。そのため，その実施の有無は確実なものではなく，また他国により加えられた被害の賠償には，戦争犯罪の場合と同様に国際法上の個人の請求権や国家による外交保護権の限界という困難が存在する[92]。このことは，日本においても 1990 年代において「慰安婦」問題や強制連行問題に関する数多くの戦後補償裁判が，体験してきた問題点であった[93]。

89　例えば，陸戦の法規慣例に関する条約（1907 年ハーグ第 4 条約）3 条，国際的武力紛争の犠牲者の保護に関する追加議定書（1977 年ジュネーブ第 1 追加議定書）91 条。
90　Bassiouni（注 18）pp. 90-92.
91　前記（注 14），（注 15）参照。
92　Bassiouni（注 18）pp. 90-100.

(2) ICCにおける被害者賠償請求制度の導入

　ICC規程は，ICTYやICTRの例のように原状回復に留まることなく，刑事判決にあわせて被害者への賠償を命じることを認めた（75条）。この制度は，シビルローの諸国の一部で取られている付帯私訴の制度に類似することから，ローマ会議においては，当初そうした制度を持たない諸国の代表からの支持を受けていたわけではなかった[94]。しかし，さまざまな技術的な問題がありながらも，被害者のための賠償命令の条項は，フランスとイギリスというシビルローとコモンローを代表する国々の代表により牽引され，ICCの制度として取り入れられることになった[95]。

　ICCが管轄権を有する刑事事件は，国内での刑事裁判を期待しがたい状況の事件である。そのため，ICCの手続に被害者の賠償請求を含めることは，被害者から，適正な取扱いが不確実な民事訴訟を国内で再度提起する負担を軽減する重要な意味を持っている[96]。さらに規程には，その没収や財産の保全に関する詳細な規程がおかれ，また適切な場合には後述する信託基金を通じての支払いを命じることができることなど，被害者の権利を実効的なものとする制度が取り入れられている。また，前述のように被害者が国際法上の権利や手続の主体となることができるかどうかは，国際人権法が確立した第二次世界大戦後においてもなお未解決の問題として残されている反面，2005年基本原則は，被害者のための救済が，「個人が法律上の適格を持つすべての利用可能な及び適切な国際的措置を含むべきである」ことを述べている（第14原則）。そのような文脈の中で規程は，被害者を国際刑事法の主体として承認する重要な文書となっているのである[97]。

　他方で，ICCにおける被害者の賠償を求める権利は，必ずしも1985年宣

93　日本の戦後補償裁判の問題状況については，以下を参照。藤田久一他編『戦争と個人の権利――戦後補償を求める旧くて新しい道』(1999), Shin, H., 'Compensation for Victims of Wartime Atrocities: Recent Development in Japan's Case Law,' Journal of International Criminal Justice Vol. 3, No. 1 (2005) pp. 187-206. Higashizawa, Y., 'WHEN WILL JUSTIICE BE REALIZED?,' LAW ASIA Journal [2005] (2005) pp. 83-108.
94　Muttukumaru, C., 'V. Reparation to Victims,' in Lee, R. S. ed. (注33) p. 263.
95　同上 p. 270. Donat-Cattin（注16）p. 1402.
96　稲角（注25）49頁。
97　Bassiouni（注18）p. 106.

言や 2005 年基本原則をすべて実現しているわけではない。たとえば，2005 年基本原則における被害者の賠償は，被害者の救済を求める権利の一つとして「十分な，実効的かつ速やかな賠償」（第 11 原則）を保障し，その賠償の形態としては「原状回復，補償，リハビリテーションの提供，満足及び繰り返されないことの保障」（restitution, compensation, rehabilitation, satisfaction and guarantees of non-repetition）を含むものとされている（第 18 原則）。これに対し，ICC における賠償は，「原状回復，補償及びリハビリテーションの提供」を含むものとされているが（75 条(1)(2)），「満足及び繰り返されないことの保障」は含められていない[98]。このような国際人権法の水準との差異，さらには各国の国内法との相違があるため，規程は，ICC における賠償の概念を限定的なものと位置づけ，「この条のいかなる規定も，国内法又は国際法に基づく被害者の権利を害するものと解してはならない。」（同条(6)）として，その意味を限定的なものにとどめている。そしてこの規定は，他の国際法と国内法との関係に関する他の規定（10 条，21 条）と相まって，被害者に最高水準の保障を与えることを可能にする目的のもとに含められたと考えられる[99]。

さらに，ローマ会議で解決が困難であった問題に，国家責任の取扱いがある[100]。国家責任は国際法のもとで長らく確立してきた法理であり，国際人権法のもとでも人権侵害に対する国家の義務として認められたものである[101]。しかし，規程に国家責任を含める提案は，ICC が基本的に個人の刑事責任を扱うものであること，国家責任を含めることに反対する諸国により被害者のための賠償の制度自体の創設が危ういものとなったことなどから，最終的には，採用されなかった[102]。その意味で，ICC の被害者の賠償に関する規定は，国家責任に関する問題はなんら取り扱っていない[103]。他方で，規

---

98 「満足及び繰り返されないことの保障」の具体的な措置については，2005 年基本原則の第 22 原則と第 23 原則に列挙されている。ただし，「賠償」は，広範かつ柔軟な概念であって，特に大量の集団的な被害者のためには，謝罪（apology），追悼記念（commemoration），公的保護措置（public insurance）などを含むとの主張もある。Donat-Cattin（注 16）p. 1405.
99 Donat-Cattin（注 16）p. 1411.
100 Muttukumaru（注 94）p. 267.
101 1985 年宣言第 11 条，第 19 条，2005 年基本原則第 15 原則など。
102 Muttukumaru（注 94）p. 267-269.

程は前述のように被害者の他の権利を妨げるものではなく（75条(6)），規程の個人の刑事責任に関するいかなる規定も「国際法の下での国家の責任に影響を及ぼすものではない」（27条(3)）とされていることから，犯罪に関係した国家の責任は依然否定されてはいない[104]。

2　被害者に対する賠償

(1) 基本原則

ICC は，被害者に対する賠償，または（被害者が死亡している場合には）被害者に係る賠償についてその原則を確立し，その確立された原則に基づいて，刑事事件の判決の際に賠償の決定をすることができる（75条(1)）。賠償命令は，有罪判決を受けた者に対して発せられるが，裁判所は，適切な場合には，後述する信託基金（79条）を通じて賠償の最低額の支払を命ずることができる（75条(2)）。

ここで言う賠償には，原状回復，補填あるいはリハビリテーションの措置を含む（同条(1), (2)）。実際に裁判所は，損害，損失または傷害の範囲や程度を考慮しながら，原則として個人を基礎として，また適切と考える場合には，集団を基礎としてあるいは両様で，賠償を与える（75条(1)，規則97. 1）。また裁判所は，被害者や有罪判決を受けた者の要求によりあるいは自ら職権で，適切な専門家を指名し，損害，損失または傷害の範囲や程度や被害者の決定や，適切な賠償の種類や様式についての選択肢の提示などを補助させることができる（規則97. 2）。専門家からの報告に対して裁判所は，被害者，有罪判決を受けた者，利害関係者や利害関係国に意見を述べる機会を与えなければならない（同前）。いずれの場合にも裁判所は，被害者と有罪判決を受けた者の権利を尊重しなければならない（規則97. 3）。

(2) 賠償の決定を行う手続

被害者に対する賠償は，被害者の請求に基づき，または例外的な状況においては被害者の請求がなくとも裁判所の職権により，決定することができる（75条(1)）[105]。しかし，裁判所や賠償手続は，裁判所から遠く離れた地で被害

103　Donat-Cattin（注16）p. 1400.
104　Bassiouni（注18）p. 103.

を受けた者にとってその存在を知ることすら容易ではない。そのため、裁判所は可能な通知・公表の手続をとるものとされている（規則96）[106]。以上の通知を受けて被害者が、賠償の請求を行う場合にはその請求は前述の被害者の請求手続として処理される。他方で被害者が、裁判所に賠償命令を行わないように求める場合には、裁判所は、その被害者についてそれ以上手続を進めてはならない（規則95）。

(3) 賠償命令の執行と保全命令

裁判所の行った賠償命令は、要請を受けた締約国によって、その国の国内法の手続に従って執行される（75条(5)、109条）[107]。

また、裁判所は、その執行を保全するために、締約国に犯罪収益や財産などの特定、追跡、凍結、差押えなどの協力（93条(1)(k)）を要請することができる（予審裁判部は57条(3)(e)、公判裁判部は75条(4)）その場合裁判所は、自らの職権、検察官の申立、または賠償請求を行いまたは予定している被害者の請求により、そのような措置の採否を決定する（規則99.1）。そのような保全措置においては、原則として請求を受ける者や利害関係者・利害関係国に対する通知は不要とされる（規則99.2）。

なお、刑の執行を受ける者が、他の事件において資産発見への協力など賠償命令の執行を可能にする自発的な協力を行ったことは、減刑のための事情として考慮される（110条）。

(4) 未解決の問題

裁判所における賠償命令の制度は、以上のように被害者に対する詳細な配慮に基づいているが、それでもなお規程や規則によって明らかにされていない問題も残されている。

第1の問題は、時効の問題であり、ICCの犯罪に対して否定される時効の適用（29条）が、被害者の賠償請求の場合にはどうなるかというものであ

---

105 被害者の請求手続（規則94）と職権による決定手続（規則95）については、東澤（注37）245-246頁参照。
106 実際に裁判所書記によって取られる公表手続については、同上245頁参照。
107 賠償命令を執行するための国際協力の内容については、同上277-278頁参照。

る[108]。この点で2005年基本原則は，刑事民事を区別することなく，国際法の犯罪となるような国際人権法・国際人道法の重大な侵害には時効は適用されるべきではないとし，それに至らない侵害に関する国内法の時効は，不当に権利制限的なものであってはならないとする（第6，第7原則）。国際法上の民事請求権には一般的に時効の制限が存在しないことや，規程においても被害者の賠償請求権を制限する時効の規定がないことから考えれば，被害者の賠償請求に対してのみ，明文にない時効を適用することは困難であろう。しかし，賠償命令は締約国の国内法の手続に従って実際には施行されるところ（109条(1)），各国が自国の国内法の時効の制限とは無関係に執行を認めるかどうかは別問題である。

次に，個人の刑事責任について，規程は補完性の原則のもとで，広範な一事不再理の法理を規定している（20条)[109]。そこで，被害者が国内ですでに民事訴訟の判決を受けている場合にICCでの請求は妨げられるのか，あるいは国際刑事裁判所の無罪判決や低額の賠償命令を受けた場合に国内裁判所では再度賠償の請求をすることができないのか，という問題が生じうる[110]。しかし，規程の制度が国内法上，国際法上の被害者の権利を害さないという原則（75条(6)）に照らせば，すでに回復された損害が後の手続で考慮されることはあっても[111]，一事不再理や既判力の効果によって他の裁判所での権利行使を妨げられることはないと考えられる[112]。

また，賠償命令における立証の水準の問題がある。ICCにおける刑事責任については，裁判所に無罪の推定と合理的な疑いを超えた確信（66条）が求められているが，賠償命令については特別の規定は存在しない[113]。賠償判決に先だって判断される刑事の罪責については，実際上の問題は生じないであろう。しかしそれらの罪責は通常は集団に対する犯罪の罪責であり，個々の被害者がその犯罪によって害悪を受けたこと，そしてその損害の評価につ

---

108 稲角（注25）49頁。
109 ICCの一事不再理の詳細については，東澤（注37）80-82頁，118頁参照。
110 稲角（注25）49頁。
111 Donat-Cattin（注16）p. 1410.
112 稲角（注25）49頁は，被害者の保護の観点から同様の結論を述べている。
113 Jorda（注42）p. 1411.

いては，裁判部は別個の認定が必要となる。その場合，賠償命令の性格は基本的に民事であることや，実際にも紛争や避難の混乱の中で被害者が十分な証拠を確保できる可能性も少ないことから，立証の水準は，状況に応じた負担の少ないものとならざるを得ないであろう[114]。実際に，ICC における最初の賠償決定であるルバンガ事件においては，「蓋然性の優劣」（balance of probabilities）の基準が用いられた。この点については，本書第 7 章 IV 3(5)で詳しく述べる。

　最後に，既に述べたように ICC の賠償制度は被害者の救済のために多くの可能性を与えるものであるが，それが実際に機能するためには少なからぬ問題を秘めていることも指摘せざるを得ない。賠償に関する規程 75 条は，必ずしも裁判所に損害等の決定や賠償命令を行うことを義務づけてはおらず，裁判所がそれを行なわないこともありうる。そして，賠償の資金をどのように確保できるのかも実際には重要な問題である。これらの問題は，上記の本書第 7 章で詳しく検討される。

3　被害者のための信託基金

(1)　信託基金の設置

　国際法違反の重大な犯罪の被害者については，刑事手続により正義が実現されることと同時に，戦争などで破壊された生活の再建などの救済を与えることも重要である。しかし，賠償命令を受けた者が賠償を行うのに必要な資産を持たない場合もしばしばあり，また，救済の内容も子ども兵士とされた被害者や性暴力の被害者など，その救済方法も多様な形態である必要がある。そのような被害者の救済を効果的に行うために，裁判所は，被害者のための信託基金（Trust Fund for Victims）が存在する。

　信託基金は，締約国会議の決定により，裁判所の管轄権の範囲内の犯罪による被害者及びその家族のために設置された（79 条(1)）。信託基金は，締約国会議が決定する基準に従って運営されるとされているが（同 79 条(3)），その基準として「被害者信託基金規則」（以下，「基規」）が制定されている[115]。

114　同上。
115　Regulations of the Trust Fund for Victims, ICC-ASP/4/Res.3, 採択・発効 2005 年 12 月 3 日。

信託基金を運営するのは，裁判所の書記局であるが，締約国会議が選出した5名の理事による裁判所から独立した理事会が，最低年に一回集まって信託基金を管理する。

信託基金に組み入れられる財産は，基本的には裁判所の命令により，罰金刑の執行または没収により徴収された金銭その他の財産である（規程79条(2)）。しかし，信託基金にはそれ以外にも，各国政府，国際機関，個人，会社その他の団体からの任意の寄付や，締約国会議が組み入れることを決めた資産を受け入れることとされている（基規21）。しかし，被害者信託基金は，現在まで小規模なもの（10億円未満）にとどまっている。

(2) 信託基金を通じた支払い

個別の賠償命令の実行は，有罪判決を受けた者から個別の被害者に対して直接になされるのが原則である（75項(2)，規則98.1）。しかし，裁判所は，賠償命令の際に個々の被害者に賠償を行うことが不可能または実用的ではない場合には，有罪判決を受けた者に対して信託基金に支払うように命令することができる（規則98.2，基規59-68）。その場合には，信託基金に支払われた賠償は他の資産と分離されて，できる限り早く個々の被害者に支われなければならない。

また，裁判所は，被害者の数や賠償の範囲，形態及び様式により集団的な賠償がより適切な場合には，有罪判決を受けた者に命じられた賠償の支払いを，信託基金を通じて行うように命じることができる（規則98.3，基規69-72）。

さらに裁判所は，利害関係国や信託基金と協議の上，賠償が信託基金を通じて，基金が承認した政府間機関，国際機関または国内機関に行われるように命じることができる（規則98.4，基規73-75）。

信託基金の他の資産は，被害者の利益のために用いることができる（規則98.5，基規50）。

VII　おわりに

　ICCにおいて実現された被害者の権利のための諸制度，被害者・証人の保護，被害者の手続参加，そして被害者のための賠償は，従来の国際刑事裁判の経験を引き継ぎ，また新たな権利を確立する画期的な内容となっている。そしてそれらは，被害者の権利に関する国際人権法の発展，特に国際総会決議である1985年宣言や2005年基本原則を，その多くにおいて反映している。また，それらの被害者の権利は，被害者・証人室（VWU），被害者のための公設代理人事務所（OPCV），被害者のための信託基金など，被害者の権利行使を実効的にするための組織や機構に裏付けられている。ICCにおけるこれらのシステムは，従来の国家とその外交保護権を中心とした国際法に対して，被害者がその所属国家に代表されることなく，国家から独立して自ら国際法上の権利を行使できる空間を作り上げている点で，紛争下の被害者に対する，国家を超えた国際社会全体の連帯意識を示すものであるかも知れない[116]。

　しかしながら，被害者の権利をめぐるICCの制度や運用は，少なくない未解決の問題を抱えている。それは，規程や規則が自明なほどに制度を描写せず，多くが裁判部による解釈運用に委ねられていること，そして刑事手続における被害者の権利が必ずしもすべての国内法文化を通じて普遍的なものとして存在している訳ではないことに起因している。国際刑事裁判の諸原則，とりわけ被害者の権利に関する手続的な原則が未確立のもとで，ICCの法を利用する検察官や弁護士，そして法を解釈適用する裁判官は，自らの育った法文化を基礎としながらも，国際刑事裁判が求める法の内容を，事件を通じて新たに確定してゆかなければならない。

　ICCの規程を採択したローマ会議が難航と妥協を繰り返す国際社会の産みの苦しみの場であったとすれば，第2の産みの苦しみは，実際に動き始めた事件に取り組む法律家たちの肩に課せられているのである。

---

[116]　Bassiouni（注18）p. 106.

第6章　国際刑事裁判所における
被害者の参加

I　ルバンガ事件と被害者の参加

　検察官対トーマス・ルバンガ・ディーロ事件（ルバンガ事件）は，ICCにおける最初の逮捕と犯罪事実確認手続を経て，最も手続が進行している事件であった（本事件の経緯は，本書第4章Ⅲを参照）。この事件の第1審の審理の中で，被害者の参加形態をめぐって，重要な議論や決定がなされてきた。
　ICCにおいて被害者は，その「個人的利益が影響を受ける場合には，当該被害者の意見及び懸念が，裁判所が適当と判断する公判手続の段階においてならびに被告人の権利及び公正かつ公平な公判を害さず，かつ，これらと両立する態様で，提示され，及び検討される」ことが認められている（68条(3)）。しかし，捜査も含む手続のどの段階で，どのような形態での参加が可能であるかについて規程は具体的に述べていない。その詳細や具体的手続に触れているのが，手続及び証拠に関する規則（規則）と裁判所規定（裁規）であり，被害者の定義（規則85），見解・懸念の表明（規則89），代理人の選任（規則90），審理への出席，発言と尋問（規則91），公開記録の閲覧（規則131.2）などいくつかの拡張的な参加形態が規定された[1]。しかし，それらが認められるための要件や，規則や裁規では触れられていない参加形態などをめぐって多くの解釈上の問題点が存在する[2]。
　ルバンガ事件の審理は，第1予審裁判部によって犯罪事実の確認がなされた後，公判前の手続に1年以上の時間を費やすことになった。公判前手続の中では，証拠開示をはじめとする検察官と弁護側との深刻な争いもさることながら，被害者の参加をめぐって，検察官事務所（OTP），弁護側，被害者

---

[1] 東澤靖『国際刑事裁判所　法と実務』(2007) 232-242頁。
[2] 本書第5章Ⅴ参照。

代理人，書記局及び被害者公設代理人事務所（OPCV）を巻き込んださまざまな論争が展開された[3]。この事件においては，第1審判決までに129名の被害者の参加が認められた[4]。

　被害者の参加をめぐっては，後述するように，参加の要件や形態をめぐって，コンゴ民主共和国（DRC）の事態のみならず，ウガンダの事態と事件（第2予審裁判部），中央アフリカの事態（第3予審裁判部），スーダン・ダルフールの事態（第1予審裁判部）などで決定が繰り返されてきた。しかし，以上に述べる決定や判決がなされた時点で，犯罪事実の確認を経て公判段階に進んだ事件は，ルバンガ事件のみであって先例もなかった。そこで第1公判裁判部は，同事件の公判準備手続において手続上争いのある諸問題について当事者及び関係者に意見を提出させた上で決定することとした[5]。その中で被害者については，公判準備及び公判中の手続における被害者の役割（参加の形態）[6]，共通代理人の問題及び被害者の地位を付与する要件[7]という諸課題を設定した。これを受けて，検察官事務所（OTP），被害者代理人，OPCV，書記局などから意見書が提出された。

1　第1公判裁判部の決定[8]

　2008年1月18日第1公判裁判部が行った決定（原審決定）は，「手続を通じて被害者の参加に関連するすべての事項について，当事者と参加者に一般的なガイドラインを提供することを意図する」という野心的なものであった[9]。同裁判部が示した被害者の参加に関する法理は次のようなものである。

3　ICCにおける被害者の権利とそれを実施する各種の組織については，本書第5章参照。

4　Case Information Sheet - The Prosecutor v. Thomas Lubanga Dyilo, ICC-PIDS-CIS-DRC-01-006/12, 13 March 2012.

5　Trial Chamber I, Order setting out schedule for submissions and hearings regarding the subjects that require early determination, ICC-01/04-01/06-985, 5 September 2007.

6　同上。

7　Trial Chamber I, The Trial Chamber's Agenda for the Hearing on 29-31 October 2007, ICC-01/04-01/06-985, 17 October 2007.

8　Trial Chamber I, Decision on Victim's Participation, ICC-01/04-01/06 -1119, 18 January 2008.

9　同上 para. 84.

第1に規則85の定義のもので，被害者と認められるのは裁判所の管轄権のもとにある犯罪の実行の結果として害悪を被った自然人・法人であるところ，自然人の場合には，犯罪の直接のみならず間接的な被害者であれば足り，また，その関連を求められる犯罪は，被告人について訴追された犯罪には限定されず，裁判所の管轄権のもとにある犯罪でその事態の中で発生している他の犯罪であってもよいとした（90-94項，決定文書における段落番号。以下同じ）。そのため，DRCの事態において発生した犯罪の被害者は，ルバンガ事件に参加することが潜在的には可能となる。その上で第2に，特定の手続との関係で参加するために被害者は，個人的利益が影響を受けることすなわち裁判部が検討する証拠（evidence）や争点（issue）が自らに影響を与える理由と，求める参加の内容と程度（nature and extent）を示して具体的な参加の申請をしなければならない（95-96項）。ここでの個人的利益（personal interests）とは，賠償に限られず，証拠や争点に関わることなど広汎な意味を含んでいる（98項）。第3に裁判部は，そのような申請を受けて，申請に一応の（prima facie）信頼できる根拠があるか，被告人の権利と迅速な裁判に照らして適切かつ合致するものであるかを判断して，参加の許否とその形態を決定する（94，104項）。第4に裁判部が認める参加の形態としては，非公開のものも含めた記録や書類へのアクセス（105-107項），証拠については検察官手持ち証拠の吟味，証拠の許容性に対する異議申立及び被害者自ら証拠を提出すること（108-111項），非公開聴聞や片面的（ex parte）聴聞への参加や書面提出などの訴訟行為（112-118項），裁規56のもとで賠償に関わる証拠を有無罪を審理する公判において取り調べること（119-122項）などが認められる。その他にも，原審決定は，被害者の共通代理人の決定方法，被害者の保護措置と匿名での参加，被害者と証人の重複地位を持つことの可能性など，包括的な諸問題に及んだ。また，この決定で特徴的なのは，関係する法源の項で「国際的に認められる人権」（21条(3)）として，「国際人権法の重大な侵害と国際人道法の深刻な侵害に対する救済と保障の権利に関する基本原則とガイドライン」[10]（2005年基本原則），とりわけその被害者の範囲に関

---

10 Basic Principles and Guidelines on the Right to a Remedy and Reparation for Victims of Gross Violations of International Human Rights Law and Serious Violations of International Humanitarian Law, GA Res 60/147, annex, UN Doc A/60/147 (2005).

する第8原則と第9原則を考慮するとしていることである（35項）。そして，「被害者とは害悪を個別的にまたは集団的に被った者」（第8原則）とする原則は，解釈の適切な指針となるとしていた（94項）。

この決定には，Blattmann裁判官の詳細な反対意見（Blattmann反対意見）が付されている。

2 上訴許可決定

原審決定に対しては，弁護側と検察側が上訴裁判部（Appeal Chamber）への上訴の許可[11]を申し立てた。特に弁護側の申立は，8項目にわたる広汎な諸問題に及んだが，第1公判裁判部は，次の3点に限って上訴を許可した[12]。

A．被害者の概念は，個人的かつ直接の害悪の存在を必要的に意味するか。
B．被害者が主張する害悪及び規程68条のもとでの「個人的な利益」は被告人に対する容疑に関連づけられなければならないか。
C．公判に参加する被害者が被告人の有罪・無罪に関連する証拠を提出し，また証拠の許容性や関連性に対する異議を提起することは可能であるか。

II　上訴裁判部の判決（本件判決）[13]

以上の上訴に対して，上訴裁判部が示した判断は次のようなものであった。
「主要な判断
①　手続及び証拠に関する規則（以下，「規則」）の規則85は，誰が被害者かを定義する。自然人が被った害悪はその人に対する害悪，すなわち個人

---

[11] ICCでの終局判決以外の決定に対する上訴は，上訴事由として定められた以外の事項については，決定を行った裁判部に許可を申し立てて，同裁判部が一定の要件を満たすと認めて許可したものでなければ認められない（規程82条(1)(d)）。詳しくは，東澤（注1）173-8頁を参照。

[12] Trial Chamber I, Decision on the Defence and Prosecution Requests for Leave to Appeal the Decision on Victims' participation of 18 January 2008, ICC-01/04-01/06-1191, 26 Feburuary 2008.

[13] Appeals Chamber, Judgment on the Appeals of The Prosecutor and The Defence against Trial Chamber I's Decision on Victims' Participation of 18 January 2008, ICC-01/04-01/06-1432, 11 July 2008.

的な害悪である。有形，身体的及び心理的害悪は，被害者が個人に被る限り，規則に該当するあらゆる形態の害悪である。決定すべき争点は，被った害悪が当該個人にとって個人的（personal）なものであるかどうかである。もしそうであれば，直接及び間接の被害者に認められる。
② 公判手続の参加のためには，被害者の主張する害悪及び規程68条3項のもとでの個人的な利益の概念は，被告人に対して確認された容疑に関連づけられなければならない。
③ 被告人の有罪・無罪に関連する証拠を提出し，また証拠の許容性や関連性に対する異議を提起する権利は，第1には，当事者すなわち検察官と弁護側に存在する。しかしながら上訴部は，これらの条項が，被害者の公判手続において被告人の有罪・無罪に関連する証拠を提出し，また証拠の許容性や関連性に対する異議を提起する可能性を排除するものであるとは考えない。
④ 公判裁判部は，被害者に証拠の提出と検討を許可する権限を行使する場合の手続と限界を正しく特定した：(i)裁量的な適用，(ii)当事者への通知，(iii)特定の手続によって影響を受ける個人的な利益の明示，(iv)証拠開示に関する義務と保護命令の遵守，(v)適切性の決定，及び(vi)被告人の権利と公正な裁判との一致。これらのセーフガードが取られるのであれば，被害者に被告人の有罪・無罪に関連する証拠を提出し，また証拠の許容性や関連性に対する異議を提起する参加的権利を与えることは，検察官が被告人の有罪を証明する責任や被告人の権利と公正な裁判と矛盾するものではない。そうすることによって，公判裁判部は，被害者に証拠を提出・検討する無制限の権利を創設したものではなく，かわりに被害者は，自らの利益や証拠や争点によってなぜ影響を受けるのかを明示しなければならず，それによって裁判部は，場合ごとにそのような参加を許可するかどうかを決定する。」

上訴裁判部は，上述の争点Aについては，被害者と認められるためには，被った害悪が直接的なものである必要がない点で原審決定の判断を是認し，他方で，害悪が個人的なものでなければならないとする点で原審決定の判断を修正した。また争点Bについては，「個人的な利益」は被告人に対する容疑に関連づけられなければならないとして原審決定の判断を破棄した。さら

に争点Cについては，証拠の提出・検討という形態での被害者参加を認めた原審決定の判断を是認した上で，そのために考慮すべき事項を整理した。

その上訴裁判部（裁判官5名）の多数意見に対しては，Kirsch 裁判官と Pikis 裁判官の一部反対意見が付されている[14]。両裁判官は，被害者の害悪は個人的であるべきこと及び被告人の容疑と関連づけられる必要があることでは多数意見に賛同したが，被害者の証拠の提示・吟味という参加形態は認められるべきではないと主張した。また加えて Pikis 裁判官は，被害者の害悪は犯罪との直接的な関連性（direct nexus）が必要であると主張した。

III 解説及び検討

1 被害者の参加をめぐる状況と国際人権法

一般に，被害者が国内刑事手続の中でどのような地位を与えられているかは，国によってさまざまである[15]。伝統的に，刑事手続の中での被害者の位置づけについては，コモンロー系の当事者対抗主義（adversarial system）とシビルロー系の糾問主義あるいは職権主義（inquisitorial system）との間に大きな違いがあると考えられてきた[16]。典型的な当事者対抗主義のもとでは，被害者には証人以上にいかなる役割も与えられないのに対し，職権主義のもとでは，訴追開始権限や被告人の罪責についての見解表明，さらには証拠申請や証人尋問などの訴訟当事者としての役割など各種の参加形態が認められてきた[17]。日本においても，従前は，被害者は刑事手続においてなんらの関与も認められていなかったが，現在までに，参加の許可受けた被害者に公判期日への出席，証人・被告人に対する尋問・質問，事実・法律の適用についての意見陳述などを認める制度が実現している[18]。

---

14 Kirsch 裁判官の反対意見は，後日，Appeals Chamber, Partly Dissenting Opinion of Judge Philippe Kirsch, ICC-01/04-01/06-1432-Annex, 24 July 2008 として提出された。
15 被害者の参加をめぐる各国の法制度を比較したものとして，Brienen, M. and Hoegen, E., "Victims of Crime in 22 European Criminal Justice Systems," (2000) を参照。
16 Cassese, A., "International Criminal Law," (2003) pp. 365-366. 本書第5章 II。
17 Cassese (注 16) pp. 367, 372.

国際人権法においては，人権救済の被害者が効果的救済を受けるべきことはいくつかの条約などで規定されてきた[19]。しかしそれが権力の犯罪だけでなく一般の犯罪にまで及ぶのか，被害者が刑事手続に関与できるのかなどの被害者の権利の内容については明確に示されてこなかった[20]。それに一部応えることとなったのが，1985年に国連で採択された「犯罪と権力の濫用の被害者のための司法の基本原則宣言」（1985年宣言）であった[21]。同宣言は，被害者を，一般の個人による犯罪の被害者と，国家による権力の濫用の被害者とに分けた上で，前者については，司法と公正な取扱いへのアクセスの権利，原状回復・損害賠償・援助を受ける権利の内容を詳細に定めるにいたった。さらにそうした諸原則を，重大な国際犯罪という分野でより詳細に体系化したのが，前述の2005年基本原則である。同原則は，被害者が救済を受ける権利について，情報や手続へのアクセスという観点から詳細な原則を規定しているが，刑事手続への参加形態には言及していない[22]。

2　国際刑事手続における被害者参加制度の概要

　最初の国際刑事手続である国際軍事法廷と極東国際軍事法廷には，その憲章にも，実際にも被害者に関する特別の措置は存在しなかった。1990年代に設置された旧ユーゴスラビア国際刑事法廷（ICTY）やルワンダ国際刑事法廷（ICTR）においても，被害者は法廷の中で証人として以上の何らの役割や権利を与えられることはなかった[23]。

　ICC規程は，前述の被害者の権利のための国際人権法の発展と時期を同じくして，①被害者や証人の保護（68条(1)(2)(4)(6)など），②被害者の手続参加

18　犯罪被害者等の権利利益の保護を図るための刑事訴訟法等の一部を改正する法律（平成19年6月27日法律第95号）。詳しくは，「特集・犯罪被害者と刑事裁判」ジュリスト1338号（2007）48-72頁を参照。
19　世界人権宣言8条，自由権規約2条3項，拷問等禁止条約14条1項など。
20　本書第5章Ⅱ。
21　Declaration of Basic Principles of Justice for Victims of Crime and Abuse of Power, GA Res 40/34, Annex, UN Doc A/40/53 (1985).
22　本書第5章Ⅱ。
23　ただしこれらの法廷は，被害者証人に対する保護措置を認め，また被害者の賠償請求については，原状回復命令や国内での損害賠償についての措置を取るようになった。本書第5章Ⅱ。

(同条(3)など)，そして③賠償命令（75条など）といった被害者の権利を制度の重要な一部として取り込むに至った。さらに，それらを具体化するものとしてすでに述べた規則や裁規の詳細な規定を持つに至ったが，規程上解決されていない問題も少なからず存在する。また，それらの制定過程においては，1985年宣言や草案段階であった2005年基本原則などの国際人権法の文書が参考にされたものの，それらの文書は，被害者の定義をはじめ，そのまま採用されているわけではない[24]。また，同じ規程を解釈するに際しても，被害者の参加と検察官の役割との関係などについては，裁判官がよって立つ法文化を反映した解釈の違いを生じたりしている[25]。そして，前述したように被害者の参加は，「被告人の権利及び公正かつ公平な公判」を害することがないように適用されなければならないが（68条(3)），被害者の参加と被告人の権利や迅速な手続とのバランスをどこに見いだすのかという問題は，けっして容易に解決されるものではない[26]。

　このような困難な解釈作業の中でも，ICCの予審裁判部は，少なからぬ判例法理を生み出してきた[27]。自然人が被害者と認められるためには，①自然人であること，②害悪を被ったこと，③害悪に先立つ犯罪が裁判所の管轄権の範囲内にあること，④犯罪と害悪の被害との間に因果関係（causal link）があることの4要件を満たす必要があること。被害者の参加は，容疑者が特定される以前の「事態」においても認められ[28]，他方で事態と事件とでは参加が認められる被害者の範囲と参加形態に違いが生ずること，事件における参加のためには逮捕状の容疑と害悪との間の因果関係が必要であること，参加は匿名でも認められるがそれによって参加の形態が制限されること。しかし，これらの被害者の参加に関する決定は，必ずしも中間的な上訴理由の対象として認められていないことから[29]，上訴裁判部において下級裁判部の決定を再検討する機会はあまり存在しなかった[30]。その意味で，これらの判例法理

24　本書第5章Ⅱ。
25　同上。
26　同上。
27　同上。
28　ICCの手続における「事態」（situation）と「事件」（case）との区別については，東澤（注1）142-143，240-241頁参照。

はなお上訴裁判部の判断を経ない未確定の法理のままである。原審決定もすでに紹介したように，被害者の参加をめぐる多様な問題についての決定を行っているが，上訴が許可されなかった多数の問題点については，引き続き上訴裁判部の判断を受けることなく，未確定の判例法理として存在する。

3　被害者の認定（判断①）

ルバンガ事件で参加が想定される被害者は，兵士に編入・徴集された子どもやその子どもの両親などである。被害者の定義に関する規則85は，自然人（(a)）と組織または機関（(b)）とを区別し，自然人については，「『被害者』とは裁判所の管轄のもとにある犯罪の実行の結果として害悪を被った自然人を言う」と定めている。

本件判決は，判断①において，自然人が被害者と認められるためには，犯罪によって被った害悪が個人的（personal）なものである必要があるが，直接的なものである必要はない，そして害悪とは物質的，身体的及び精神的なものを含むとの判断を行った。まず個人的という点について本件判決は，「自然人の被る害悪はその個人に対する害悪である」として，個人的なものであるべきことを明らかにした（32項，判決文書における段落番号。以下同じ）。原審決定が「被害者とは害悪を個別的にまたは集団的に被った者」とする2005年基本原則の第8原則を解釈の指針としたことに対し，本件判決は，被害者の認定においては，個別的か集団的かは無関係であり，あくまで個人的なものかどうかを判断すべきだとして，原審決定を修正した（34-37

29　（注11）参照。被害者の参加決定に対する上訴を許可しなかったことに対する検察側や弁護側の非常再審査（Extraordinary Review）の申立は，上訴裁判部にそのような権限がないとして斥けられている。Situation in Democratic Republic of the Congo, Appeals Chamber, Judgment on the Prosecutor's Application for Extraordinary Review of Pre-Trial Chamber I's 31 March 2006 Decision Denying Leave to Appeal, ICC-01/04-168, 13 July 2006.

30　被害者の参加に関する上訴裁判部の判断としては，犯罪確認決定に対する弁護側上訴の受理可能性の審理において，被害者の参加申立に対して被害者の個人的利益への影響を認めず，申立を斥けた決定がある。Appeals Chamber, Decision of the Appeals Chamber on the Joint Application of Victims a/0001/06 to a/0003/06 and a/0105/06 concerning the "Directions and Decision of the Appeals Chamber" of 2 February 2007, ICC-01/04-01/06-925, 2 February 2007.

項)。次に,被害の直接性の要否について本件判決は,組織または機関を定義する規則85(b)が「直接的な害悪」と明示しているのに対し,自然人に関する規則85(a)にはそのような限定がないことを理由に,間接的な被害をも含めた原審決定を是認した(30-32項)。

　これらの本件判決の判断は,規則85の条文解釈からはきわめて素直なものである。他方で抽象的な判断にとどまることから,実際には個々の事件の判断を通じて「個人的」の具体的意味が付与されていくのを待つしかなく,どのような場合に「個人的」ではないのかの具体例が集積してゆく中ではじめて,被害者の範囲を確定する概念として意味を持つこととなるであろう。その意味では,原審決定が2005年基本原則を用いて被害者の定義を拡大させようとしたのに対し,あくまでICCの規則の解釈の中で被害者の範囲を限定しようとしたところに本件判決の意味がある。Pikis反対意見は,犯罪と害悪との直接的な関連性(direct nexus)を主張して多数意見に反対するが,被害者の近親者の精神的被害にもかかる関連性を認めている点で,結論に大差は出ないであろう。

4　被害者参加の要件(判断②)

　原審決定は,被害者の定義に関する規則85が「裁判所の管轄のもとにある犯罪」に特段の限定を付してないことを主たる理由として,被害者の範囲を訴追された犯罪に限定する必要はないとの判断を示した(93-96項)。これに対して本件判決は,規則85は,その「趣旨及び目的」(ウィーン条約法条約31条(1))に照らして解釈されるべきであるとし,その上で,規則85は諸手続を通じた被害者の定義に関する一般条項にとどまること,被害者参加の基本条項である規程68条(3)は個人的利益への影響を要件としていること,他方で規則89.1が裁判部に被害者参加の手続段階や方法を特定するように求めていること,公判裁判部の権限は訴追された犯罪の決定に限定されていることなどを指摘した。その上で本件判決は,被害者は特定の公判手続によって影響を受けるのであるから,そこで審理される訴追犯罪の被害者であることを示すべきであると結論づけた(58-63項)。その結果,「もし申請者が被った害悪と訴追された犯罪との間の関連を示すことができないのであれば,たとえその利益が公判での争点によって影響を受けるものであっても,

規程68条(3)，規則85及び89.1のもとでは，その意見及び懸念が提起されるのは適切ではないであろう」（64項）との判断を行った。

この判断は上訴裁判部の裁判官全員の一致した判断である。犯罪確認や公判など具体的事件に関する手続への被害者参加がその手続で審理される犯罪の被害者に限られるという考え方は，従来の予審裁判部でも受け入れられてきた[31]。しかし，そのことを明示した根条文がないために，原審決定のような拡張的な解釈を招いたが，本件判決によってあらためて訴追犯罪への限定が確認された。原審決定の考え方に対しては，公判手続に参加を認められる被害者の範囲が過剰かつ不明確なものとなる，被告人が自らに関係しない被害への対応を迫られることになるといったBlattmann反対意見の指摘が妥当するであろう（10項）。

5　被害者参加の諸形態（形態③及び④）

本件判決は，被告人の有罪・無罪に関連する証拠を提出し，また証拠の許容性や関連性に対する異議を提起する行為は，本来訴訟当事者（検察側・弁護側）に認められたものであるが，被害者の参加形態の一つとして裁判部が参加被害者に許可できることを認めるという原審決定の結論を承認した。被害者の参加形態は，規程68条(3)に明示されたのは「意見及び懸念の提示」のみであるが，規則及び裁規においていくつかの拡張的な参加形態が規定されるに至っている。そして，明文には規定のない証拠提出や証拠への異議などの訴訟行為を参加被害者に認めるかどうかは，参加被害者をあくまで参加者（participant）として当事者（party）から区別するのか，あるいは参加被害者に準当事者的な地位を認めていくのかという被害者の地位の位置づけに関わる問題である。

本件判決が依拠したのは，証拠の扱いに関する「裁判所は，真実を確定するために必要と認めるすべての証拠の提出を求める権限を有する」（69条(3)），「裁判所は，証拠の許容性及び関連性について，特に証拠の証明力及び証拠が公正な公判又は証人の証言の公正な評価に与え得る不利益を考慮して，手続及び証拠に関する規則に従って決定を行うことができる」（同条(4)）と

---

[31]　被害者の参加に関する以下の決定。Pre-Trial Chamber I, ICC-01/04-01/06-172, 29 June 2006, pp. 7-8. Pre-Trial Chamber I, ICC-01/04-01/06-228, 28 July 2006, pp. 8-9.

いった条文，並びに参加被害者に証人・被告人への尋問を裁判部が許可し，そのために書面の提出を命ずることができることを規定した規則91.3である。そのような証拠提出を命令し，証拠の許容性や関連性を決定する権限が裁判所に認められている一方で，「規程68条(3)の精神と意図に公判手続という文脈の中で効果を与えるためには，被害者による参加を意味あるものにするように解釈されなければならない」（97項）ことから，本件判決は，被害者がそうした訴訟行為の要件を裁判部に行う可能性は認められるべきであるとした（98, 101項）。ただし本件判決は，被害者にそれらの訴訟行為について無制限の権利を与えたものではなく，被告人の権利のために一定のセーフガードの手続が取られるべきであるとも述べている（99, 100項）。

　本件判決に対する，Kirsch裁判官とPikis裁判官の反対意見は，有罪証明のための責任（onus）は検察官に専属すべきであること，被告人の権利のためには当事者追行主義の枠組みが維持されるべきであり，被告人が対抗すべき当事者を検察官以外に設けるべきではないこと，を趣旨とするものであった。特にKirsch裁判官は，被害者に証拠提出を認めることは，訴訟当事者のみに詳細な証拠開示義務を規定し被害者には触れていない規程や規則の，起草者の意図に反するものだと批判した。

　この問題については，規程や規則の条項に照らしても一義的な結論は出てこないし，ICCが当事者追行主義と職権主義とを併せ持った手続を持つ以上，制度の基本原則から結論を直ちに導くことも困難である。また，2005年基本原則をはじめとする国際人権法の文書も，被害者の刑事手続への参加形態にまで触れているものはなく，この問題は，ICCの手続にとっての個別の問題として個々の判決例の集積に委ねられざるを得ない面もある。他方で，裁判所の許可を経てとはいえ，参加被害者に証拠の提出や証拠への異議を提出することを認める本件判決は，公判手続の構造に根本的な影響を与えかねないものである。また規程では被害者の参加形態を「意見及び懸念の提示」としかしていないもとで，そのような手続の構造に関わる役割を被害者に求めることは，規程の解釈の限界を超えるのではないかという疑問も生じる。本件判決が依拠する規程の条文は，証拠を職権的に収集しその適否を判断する権限を裁判部に認めた規定であって，直接に被害者の権利に関して規定されたものではない。それゆえこれらの規定は，被害者の参加形態を拡大するた

めの根拠規定としてよりも，むしろ被害者の利益をも考慮して柔軟に職権を行使する権限と責任を裁判部に認めたにとどまると理解するほうが素直であろう。また実際にも，被害者が，被告人有罪のための証拠を公判に提出させたり，被害者の性的プライバシーや安全に影響を与えかねない証拠の提出を阻止しようとすることは，検察官の訴訟行為を促すことや，自らの意見・懸念の表明において行うことを通じても十分に可能である。その意味では，証拠に関する被害者の参加を正面から認めない場合の実際の不都合は，極めて限定されたものであろう。反面，証拠に関する訴訟行為を被害者の参加形態の一つとして位置づけ，被害者による証拠の申請や証拠に対する異議の申出を制度化することは，被害者の申請行為を「ひんぱんかつ数多い」ものとし「手続を相当に遅延させるかも知れない」（Kirsch 裁判官）という事態につながりかねない。以上の意味で，本件判決の結論は疑問である。

　さらに本件判決では議論されていないが，証拠に関する被害者の参加をめぐる対立は，刑事裁判手続を通じて明らかにする「真実」はどのような意味での真実かというより根源的な問題への考察を必要とする。検察官や裁判所が刑事裁判手続を通じて発見しようとするのは，通常は訴追された犯罪の構成要件に該当する事実が存在したかどうかと言う「司法的真実」（judicial-truth）であり，それに関係しない事実を法廷に持ち出すことは，手続を遅延させるものとして警戒される。しかし被害者が刑事手続を通じて確認を望む事実は，必ずしもそれにはとどまらない。自らの権利の救済をはじめ，個人的・集団的な癒し，あるいは名誉の回復など，多様な目的を含む可能性がある。被害者が「司法的真実」には関係しない事実の認定を求めて，証拠の提出を望むこともある。この点，従来の国際刑事手続においては，しばしば被害者の求める真実と「司法的真実」との乖離も指摘されてきた[32]。ICC は，はたして手続に時間をかけても被害者の求める真実を広汎に刑事手続に取り込もうとするのか，あるいは，「司法的真実」にきびしく制限することによって被害者を失望させる結果となるのか。この問題は，単に ICC 規程の解釈にとどまらず，手続に被害者の参加を認めていく目的や，ひいては国際

32　Haslam E., 'Victims Participation at the International Criminal Court: A Triumph of Hope Over Experience?' in McGoldrick, D. eds., "The permanent International Criminal Court: Legal and Policy Issues," (2004) p. 327-332.

刑事手続が国際社会の中で果たそうとする役割に関わる事項である。しかしそれらの目的や役割について，いまだ共通の理解が存在するわけではない。

第 7 章　国際刑事裁判所における最初の賠償に関する決定[1]

「(ICC) 規程において設けられた賠償制度は、同規程における類のない特徴であるだけではない。それはまた、鍵となる特徴である。当裁判部の見解では、裁判所の成功は、ある程度においては、その賠償制度の成功に係っているのである。」(第 1 予審裁判部 2006 年 2 月 10 日ルバンガ事件：検察官の逮捕状請求に関する決定〔訂正版〕136 頁)

I　はじめに

ICC 規程 (国際刑事裁判所のためのローマ規程、以下「規程」) は、その前文を「20 世紀の間に多数の児童、女性及び男性が人類の良心に深く衝撃を与える想像を絶する残虐な行為の犠牲者となってきたことに留意」することから語り始めている (前文第 2 段落)。国際刑事裁判所 (以下「ICC」) の設立は、このように、重大な国際犯罪の犠牲となってきた無数の被害者に対し思いをはせるところから始まった。そして、実際に ICC は、従来の国際刑事裁判手続で認められてきた被害者や証人の保護のみならず、被害者のための手続参加や賠償決定という画期的な制度を実現することとなった[2]。被害者を、単に証人としてではなく、手続への参加者、そして賠償判決の受益者として位置づけることは、後に触れるように、第二次世界大戦後の国際軍事法廷、あるいは冷戦後の旧ユーゴスラビア国際刑事法廷 (ICTY) やルワンダ国際刑事法廷 (ICTR) など従前の国際刑事司法には存在しないものであった。

---

[1] The Prosecutor v. Thomas Lubanga Dyilo, Trial Chamber I, Decision establishing the principles and procedures to be applied to reparations, ICC-01/04-01/06-2904, 07 August 2012.

[2] ICC の被害者に関わる制度の全体像については、本書第 5 章を参照。

そしてICCにおける被害者の制度的組入れは，1990年代から2000年代において劇的に発展した被害者の権利に関する国際法の発展と軌を一にしたものであった。

　2003年に活動を開始したICCは，その後の予審裁判部における犯罪事実確認手続，さらには公判裁判部での公判手続を通じて，被害者や証人の保護，並びに被害者の参加についての少なからぬ判例や実例を積み重ねてきた[3]。しかし，賠償制度については，2012年に至るまで公判を経ての有罪判決がそもそも存在しなかったことから，実際に賠償制度がどのように機能し，被害者を救済することができるのかという実例を示すことはできなかった。そうした意味で，以下紹介する最初の賠償に関する決定は，ICCで創設された賠償に関する決定の制度が現実のものとして機能することへの多くの期待を集めてきたと同時に，実際にどのように機能できるのかという国際社会の関心をも引きつけてきた。

　ICCが取り扱う，集団殺害犯罪，人道に対する犯罪そして戦争犯罪などの重大な国際犯罪は，その犯罪の規模が広範であるとともにしばしば政府や反政府勢力が関わる政治的なものとなる。そのため犯罪やその背景となる紛争が終結した後においても，被害者やその家族は，国内においては何らの救済を受けることなく放置されることが少なくなく，そうであればこそ国際的な独立の司法機関であるICCが，被害者救済への役割を果たすことが期待されてきた。しかし，他方で，被害者への賠償の実施においては，いくつかの実際的あるいは手続的な問題点も想定されていた。実際的な問題点としては，被害者への賠償の原資は，特に被害者の数が多数にのぼり，その反面で有罪判決を受けた者の資力が期待できない場合にどうするのか。広範囲にわたる紛争や人権侵害の中で，加害者が訴追された事件とそうではない事件の被害者の間で，一部の被害者のみを救済することに公平性や正当性はあるのか。そもそも外界との接触や教育が乏しい地域の被害者が，救済や賠償を求めてハーグのICCにまで請求の手続を行うということは期待できるのか。あるいは手続的な問題点として，犯罪の被害者であるかどうかやその被害の内容について，被害者が膨大である場合にどのように認定していくのか。有罪判

3　被害者の参加に関するICCの判例に関しては，本書第6章を参照。

決を受けた者が被害者や被害の存在を否定しているもとで，どのような証拠や立証基準により被害の有無を判断していくのか。被害者が，内外の援助機関や国内の救済手続によって一定の救済を受けている場合に，そのことはICCにおける賠償の有無や水準に影響を与えるのか。ICCの裁判所が実際の賠償決定を行う場合，このような多くの問題点に対する解答や方向性を示す必要性があった。本章では，こうした問題点に対し，ICCの最初の賠償に関する決定（以下，「本決定」）がどのように向き合ったのかを検討したい。

II　ルバンガ事件の有罪判決

　本決定がなされた時点で，ICCには，7つの事態，26名の容疑者に関する事件が係属していた[4]。それらの事件のうちルバンガ事件は，被疑者の逮捕によって最初にICCがその出頭を確保し，手続が最も先行した事件として注目されてきた。ルバンガ事件の概要は，本書第4章IIIを参照されたい。

　2012年3月14日に第1公判裁判部は，ルバンガ被告人を有罪とする判決（以下，「有罪判決」）を行った[5]。本件有罪判決が犯罪事実として認定したのは，2002年9月1日から2003年8月13日までの間に，非国際的紛争において，15歳未満の児童を武装勢力であるコンゴ解放愛国軍（FPLC）に，強制的に徴集し及び志願に基づいて編入し，並びに敵対行為に積極的に参加させるために使用したという戦争犯罪（8(2)(e)(vii)）に，被告人は，共同犯罪実行の責任があるというものだった（有罪判決1358項）。強制的徴集及び志願に基づく編入とは，15歳未満の児童がコンゴ愛国者連合（UPC）／FPLCに加えられ，そしてそれらの者がBuniaのUPC本部や訓練のためにRwampara, Mandro及びMongbwaluの軍事キャンプのいずれかに連れて行かれた事実であり（有罪判決819項），敵対行為に積極的に参加させるための使用とは，兵士，軍事監視員あるいは幹部のボディガードとして使用したことである（有罪判決915項）。

---

[4] ICCに係属する事件の概要は，本書第1章を参照。
[5] Trial Chamber I, Judgment pursuant to Article 74 of the Statute, ICC-01/04-01/06-2842, 14 March 2012. その要約版 Summary of the "Judgment pursuant to Article 74 of the Statute," ICC-01/04-01/06-2843 も公表されている。

この判決は，結論としては，検察官の主張する訴追事実をほぼそのまま認めたものであるが，いくつかの複雑な問題を含んでいる[6]。特に被害者との関係では，被害者（元子ども兵士）として出廷した証人の公判での証言について，現地でそれらの証人に最初に接触した現地の仲介者（intermediaries）が虚偽の被害証言を行うように説得または援助をした危険性を認定し（有罪判決 483 項），その結果，仲介者らが関与した証人の証言は容易に信用できないという判断を行った（同 482 項）[7]。また，公判の中で，元子ども兵士に対する性暴力（強制結婚や強かんなど）の事実が明らかとなったが，この判決は，性暴力の具体的事実を認定しながら（有罪判決 890-5 項），それらは訴追事実には含まれていないとして，性暴力が戦争犯罪としての子ども兵士使用の一形態に含まれるかどうかについては判断せずに（同 630 頁），性暴力の問題は刑の量定や賠償の審理の際に考慮するとした（同 896, 631 項）[8]。またこの有罪判決においては，具体的な被害者やその人数は，特定されなかった。

　本件有罪判決の後，刑罰については，2012 年 7 月 10 日，同公判裁判部が，被告人に対し 14 年の拘禁刑の決定を言い渡した[9]。そして，以上の有罪判決及び刑の量定に関する決定がなされた後に，この事件において引き続きなされたのが本決定である。

　有罪判決と刑罰の決定については，上訴期間はそれらの通知を受けた日から 30 日以内とされているが（規則 150），それらの判決と決定は英語でなされたためルバンガ被告の解するフランス語での判決・決定の通知が必要であるところ，フランス語版の公表に時間を要したため，2012 年 10 月 3 日に上訴された。本決定については，後述するようにそれ以前に上訴がなされている。

---

[6] 有罪判決の内容と問題点については，本書第 2 章を参照。
[7] 仲介人をめぐる公判中の経緯については，本書第 4 章を参照。
[8] 性暴力が有罪認定の対象から除外された経緯については，本書第 4 章を参照。
[9] Trial Chamber I, Decision on Sentence pursuant Article 76 of the Statute, ICC-01/04-01/06-2901, 10 July 2012. 刑の量定の決定の理由と争点については，本書第 2 章を参照。

III 被害者賠償に関する国際法の発展とICCの制度

本決定の内容を検討する前に、それが依拠した被害者賠償に関する国際法の発展とICCの制度を概観しておく。本決定は、「規程や規則は、国際刑事法における、処罰的司法の概念を超えて、被害者のために参加を促進し効果的救済を提供する必要を認識するといったより包括的な解決を目指す必要性があるという、成長する認識を反映する賠償の制度を導入するものである」(177項、以下、特にことわりのない項目数は本決定の項目）と述べている。この決定を理解するためには、1990年代以降の被害者賠償に関する国際法の発展を理解することが不可欠だからである。

1 国際法の発展

国際刑事裁判においては、ICC規程より以前に被害者の参加や賠償に関する規定は存在しなかった。国際刑事裁判の始まりは第二次世界大戦後の国際軍事法廷（ニュルンベルク裁判）と極東国際軍事法廷（東京裁判）であるとされるが、それらを設置する憲章（Charter）においては、被害者に関する記述は存在せず、実際にも被害者に関する特別の措置は取られなかった。また、それらの国際軍事法廷の経験を踏まえてその後に国連総会が採択したニュルンベルク原則においても、被害者に関する記述は存在しなかった。その後、半世紀近くを経て、国連安全保障理事会が設置した旧ユーゴスラビア国際刑事法廷（ICTY）（1993年）やルワンダ国際刑事法廷（ICTR）（1994年）においても、それらの設置に関わる規程には、被害者の参加や賠償を保障するものは存在しなかった。ただし、ICTYとICTRは、実務やその実施規則の中で、被害者に原状回復（restitution）を命じる決定を行うようになり、また被害者が有罪認定を用いて国内の司法手続を通じて損害賠償請求する途を開いた。

他方で国際人権法は、人権侵害を受けた個人が効果的な救済を受ける権利を国家によって保障させるという形で、被害者の賠償に対する権利を基礎づけてきた。また、本決定も引用するように（185項）、賠償を受ける権利は、世界人権宣言における個人の「権限を有する国内裁判所による効果的な救済

を受ける権利」(同宣言8条)，政治的及び市民的権利に関する国際規約（自由権規約）における違法に逮捕・抑留された者の「賠償を受ける権利」(同規約9条5項)，人種差別撤廃条約における人種差別行為について「公正かつ適正な賠償又は救済を当該裁判所に求める権利」(同条約6条)あるいは拷問等禁止条約における拷問の被害者の「公正かつ適正な賠償を受ける強制執行可能な権利」(同条約14条と1項)という形で，確立した基本的人権として保障されてきた。しかしながら，これらの国際人権法の規範は，犯罪（その中には必ずしも国家に帰責できないものもある）の被害者が，国家にどのような救済を求めることができ，刑事手続にどのように関与することができ，その刑事手続を通じてどのような救済を受けることができるのか，を明確に提示してはいなかった。

ICC規程及びその後のICCの実務に具体的な影響を与えた国際人権法の発展としては，1985年に国連で採択された「犯罪と権力の濫用の被害者のための司法の基本原則宣言」(1985年宣言)[10]，そして，2005年に同じく国連総会で採択された「国際人権法の重大な侵害と国際人道法の深刻な侵害に対する救済と保障の権利に関する基本原則とガイドライン」(2005年基本原則)[11]があるとされる。2005年基本原則は，その採択こそICC規程に遅れるものであるが，その内容に関する検討は，1989年から開始されていた[12]。2005年基本原則は，被害者の救済を受ける権利の対象を，(a)司法に対する平等かつ効果的なアクセス，(b)被害の十分な，効果的なかつ速やかな名賠償，(c)侵

---

[10] Declaration of Basic Principles of Justice for Victims of Crime and Abuse of Power, GA Res 40/34, annex, UN Doc A/40/53 (1985).

[11] Basic Principles and Guidelines on the Right to a Remedy and Reparation for Victims of Gross Violations of International Human Rights Law and Serious Violations of International Humanitarian Law, GA Res 60/147, annex, UN Doc A/60/147 (2005).

[12] 国連の差別防止及び少数者の権利に関する小委員会（当時）は，1989年に被害者の賠償を求める権利に関する報告をテオ・ファン・ボーベンに委ね，同氏は，1997年に「人権と基本的自由の重大な侵害の被害者の原状回復，損害賠償及びリハビリテーションを求める権利の草案」を同小委員会に提出した。また，国連人権委員会（当時）も，被害者の権利の基本原則とガイドラインの草案作成をシェリフ・M・バシオーニに委ね，同氏は，2000年に「国際人権及び人道法の侵害の被害者の救済及び賠償を求める権利に関する基本原則とガイドラインの草案」を同委員会に提出した。Bassiouni, M.C., "Introduction to International Criminal Law," (2003) pp.94-95.

害及び賠償制度に関する関連情報へのアクセス，と分類して被害者のアクセスを重視し，それぞれについて詳細な原則が設けられた（第11から第24原則）。以上についての詳細は，本書第5章を参照されたい。

2　ICCで採用された制度

ICC規程において，裁判所が「被害者に対する又は被害者に係る」賠償のために行うこととされているのは，次の4つの行為である。

①裁判所は，賠償に関する原則を確立する（75条(1)第1文：賠償原則の確立）。

②裁判所は，その決定において，請求又は職権により，損害，損失及び傷害の範囲及び程度を決定することができる（75条(1)第2文：損害等の決定）。

③裁判所は，有罪の判決を受けた者に対し，適切な賠償を特定した命令を直接発することができる（75条(2)第1文：有罪の判決を受けた者に対する賠償命令）。

④裁判所は，適当な場合には，信託基金を通じて賠償の裁定額の支払を命ずることができる（75条(2)第2文：信託基金を通じた賠償命令）。

ここでまず留意しなければならないのは，これら4つの行為において，裁判所の義務とされる行為は，①の原則の確立のみであり，その余の行為は裁判所の裁量的なものであるという点である[13]。いいかえれば，③や④の賠償命令についても，被害者は裁判所に対して賠償を求める権利を持つわけではないが，賠償命令に関するこのような裁量的性格は，賠償分野の複雑な決定作業によって裁定における便宜が害されないようにする考慮に基づくものと説明されている[14]。

これらの賠償に関する規定は，刑事裁判所であるICCが被害者の損害等についての賠償をも行う権限があることを明らかにしているものの，それが

---

[13] Donat-Cattin, D., "Article 75 Reparation to Victims," in Triffterer, O. ed., "Commentary on the Rome Statute of the International Criminal Court: Second Edition," (2008) p.1411, Dwertmann, E., "The Reparation System of the International Criminal Court: Its Implementation, Possibilities and Limitations," (2010) pp.45, 67.

[14] Donat-Cattin（注13）p.1406. Dwertmann（注13）p.67.

実際にどのように機能するのかについて，詳細は必ずしも規程の条文からは明らかではない。それらの不明確な点のいくつかは「手続及び証拠に関する規則」（以下，「規則」）をはじめとするICCの下位法規[15]に定められているが，それらの下位法規を参照しても判然とせず裁判部の解釈に委ねられている点も残されている。

　例えば，賠償に関する行為を行う実際の機関はどこかという問題がある。ICC規程では一般に，司法機関や司法行政機関としてのICC一般を示す場合には裁判所（Court）という表現を用いられる一方で，予審裁判部，公判裁判部あるいは上訴裁判部などの具体的な裁判機関を指す場合には裁判部（Chamber）という表現が用いられている。このうち賠償に関する規定（75条）において各種の行為を行うとされている主体は裁判所（Court）であり，前後の条文において有罪無罪の判決（74条）や刑の言渡し（76条）を行う主体が公判裁判部と特定されているのと対照的である。その意味で，賠償に関する行為を行う裁判所には，有罪判決を行う公判裁判部以外の他の裁判部や司法行政機関としての裁判所長会議や書記局（規程34条）が含まれると解釈できる余地がないわけではない[16]。しかし，有罪判決を受けた者に対し賠償命令を行うという文脈，起草過程ならびに賠償に関する条項の統一的な解釈からは，ここでいう裁判所とは，公判裁判部及びその決定に対する上訴を取り扱う上訴裁判部を指すと解釈することも可能である[17]。

　なお，信託基金もしくは被害者信託基金とは，締約国会議の決定により，裁判所の管轄権の範囲内の犯罪による被害者及びその家族のために設置され（79条(1)），同基金自身の規則（被害者信託基金規則：基規）を持ち，締約国会議が選出した理事によって構成される理事会が，同基金を管理している（同条(3)）。信託基金は，賠償命令の執行のために各種の役割を認められている（規則98）。被害者信託基金に組み入れられる財産は，基本的には裁判所の命令により，罰金刑の執行または没収により徴収された金銭その他の財産である（79条(2)）。それ以外にも，各国政府，国際機関，個人，会社その他の団

15　ICC規程の下位法規としては，規則の他に，「裁判所規則」（裁規），「書記局規則」（書規）などが存在する。

16　Dwertmann（注13）p.47.

17　同上。

体からの任意の寄付や，締約国会議が組み入れることを決めた資産を受け入れることとされているが（基規 21），任意の寄付として保持する資金は，2012 年 6 月末時点で 322 万ユーロ強と決して多額のものではない[18]。

IV　本決定の内容と問題点

1　本決定の構成と概要

本決定は，大きく分けて，Ⅰ．手続的背景，Ⅱ．主張，Ⅲ．裁判部の決定，Ⅳ．結論，からなっている。本決定に至る審理においては，検察側及び弁護側，被害者を代理する被害者代理人及び被害者公設代理人事務所（OPCV），書記局及び被害者信託基金という ICC の関連機関，のみならず多数の国際・国内 NGO やユニセフなどの国際機関も裁判所の許可を得て主張を提出した（Ⅰ．手続的背景，Ⅱ．主張）。

本決定で重要な部分は，「Ⅲ．裁判部の決定」であるが，その項目は次の通りである。

A．序文
B．賠償の諸原則
　1．適用される法，2．尊厳，非差別及び非汚名押付け（non-stigmatisation），3．賠償の受取人，4．アクセス可能性及び被害者との協議，5．性暴力の被害者，6．子どもの被害者，7．賠償の射程，8．賠償の形態，9．比例的かつ十分な賠償，10．因果関係，11．立証の基準と責任，12．弁護側の権利，13．国家及び他の利害関係者，14．これらの諸原則の周知
C．その他の実体的及び手続的問題
　1．賠償の目的のための裁判部，2．規則の規則 97 に従った専門家，3．賠償手続への参加者，4．有罪判決を受けた者に対するまたは「被

---

[18] 被害者信託基金の"Programme Progress Report Summer 2012,"p. 42 によれば，2011 年の現金寄付総額は，過去最高の 3,246,151 ユーロであったが，2012 年 6 月 30 日時点での現金保有額は，3,220,000 ユーロ，他にユーロ口座 280,545.26 ユーロ，米ドル口座 19,897.66 ドルである。

害者信託基金を通じて」の賠償命令，5．その他の財政的な手段，6．賠償計画の実施と司法の役割

以上の検討を経て，本決定は，「IV．結論」と題して以下の判断を行っている（289項）。

以上の次第で，当裁判部は，

　a．規程75条(1)に従い，上記の賠償に関する原則を発し，

　b．賠償のための個人の請求を審査せず，書記局に対しこれまで受理したすべての個人の請求を被害者信託基金に送付するように指示し，

　c．規程64条(2)及び(3)(a)に従って必要とされる監視及び監督の機能（それぞれの地域で展開されるべきとされ，承認のために当裁判部に提示されるべき，集団的賠償の提案を考慮することを含む）を行使するために，賠償手続を保持したままとし，そして，

　d．その余は，任意寄付金を使用して財源づけられるべき賠償の執行に関して，被害者信託基金に対し特定の命令を発することはしない。

2　総論的な問題点

(1)　本決定の性格

前述したとおり，賠償に関する決定において裁判所がなすこととされている行為は，①義務的な賠償原則の確立（75条(1)第1文）と，裁量的な，②損害等の決定（75条(1)第2文），③有罪の判決を受けた者に対する賠償命令（75条(2)第1文）及び④信託基金を通じた賠償命令（75条(2)第2文）である。

これらの中で，本決定はいずれに該当するものとして決定を行ったのか，その決定の性格は直ちに明らかではない。本決定は，依拠する条文として規程75条(1)第1文のみを引用し（176項），「この決定において，当公判裁判部は，賠償とその執行のために採られるべきアプローチに関して一定の原則を確立した」（181項）と述べている。このことから本決定は，①義務的な賠償原則の確立についてのみ判断していると解することもできる。そうであるとすると，本決定は，被害者にとって実際上重要な，損害等の決定（②）や賠償命令（③④）といった行為は行わなかったことになる。本決定は，なぜその射程を賠償原則の確立に限定したのかについて，それを直接説明する理由は述べていない。しかし，その序文で，ICC規程における賠償の主要な2つ

の目的は，犯罪の責任者に害悪を修復させることと影響を受けた個人や地域社会を救済することであり（179項），そのために「規程及び規則において提供された賠償は，広範かつ柔軟な方法で適用されるべきもの」であることや，「裁判所は真に柔軟な手段を持つべき」であること（180項）を述べている。このような記述から推測されるのは，本決定は，本件の犯罪によって影響を受ける多数の被害者や地域社会に対して柔軟な救済を与えるために，裁判部の能力を超えた個々の損害の決定や賠償命令を含む作業を自ら行うことはせずに，原則の確立のみに自らの役割を限定したということである。

他方で，本決定は，実際には，賠償命令（③④）についても，賠償の諸原則に関する決定とは区別された「C．その他の実体的及び手続的問題」の「4．有罪判決を受けた者に対するまたは『被害者信託基金を通じて』の賠償命令」において，賠償命令に関する一定の判断をしていると思われるが，この点は後述する。

(2) 賠償における裁判部の役割

本決定がその射程を賠償原則の確立に限定する場合には，その原則に基づいた実際の賠償はどのように行なわれるのかという問題が残ることになる。

前述したように，そもそも賠償に関する決定を裁判所（Court）の中のいずれの機関が行うのかを規程は明示していない。しかし本決定は，その点をなんら問題にすることなく，また，当事者等によって問題とされることもなく，有罪判決を行った公判裁判部として賠償原則の確立の決定を行った。さらに，規程75条(2)の賠償命令についても，本決定は，C項の「1．賠償の目的のための裁判部」の項で，賠償命令の手続の監視や監督は「司法の責任及び機能に属する」として（260項），実際には公判裁判部が行うべきことを前提としている（261項）。他方で，本決定は，この事件における賠償は，公判裁判部の監視と監督を受けながら，「主として被害者信託基金によって処理される」と判断した（261項）。結局のところ，損害等の決定と賠償命令などの執行は，本決定によれば，公判裁判部の監視と監督はありながらも，実際には被害者信託基金に委ねられることになる（266項）。

もちろんICCでの賠償の査定には，多数の被害者の存在が予測され，裁判部が逐一個々の被害者の損害等の審査を行うことは実際的なものとは考え

られない。そのため，規則97.2は，裁判所が損害等の範囲や程度を決定することを補助し，また賠償の適切な形態についての選択肢を提案させるために，裁判所が適切な専門家を指名することを認めている。しかし本決定は，C項の「2．規則の規則97に従った専門家」の項で，専門家を指名する自らの権限を解除して，その指名権限と作業の監督を被害者信託基金に委ねている（265項）。そして，複数分野の専門家が，a）害悪の査定，b）本件犯罪が家族や地域社会に与えた影響，c）適切な賠償形態の特定，d）賠償が与えられるべき個人，団体，集団や地域社会の確定，そしてe）財源の評価の作業を補助することを，本決定は勧告している（263項）。

　このように賠償手続やその前提となる損害等の決定を，公判裁判部が被害者信託基金に委ねてしまうことができるかは，ICC規程からは明らかではない。この点，規程75条(2)第2文の「信託基金を通じて賠償の裁定額の支払いを命ずることができる。」という裁判所の裁量権の中には，損害等の決定も含めて賠償手続を信託基金に委ねることを可能にしていると解釈することは可能である[19]。実際に信託基金規則は，裁判所の命令を受けて「裁定額の性格及びまたは規模を決定する」作業を行うことを前提とする定めを持っている（基規55）。

　損害等の決定と賠償命令などの執行が被害者信託基金に委ねられた場合，公判裁判部は，「監視や監督」のために具体的に何を行うことになるのか。その点は，本決定の各所に触れられているが，まず「結論」(c)部分に記載されているように，被害者信託基金により提出される集団的賠償の提案を最終的に承認することがある（289項）。次に，「被害者信託基金の作業や決定から発生する争いとなる問題点を解決する」ことがある（262項，286項）。しかし，公判裁判部は，それ以外には，被害者信託基金に対して，賠償の執行に関する指示や命令は行わないとされる（287項，289項「結論」(d)）。以上のとおり本決定は，公判裁判部の役割を，争いが生じた場合の解決と最終的承認という極めて消極的かつ限定的なものとした。

　さらに留意すべきは，そのような「監視や監督」は，有罪判決を行った当該公判裁判部において行われるわけではないということである。本決定は，

19　Dwertmann（注13）p.64.

当該公判裁判部がそのまま手続を保持している必要性はないとし，被害者信託基金に対する「監視や監督」は，「新たに組織される裁判部」で行われるとした（261項, 286項）。このような判断が行われた理由は，本決定では明示されていない。しかし，賠償に関する規定が公判の項におかれ，その権限に有罪判決を受けた者に対する賠償命令も含むことから，賠償命令に関わる裁判部は，刑事裁判を担当した公判裁判部であることが適切である。前述したように賠償原則の確立に関する公判裁判部の裁量権は広範なものではあるが，いまだ現実に組織されていない裁判部に賠償原則の「監視や監督」を委ねてしまうことは，妥当なものとは思われない。

(3) 本決定の限定的性格

本決定は，それが「賠償に関する一定の諸原則及びその実施のために取られるべき方法を確立」するものであるとしながら，それらは，「現在の事件の状況に限定されたものである」とし，さらに「この決定は，他の事件の被害者の賠償に対する権利に，ICCにおいて，あるいは国内，地域的または他の国際機関を問わず，影響を与えることを意図されたものではない。」（181項）として，その効力においても本決定の役割を限定している。

本決定が，たとえ賠償原則を確立するものであっても，ICCでの他の事件に影響を与えるものではないとする点は，個々の事件に対する公判裁判部の役割を考えれば奇異なものではない。前述のように規程75条はICCのいずれの機関が賠償原則を確立すべきかを明言しておらず，またその原則がすべての事件に適用されるべき一般的なものか，個々の事件限りのものであるかについても明言していない。それゆえ本決定のように，原則の確立を刑事事件を担当した公判裁判部が行うこととし，公判裁判部ごとに異なり矛盾する原則が採用される場合には，上訴裁判部で判断を統一することによって妥当な原則が確立してゆくという考え方も可能である[20]。しかし，個々の事件を審理する公判裁判部が，他の事件にも通用性のある原則を包括的に確立することは可能なのか，また，上訴裁判部も判断が個々の事件に拘束される以上，包括的原則確立の困難性は公判裁判部と同じではないかという問題も残る。

---

20 Dwertmann（注13）pp.47-48.

他方で，本決定が「国内，地域的又は他の国際機関」にも影響を与えないとする点は，さらなる検討が必要である。確かに規程75条(6)は，ICCの賠償制度が「国内法又は国際法に基づく被害者の権利を害するものと解してはならない。」と規定し，ICCの決定によって被害者の権利が制限されるものではないことを明らかにしている。またこのことは，ICC規程が「現行の又は発展する国際法の規則」を制限したり排除するものではないという規定（10条）によっても裏づけられている。その意味でICCの規程や決定が，被害者の権利に消極的な影響力を与えることは当然に否定されている。しかし，反対に積極的な影響力についてはどうだろうか。裁判所が行う賠償原則の確立（①）や損害等の決定（②）は，それが行われても執行する手段や機関がなければ，被害者の救済にはつながらないし，その執行のために規定されている賠償命令（③④）は，あくまで裁量的な手段であって裁判所が賠償命令を行わない場合には被害者に対する実際の救済手段は取られないことになる。そのため研究者は，起草過程の議論などを根拠に，ICCの裁判所が決定した原則や損害等の決定について，ICCの賠償命令以外に，国内裁判所や各国政府の決定によって実施されること[21]，あるいは国家賠償委員会など国内・国際機関とICCとの間の調整手段の法的基礎として利用されること[22]，などの役割を想定してきた。本決定は，そのような積極的な影響力すら否定するかのように読むことができるが，その趣旨や理由を説明していない。また，この点については，手続への参加者から特段の主張も存在しない。

　そのためなぜ本決定が，「国内，地域的又は他の国際機関」への影響を一切否定しようとしたのかは推測するしかない。後述するように本決定は，賠償に利用すべき資金の不十分さなどの理由から個人への賠償を採用せず，集団的賠償を中心に賠償の原則を設定している。そのため，賠償の水準としては甚だしく不十分なものとなることから，それに規範的な性格を消極的にせよ積極的にせよ認めること，それが与える実際上の悪影響を防止しようとしたのではないだろうか。そうであるとすると，本決定のこの部分における影

21　Schabas, W. A., "An Introduction to the International Criminal Court: Fourth Edition," (2011) pp.361-362. Dwertmann（注13）pp.64-65.

22　Donat-Cattin（注13）p.1403.

第7章　国際刑事裁判所における最初の賠償に関する決定

響力限定の判断には，この事件の特殊性によるものとして，あまり先例的価値を認めることはできないだろう。

なお，逆に国内・国際を問わず他の機関によってなされた決定のICCにおける賠償への影響についても，本決定は別の項で触れている（201項）。それによれば，それらの機関の決定は，ICCにおける賠償を受け取る被害者の権利に影響するものではないが，裁判所は，「被害者が他の機関から受領した賠償金を，賠償が不公正または差別的な方法で適用されないことを保障するために考慮に入れることができる」としている。この点に関して，ICCの基本原則である補完性の原則（1条）がICCの賠償手続にも適用されるのか，例えば国内機関が賠償を行う意思や能力を持つ場合には被害者の賠償請求を受理しないことになるのか（17条参照），といった点が従来問題とされてきた[23]。しかし，本決定は補完性の原則の適用をなんら問題とすることなく，国内機関の判断が影響を及ぼすことを原則として否定しながら，公正や非差別の観点からの考慮を許容するという柔軟な立場を示している。

3　法と賠償原則

(1)　国際人権文書への依拠

本決定は，その判断を行うに際し，規程21条に従い，規程以下のICC法規を適用し，「適当な場合には，適用される条約並びに国際法の原則及び規則」を考慮し，そして賠償の執行は国際的に認められる人権及び非差別原則に適合すべきものとする（182-4項）。また，同条で規定されているわけではないが，裁判所規定（裁規），書記局規定（書規）及び被害者信託基金規則（基規）をも考慮するとしている（182項）。

本決定において注目すべきなのは，賠償の権利は，確立した基本的権利であるという認識のもとに，世界的または地域的人権条約や国際的文書をしばしば引用していることである（185項）。そのような国際的文書としては，先に述べた1985年宣言及び2005年基本原則に加えて，子ども兵士や少女の保護に関する各種の国際文書があり[24]，地域人権裁判所の先例や各国内や国際的に発展してきた制度と実務を参照している（185-6項）。実際にICCにお

---

[23] Donat-Cattin（注13）p.1410. Dwertmann（注13）p.49.

いては，規程のみならず規則以下の下位法規においても「賠償に関する原則」の内容については何ら触れられていない。そのため，その原則の内容は，「原状回復，補償及びリハビリテーションを含む」(75条(1))ことや，裁判所が義務として拘束される「国際的に認められる人権に適合」することや非差別原則（21条(3)）を除けば，原則を確立する裁判所，実際には公判裁判部の裁量に委ねられると解釈されてきた[25]。そのようなもとで，賠償原則の内容が国際人権法の文書や先例に依拠すべきことは，参加者からも広く主張され（21, 23項），本決定の採用するところともなった。

本決定が「B．賠償の諸原則」において認定した賠償原則を，以下，いくつかの主題に分類して検討する。

(2) 賠償の一般的原則あるいは考慮要素

本決定の賠償原則の冒頭には「2．尊厳，非差別及び非汚名押付け（non-stigmatisation）」として，被害者の取扱いにおける一般的原則と思われる記載がなされている。

このうち非差別原則は，規程の解釈原則として掲げられた事由による差別の禁止を示す以上に（191項），公判手続に参加した被害者であるかどうかによる区別を排除するものとして用いられている（187-8項）[26]。尊厳について本決定は，2005年基本原則（第10原則）に依拠し，被害者の尊厳と人権を

---

24 司法ガイドライン：Guidelines on Justice in Matters involving Child Victims and Witnesses of Crime, United Nations Economic and Social Council, Resolution 2005/20, 22 July 2005, ナイロビ宣言：Nairobi Declaration on Women's and Girls'Right to a Remedy and Reparation, adopted at the International Meeting on Women's and Girls'Right to a Remedy and Reparation, held in Nairobi from 19 to 21 March 2007, ケープタウン諸原則：Cape Town Principles and Best Practices, Adopted at the Symposium on the Prevention of Recruitment of Children into the Armed Forces and on Demobilization and Social Reintegration of Child Soldiers in Africa, Cape Town, UNICEF, 27-30 April 1997, パリ諸原則：Paris Principles and Guidelines on Children Associated with Armed Forces and Armed Groups, UNICEF, February 2007.

25 Dwertmann（注13）p.50.

26 公判手続に参加した被害者を優先すべきかどうかについては，被害者法的代理人は手続に参加した被害者が優先されるべきであると主張し（68-69項），弁護側は賠償の対象は認定された犯罪事実の期間の被害者で，賠償申請手続をした被害者に限られるべきであると主張していた（77項）。

尊重した取扱いとその安全を保障する措置の実施を命じている（190項）。非汚名押付けについて本決定が述べているのは，パリ諸原則（注24）（原則3.3）に依拠して，被害者がその家族や地域社会によって，さらなる汚名押付けや差別を防止すべきことである（192項）。

その他にも本決定は，2005年基本原則（第11，12，14原則）に依拠し，被害者が手続を通じて公正かつ平等な取扱いを受けるべきこと（188項），被害者の属性を考慮してその必要なものが考慮されるべきこと（189項），ナイロビ宣言（注24）（3項）に依拠して犯罪の温床となった差別的な慣行や構造の再生産を防止すべきこと（192項），さらには賠償が有罪を受けた者，被害者そして影響を受けた地域共同体の間での和解を確保すべきこと（193項），を指摘している。特に最後の点に関して本決定は，その脚注（361）で，検察官による訴追事実が特定の民族集団のみに関係し，必ずしも紛争によって被害を受けた人々を代弁しているわけではないことの問題点を指摘している。

以上の記述は，しかし，一般原則というには，必ずしも想定される問題をすべて網羅したものではなく，また，体系的に整理されたものでもないという印象を受ける。それゆえ，いくつかの一般的な考慮要素を列挙したものとして考えるのが適切だろう。

(3) 賠償の受益者

ICCにおける被害者については，規程75条には「被害者に対する又は被害者に係る」との記載しかないが，その後規則85に定義規定がおかれている。その定義によれば，被害者とは，まず「裁判所の管轄権の範囲内の犯罪の実行の結果として害悪を被った自然人」（規則85(a)）であり，さらに，自然人以外の場合でも，一定の目的のために存在する財産などに「直接の害悪を被った組織や機関」も被害者に含められている（規則85(b)）。ここでの自然人の被害者の範囲については，規程の被害者に「係る」（in respect to）という文言をどう解釈すべきか，また，直接の被害者だけではなく，間接の被害者や被害者の家族を含むのかといった点をめぐって議論が存在してきた[27]。

この点について，ICCの上訴裁判部は，これまで被害者の参加に関する決

---

27 Dwertmann（注13）pp.85-86, 112-113.

定において，自然人の被害者には直接のみならず間接的な被害者も含まれることを明らかにしてきた[28]。また規程は，被害者信託基金が，「被害者及びその家族のために」設置されるものとしている（79条(1)）。他方で，2005年基本原則は，被害者について「個人的にまたは集団的に害悪を被った者」，そして適切な場合には「直接の被害者の直系の家族や被扶養者，及び苦境にある被害者を補助または被害化を防止するために介入する中で害悪を被った者を含む」としている（第8原則）。いずれにしてもICCの従来の決定や国際人権法の文書は，被害者の範囲を限定的には解釈してこなかった。

　本決定は，「3. 賠償の受益者」と題する項で上記の上訴裁判部の決定などに依拠しながら，「規則85に従い，賠償は，直接の被害者の家族構成員を含む直接及び間接の被害者（下記参照），審理されている一つまたはそれ以上の犯罪の実行を防止しようとした者，そして公判手続に参加したかどうかにかかわらず，これらの犯罪の結果として個人的な害悪を被った者に与えられることができる。」と判断した（194項）。

　ここで「間接の被害者」に含まれるかどうかについて，本決定は，直接の被害者との間で緊密な人的関係（例えば子ども兵士にとってはその両親との間に存する関係など）の有無を判断すべきであるとする（195項）。そして，家族の範囲の判断においては，文化の相違に応じた社会的，家族的な構造，あるいは個人が配偶者や子によって相続されるという推定を考慮すべきものとする（195項）。しかし，この判断によっては，賠償の対象となる人的範囲を確定するために直ちに適用できる基準を見いだすのは困難であろう。

　また，「審理されている一つまたはそれ以上の犯罪の実行を防止しようとした者」（194項）という記述は，別の箇所の「直接の被害者を助け，介入した際に害悪を受けた者が間接の被害者に含まれうる」（196項）といった記述とあわせ，明らかに前述の2005年基本原則の「被害者を補助または被害化を防止するために介入する中で害悪を被った者を含む」（第8原則）を反映

---

[28] 「決定すべき争点は，被った害悪が当該個人にとって個人的（personal）なものであるかどうかである。もしそうであれば，直接及び間接の被害者に認められる。」Appeals Chamber, Judgment on the appeals of The Prosecutor and The Defence against Trial Chamber I's Decision on Victims' Participation of 18 January 2008, ICC-01/04-01/06-1432, 11 July 2008 paras. 1, 32. 本書第6章参照。

したものと思われる。しかし，それを断片的に記述するにとどまっているため，実際の適用のために有用と思われる基準は提供されていない。

被害者は公判手続に参加したかどうか問わないという記述は，すでに検討した非差別原則（187-8項）の中で触れられているところであり，それ以上の意味は加えられていない。

本決定は，また，自然人以外の法人（legal entities）（規則85(b)）についても，含まれる団体の種類を数多く列挙しているが（197項），特に範囲を限定する基準を提供していない。さらに本決定は，自然人や組織・機関の身分の認証方法について述べているが，自然人については身分確認文書の他に2名の証人の供述書でもよい，組織・機関については信用性のある文書とする（198-9項）。そして本決定は，被害者の中でも，傷つきやすい状況にある被害者や緊急の援助が必要な被害者（性暴力や心的外傷を持つ被害者など）に優先が与えられるべきことや，アクセスのための積極的措置が取られるべきであると述べる（200項）。

本決定は，「5．性暴力の被害者」及び「6．子ども被害者」の項で，特定の集団の取扱いについて言及している。ここで述べられているのは，「性的及びジェンダーによる暴力」の被害者には，その被害に特有な問題点への配慮やアプローチが採られるべきことや被害者の参加が確保されるべきことなどである（207-9項）。子どもの被害者についても，特有の問題点が考慮されるべきこと，子どもの権利条約に導かれるべきこと，賠償が被害者の人格・能力形成に資すべきこと，両親・文化的帰属意識・言語についての敬意を発展させること，手続が周知され被害者の見解が考慮されるべきこと，社会復帰を促進すべきことなどが述べられている（210-6項）。しかし，これらの言及は，必ずしも整理されておらず，一般的な記述と具体的にすぎる記述が混在し，また問題に特有な考慮や措置を包括的に提示したものとは考えられない。ここで言及された内容は，実際に賠償の原則として機能できるかは疑わしい。

(4)　賠償の内容

賠償原則に含まれるべき賠償の内容について，規程は，「原状回復，補償及びリハビリテーションの提供を含む」（規程75条(1)）としか規定していな

い。そのためどのような内容の賠償をどのような形で行うべきかは，規則以下の下位法規を参照するにしても，その多くが解釈によって導き出されざるを得ない。

　本決定は，まず，「7．賠償の射程」の項で，個人の被害者と被害者の集団，並びに個別的賠償と集団的賠償を論じている。すなわち，規則が個人を基礎とした賠償だけでなく集団を基礎とした賠償を許容していることや（規則97(1)），国際人権法を参照する中で，賠償は個別的賠償と集団的賠償のいずれによっても，または同時になされるべきことを述べている（217項，220項）。特に，この事件の被害者の数が不確定であることや賠償請求した被害者がその一部でしかないことから，「裁判所は現時点で特定されていない被害者に賠償が届くことを確保する集団的アプローチが存在することを確保すべきである」とし（219項），集団的アプローチの例として医療サービス，またリハビリテーション，住宅，教育，訓練に関する援助などの例をあげている（221項）。賠償に集団的アプローチが存在しうることは，特に異論のあるところではない。しかし，本決定において賠償の内容としてまず集団的賠償が強調されたのは，後に賠償命令に関して議論されるように，非常に限定された財源と被害者の数の膨大さという背景に強く影響されていると考えられる。また，この項では，賠償が非差別的かつジェンダー包摂的になされるべきことにも触れられているが（218項），この点は前述の一般原則の部分で述べられるべき内容である。

　本決定は，続いて「8．賠償の形態」の項で，具体的な賠償の方法を，原状回復，補償，リハビリテーション，その他の賠償形態の項に分けて検討している。原状回復に関する記述は，その一般的意味，元子ども兵士の場合の困難さ，法人の場合の適切さを述べるが，特に適用基準として意味のある内容はない（223-5項）。補償の内容については，2005年基本原則に依拠して，補償が適切とされる場合（経済的害悪の算定可能性，適切性と比例性，財源の利用可能性）（227項），補償の対象（身体的害悪，道徳的・非物的損害，物的損害，機会の喪失，諸費用，ただしそれにつきるものではない）（229項，230項）などを明らかにしている。ただし補償の場合には，ジェンダー及び年齢上の影響や，被害者の子どもやその家族や地域社会にとって適切かどうかを考慮すべきだという慎重な姿勢を見せている（231項）。リハビリテーションにお

いては，まず非差別原則とジェンダー包摂的アプローチによるべきことが述べられているが（232項），それらの原則が必要なのは他の措置でも同じであろう。具体的な内容については，米州人権裁判所の複数の判例に依拠して，医療サービス，ヘルスケア，悲嘆やトラウマに苦しむ者への心理学的・精神学的・社会的援助，法的・社会的サービスを含むとしている（233項）。特に子どもの被害者の場合には，教育や職業訓練，そして安定した雇用機会の提供などを含む社会的統合の促進措置（234項），感じるであろう恥辱やさらなる被害者化の防止（235項），地域共同体の関与（236項）などが含められるべきであるとされる。しかし，必要なリハビリテーションの措置は多様であり，本決定によってその中の一部の措置を列挙することに，賠償原則としてどれほどの意味があるかは疑問なしとしない。さらにその他の賠償形態として，本決定は，有罪判決と量刑自体（237項），有罪判決の公表と抑止効果（238項），啓発と紛争予防（239，240項），ルバンガ被告自身による任意の謝罪（241項）などに言及している。

「9．比例的かつ十分な賠償」の項で本決定は，被害者が受けるべき賠償の内容についていくつかの原則を述べている。すなわち，そのような賠償は，適切かつ速やかになされること（242項），非差別的かつジェンダー包摂的な方法で被った害悪等に比例してなされること（243項），被害者とその家族や地域共同体との和解を目的とすること（244項），可能な限り地域の文化や慣行を反映すること（245項），金銭賠償の場合には分割払いにするなど相当期間にわたって持続可能なプログラムであること（246項）などである。このような原則は，後の具体的な賠償計画の策定に際して有用なものと考えられるが，逆に抽象的かつ簡潔すぎるため，実際の賠償計画にはあまり意味を持たないかも知れない。

(5) 賠償手続における諸原則

本決定は，賠償に関する決定や計画策定における賠償手続上の諸原則にも言及している。そのような項目としては，「4．アクセス可能性及び被害者との協議」，「10．因果関係」，「11．立証の基準と責任」，「12．弁護側の権利」，「13．国家及び他の利害関係者」，「14．これらの諸原則の周知」がある。

賠償に関する決定においては，裁判所が損害，損失及び傷害の範囲及び程

度を決定することができる（75条(1)第2文，規則97）とされているが，その決定の基準について詳細な規定はなく，裁判所が確立する諸原則に基づいてなされるものとされる。

　本決定では，「10. 因果関係」において，まず，損害，損失及び傷害は本件で審理された犯罪から結果したものでなければならないとする一方で，犯罪とそれらの害悪との間に因果関係（causal link）を認定する要件については，規程や規則に定義はなく，あるいは国際法においても確立した見解がないことを前提とする（248項）。そして本決定は，直接性や即時的効果といった概念を排し，「直近の原因」（proximate cause）という基準を採用するが（249項），その理由やその基準の具体的な内容については述べていない。他方で，その認定のためには被害者と有罪判決を受けた者との間の多様な権利・利益が衡量されるべきことや，最低限としての条件関係（"but/for"relationship）が必要とされることを述べている（250項）。しかし，実際には害悪の発生に有罪判決を受けた者以外の者が複数人関わる場合など[29]，因果関係の認定には少なからぬ問題が想定される。本決定が示すのは「直近の原因」という抽象的な概念にすぎないが，内容の具体化のためには多くの事例判断を待たなければならないのかもしれない。

　次に本決定は，「11. 立証の基準と責任」において，賠償手続においては，刑事責任の認定とは異なり，より緩やかな基準，具体的には有罪を受けた者に対する賠償命令の場合には「蓋然性の優劣」（balance of probabilities）の基準が十分かつ均衡のとれたものであると判断した（251, 253項）。「蓋然性の優劣」の基準は，同裁判部の刑の量定の決定において弁護側が行う減軽事由の立証基準として採用されたものであるが[30]，本決定はさらにそれは，「証明の優越」（preponderance of proof）[31]と同じものであるとする。他方で，賠償が被害者信託基金やその他の財源から行われる場合には，犯罪の拡張的・組織的な性格や被害者の数を考慮し，全般的に柔軟なアプローチが妥当だとしながら，具体的な基準は提示しなかった（254項）。本決定がこのような基準

29　Dwertmann（注13）p. 187以下。
30　Decision（注9）paras. 33-34.
31　一般に用いられるのは，「証拠の優越」（preponderance of evidence）であり，民事訴訟において用いられる立証基準である。

第 7 章　国際刑事裁判所における最初の賠償に関する決定

を導く際に考慮したのは，被害者の証拠収集における一般的な困難さについての理解である（252 項）[32]。賠償の立証基準については，公判裁判部が公判の際に賠償決定の目的で証人や証拠を調べることができる（裁規 56）とする以外に，ICC の法規に定めはない[33]。他方で被害者信託基金においては，裁判所の命令に従うことを前提としながらも，柔軟な立証基準を用いることを定めている[34]。そのようなもとで，賠償決定においても刑事責任の認定の際の「合理的な疑いを超えた」証明（66 条(3)）を適用することへの疑問は広く提起されてきており[35]，本事件においては弁護側も「蓋然性の優劣」の基準を適用すべきだと主張していた（101 項）。それゆえ，本決定が立証基準について，③有罪の判決を受けた者に対する賠償命令において，「蓋然性の優劣」の基準を採用したことは妥当なところである。他方で，④信託基金を通じた賠償命令においては，具体的な証明基準を示すことのないまま，その認定を被害者信託基金に委ねていることは，賠償に関する原則を確立すべき司法権の役割を放棄していると言わざるを得ないし，実際に被害者信託基金での認定に異議が出された場合には，公判裁判部はあらためて基準の確立に迫られることになるだろう。

「12．弁護側の権利」について本決定は，賠償の諸原則はなんら有罪の判決を受けた者の公正かつ公平な裁判を害したり矛盾するものではないとして（255 項），それ以上の検討を加えていない。この点について，弁護側は，犯罪によって害悪を被ったと主張する被害者について，身元・主張・証拠の開示や調査などその主張を争う機会の必要性を主張していたが（124 項），本決定はその点についてはなんら触れていない。本決定は，「検察側と弁護側も

32　Jorda, C. and Hemptinne, J. D., 'The Status and Role of the Victim,' in Cassese, A., Gaeta, P., Jones, J. R. W. D. eds., "The Rome Statute of The International Criminal Court," (2002), pp.1401-1402. Donat-Cattin（注 13）p.1411. Dwertmann（注 13）pp.226-227.

33　Pre-Trial Chamber I, Decision sur les demandes de participation a la procedure de VPRS 1, VPRS 2, VPRS 3, VPRS 4, VPRS 5et VPRS 6, ICC-01/04-101, 17 January 2006, para. 97. 同決定は，そのように述べながら，事態に参加を認める被害者の判断の際には，逮捕や犯罪事実の確認で用いられるよりより軽度な「信ずるに足りる理由」（grounds to believe）で足りるものとしていた（para. 98）。

34　基規 62, 63 など。Dwertmann（注 13）pp.230-231.

35　Dwertmann（注 13）pp.228-229.

また賠償手続の当事者である」（267項）と述べる一方で，今後の賠償に関する決定や命令の手続に弁護側がどのように関与できるのかを明らかにしていない。

その他に本決定は，「4．アクセス可能性及び被害者との協議」と「14．これらの諸原則の周知」，の項において，被害者には賠償手続を通じて参加する機会とそれを実効的にするための支援を受けるべきこと，十分なアウトリーチ活動を行うべきこと，被害者の意思を尊重し協議すべきこと（202-6項），すべての被害者が参加できるように裁判所書記が諸原則の広報を行うべきこと（258-9項）を述べている。また「13．国家及び他の利害関係者」の項において本決定は，ICC規程のもとでの締約国の協力義務や妨げない義務が存在することや，ICCの賠償命令によって国家の賠償に関する責任が妨げられないことを指摘するが（256-7項），ICC規程から当然に導かれる以上の原則は提示していない。この点で，本決定はさらにC項の「3．賠償手続への参加者」の項で，すでに手続に参加している被害者及び最終的に利益を受けるより広い被害者集団が，代理人を通じて意見と懸念を表明するためのもっとも適切な方法の決定を，書記局に委ねている（268項）。

(6) 本決定の提示する賠償原則に対する若干の評価

以上にみてきたように，本決定が確立した賠償に関する諸原則は，一般原則や考慮要素に関する部分は，その内容に特に問題があるわけではないが，必ずしもすべての領域を包摂した包括的なものではなく，体系的にも整理されていない。賠償の受益者について，それを限定的には解釈しない方向は，これまでのICCの先例と方向を同じくするものであるが，その限界を画する基準は提示されておらず，受益者とそうでない者を区別する作業においては有効な原則となっているかは疑問である。また，賠償の内容についても，その内容はICCの諸法規や被害者の権利に関する各種の国際文書で述べられてきた内容の一部を列挙する以上に，本事件で実際に想定される諸問題に方向性や指針を提示しているかは疑問である。唯一明確な基準を示したものとしては，賠償手続における因果関係や立証基準を一応明らかにしたことがあるが，因果関係についての「直近の原因」のもとで容易に想定される諸問題への具体的な指針は示されていない。また，立証基準についても，後述す

第7章　国際刑事裁判所における最初の賠償に関する決定

るように結局のところ有罪判決を受けた者に対する賠償命令は行われず，行われるのは被害者信託基金を通じた賠償命令であるところ，前者については立証基準を明示するが後者についてはそれを行わないといったちぐはぐな認定となっている。こうした問題点を考えれば，本決定が確立した賠償に関する諸原則は，被害者信託基金に委ねられることになった賠償手続において実用的な指針とはならないのではないかと思われる。

4　賠償命令と賠償実施の手続

以上の賠償原則に加えて，本決定は，「C．その他の実体的及び手続的問題」と題する項で，種々の問題について判断している。このうち「1．賠償の目的のための裁判部」及び「2．規則の規則97に従った専門家」の項は，すでに検討したように，賠償の処理を実際には被害者信託基金に委ね，さらには同基金に専門家を選任させて専門家チームに実際の作業を行わせることを勧告することによって，公判裁判部の役割を著しく限定する内容となっている。

(1)　賠償手続への参加者

本決定は，「3．賠償手続への参加者」の項で，「賠償手続」においては，裁判所は検察側や弁護側と並んで，この時点では被害者に重大な関心を持つとし（267項），現時点での参加被害者及び賠償計画の受益者となるより広範な受益集団にとって最適の参加方法を決定するのは書記局であるとする（268項）。

本決定が確定した後に，被害者信託基金においてなされることになる賠償の決定手続に誰がどのような形で参加することになるのかは重要な問題である。しかし本決定は，本決定に至る一般的な「賠償手続」以上に，賠償命令手続において，どの段階に，どの当事者が，どのような形で参加できるのかはそれ以上には明確にしていない。被害者の参加方法も特に指針を示すことなく，その決定を書記局に委ねてしまっている。そのため本決定から，今後の賠償命令手続がどのように行われるのかを予測することは困難である。

(2) 本件における賠償命令

ICC の賠償制度の鍵となる機能であると評されることがある賠償命令[36]について，本決定が，直接に触れているのは，「4．有罪判決を受けた者に対するまたは『被害者信託基金を通じて』の賠償命令」の項のみである。

特に有罪判決を受けた者に対する賠償命令（75条(2)第1文）について，本決定は，ルバンガ氏が貧窮しており賠償に利用すべき資産や財産を持たないと判断されていること[37]を理由に非金銭的賠償のみが可能であるとし，実際には本人の同意に基づく個人的謝罪などの象徴的賠償のみが可能であるが，それらは裁判所の賠償命令の一部にはならないとして（269項），賠償命令を行わなかった。このように本決定は，有罪判決を受けた者に資産がないことのみを以って賠償命令はできないとしたのであるが，弁償能力の有無が直ちに賠償命令の否定につながるべきかどうかには問題がある[38]。弁償能力にかかわらず賠償命令を行うことは，被害者の道徳的満足のためには有効かもしれないし，将来，有罪判決を受けた者の隠し資産が発覚したり，弁償能力を獲得する事態を考えれば実際的には意味がある。他方で，実際に確保された資産のないまま有罪判決を受けた者に賠償命令がなされることは，執行できない賠償命令だけが残ることになり，被害者の満足からはかえってかけ離れる事態となる可能性もある。そのような問題の両面性を考えれば，賠償命令時点で被害者に弁償能力がないことを直ちに賠償命令の不発動に結びつけるのではなく，有罪判決を受けた者による資金供出を促進するような，より柔軟な命令内容が検討されるべきであろう[39]。

本決定は，有罪判決を受けた者に対する賠償命令を否定する一方で，『被

36　Dwertmann（注13）p.67.

37　Decision（注9）para. 106. 同決定は，刑としての罰金の賦課について，詳しい調査にもかかわらずルバンガ氏の資金は特定できなかったとして，罰金の賦課を不適当と判断した。

38　Dwertmann（注13）pp.183-187.

39　例えば，賠償命令の執行は，有罪判決を受けた者に対して被害者信託基金に支払うように命令することができるのであるから（規則98(2)(3)，基規59-68），執行の管理を同基金に委ねることにより実際上の不都合を減少させることができる。また，一定の賠償額の支払を命じる一方で，その一部を一定の期限まで自らあるいは他の協力を受けて支払う場合には，残額を免除するといった内容によって有罪判決を受けた者の任意の支払のインセンティブを与えるなどの方法も考えられる。

第 7 章　国際刑事裁判所における最初の賠償に関する決定

害者信託基金を通じて』の賠償命令（規程 75 条(2)第 2 文）については，いくつかの判断を行っている（270- 5 項）。すなわち，この賠償命令において，裁判所は信託基金の管理上・財政上の資源を利用することができ（270 項），賠償金には有罪判決を受けた者の資産にかかわらず同基金自身の財源を充てることができ（271-2 項），また同基金は，利用可能な資金の限度でかつその被害者支援業務を害さない限度ではあるが，賠償金の補塡を行うということである（272 項，基規 56 参照）。これらの判断は，信託基金の設置目的や同基金に関する ICC の法規に照らせば特に異論のあるところではない。ここで信託基金自身の財源，あるいは信託基金による補塡という形で具体的に想定されているのは，同基金に対してなされてきた任意の寄付金であるが（基規 21(a)），有罪判決を受けた者からの資金獲得が存在しない本件では，信託基金にある任意の寄付金が実際上は賠償のために用いるべき唯一の資金となる。そして本決定は，そのような資金を用いての賠償は，個人としての賠償金よりも，集団的賠償の方法で行われるか組織に対して行われるべきだとする信託基金の提案を受け入れた（274 項）。そのような資金は限られたものであることや煩雑な確認手続を避けることができるというのが，その理由である。こうした理由は，本決定の他の部分でも，「この事件で利用可能な財源は非常に限られており，これらの財源は，被害者とその他の受取人の利益に最大限沿うように利用されることが確保されるべきである」（288 項）と繰り返されている。実際，前述のように賠償命令に用いることができる資産が 300 万ユーロ強しかない信託基金にとって，これから他の事件で引き続きなされるであろう賠償決定を考えれば，この事件の賠償で信託基金が利用できる財源は決して豊富なものではない。そうであれば，実際の賠償を個人ではなく集団，しかも実際には被害者の援助を担当する組織に対するものに限定しようとする本決定の結論はやむを得ないのかもしれない。しかし，そうであるとすれば，そのような賠償は，本決定も確認するすでにコンゴ民主共和国（DRC）国内で実施されているプログラム（275 項）とどのような違いがあるのか，そもそも本決定が各種の賠償原則を確立することに実際上の意味はあるのか，という疑問を持たざるを得ない。

　本決定は，最後に「5．その他の財政的な手段」の項で，没収等のための締約国の支援（276 項，規程 93 条(1)(k)参照），賠償の裁定を実施するための諸

国家及び DRC などの協力（277-8項），書記局や信託基金が各種の組織と協力手続を確立すべきこと（280項）などに言及しているが，一般的な指摘の域を出るものではない。

(3) 賠償の実施方法

本決定は，以上を踏まえて，「6．賠償計画の実施と司法の役割」の項で，実際の賠償手続を，基本的に被害者信託基金に委ねながら，書記局及び被害者公設代理人事務所（OPCV）の協力のもと，次の5段階で進めるべきものとする（281-2項）。

①賠償のプロセスに含まれるべき地域を決定する。
②決定された地域において，協議手続を開催する。
③その協議手続において，専門家を用いて害悪の査定を実施する。
④それぞれの地域において，公開討論会を開催して，賠償の諸原則と手続を説明し，被害者の期待に対処する。
⑤それぞれの地域で進めるべき集団的賠償に関する提案を収集し，裁判部に提出して承認を求める。

このようにして実際の害悪の査定や被害者や受益者の査定は，被害者信託基金が，各種資格の専門家チームを通じて行うこととされる一方，新たに構成された裁判部は定期的に報告を受け，生じた問題を裁定することになる（283-6項）。

これらは，実際には，被害者信託基金を通じた賠償命令の実施方法であると推測されるが，本決定はそのことを明示していない。また，実際の賠償命令は，被害者信託基金での査定と集団的賠償に関する提案と新たに設置された裁判部における承認によって具体化するものと考えられるが，その一連の手続の中で検察側，弁護側，そして被害者がどのような役割を果たすのかは，明らかではない。

(4) 若干の評価

本決定が「C．その他の実体的及び手続的問題」で述べる内容は，実際には賠償命令（③④）に関わる内容であると考えられる。しかし，前述したように本決定は，自らの性格を原則の確立に限定しており（181項），それとの

関係が明らかではない。そして，実際に賠償命令に踏み込む内容であるとすれば，有罪判決を受けた者の資産の不存在を理由にそれに対する賠償命令を認めないことの是非や，③有罪判決を受けた者に対する賠償命令は④被害者信託基金を通じた賠償命令の前提とはならないのかなど，議論されるべき点が少なからず存在する。また，賠償命令を実施するのであれば，検察側，弁護側，そして被害者が手続の中でどのように関与できるのかが明らかにされる必要がある。

V 上訴手続で明らかとなった問題点

本決定に対しては，まず，弁護側による上訴許可の申立がなされて[40]，第1公判裁判部はその一部の上訴事由について上訴を許可した[41]。さらにその上訴許可決定と相前後して，OPCV[42]，その他の被害者法的代理人[43]及び弁護側[44]から上訴がなされている。その上訴においては，以上において検討した本決定の問題点のいくつかが，顕在化することとなった。

第1の問題点は，本決定の性格をめぐる問題点であり，本決定が被害者のための賠償命令（75条(2)）を含むのかどうかという点である。その問題の前提として，ICC規程は，賠償に関する決定のうち「賠償の命令」に対しては，被害者法的代理人（LRV）・有罪判決を受けた者・影響を受ける善意の財産

40　Defence: Requete de la Defense sollicitant l'autorisation d'interjeter appel de la"Decision establishing the principles and procedures to be applied to reparation"rendue le 7 aout 2012, ICC-01/04-01/06-2905, 13 August 2012.

41　Trial Chamber I: Decision on the Defence Request for Leave to Appeal the Decision Establishing the Principles and Procedures to be Applied to Reparations, ICC-01/04-01/06-2911, 29 August 2012.

42　Office of Public Counsel for Victims and Legal Representatives of Victims: Appeal against Trial Chamber I's Decision establishing the principles and procedures to be applied to reparations of 7 August 2012, ICC-01/04-01/06-2909, 24 August 2012.

43　Legal Representatives of Victims: Acte d'appel contre la "Decision establishing the principles and procedures to be applied to reparation"du 7 aout 2012 de la Chambre de premiere instance I, ICC-01/04-01/06-2914, 03 September 2012.

44　Defence: Acte d'appel de la Defense de M. Thomas Lubanga a l'encontre de la "Decision establishing the principles and procedures to be applied to reparation" rendue par la Chambre de premiere instance I le 7 aout 2012, ICC-01/04-01/06-2917, 06 September 2012.

所有者に上訴の権利を認めているが（82条(4)），その他の賠償原則の確立や損害等の認定の決定（75条(1)）は上訴の対象とされていない。そのため「賠償の命令」以外の決定に対しては，一定の理由があると原審裁判部が認める許可上訴（規程82条(1)(d)）のみが上訴の手段となる。

本決定にははたして賠償命令であるのかどうか当事者の中にも疑義があったようで，本決定直後の8月10日に，第1公判裁判部は，Eメールで当事者に対し，本決定は規程82条(4)や規則150の意味での賠償命令を構成するものではないとの連絡を行った[45]。そのため弁護側は，急ぎ前述の上訴許可の申立を行った。しかし，OPCVは，第1公判裁判部の連絡にもかかわらず，本決定は規程82条(4)及び規則150の意味の「賠償の命令」に該当すると主張し，前述の上訴を行った。そして，その他の被害者法的代理人及び弁護側も同様の主張を前提に，引き続いて上訴を行うに至った。そのため，本決定が，賠償命令を含む決定であるのかどうかという性格づけが，上訴手続でも問題にされることになる。

第2に，これらの上訴においては，それぞれの当事者の立場から本決定の内容に関わる問題点が提起されている。

弁護側の提起する問題点は，次の7点である[46]。

1) 本決定が賠償の対象を公判に参加した被害者のみに限定しないとする点（187項）は，被害者の認定に一定の手続を要求する規程の枠組みに反する。
2) 「性的及びジェンダーによる暴力の被害者」（200項）が被害者の対象に含まれるような記載は，有罪判決を受けた者に対する賠償命令が有罪認定を受けた犯罪から生じた損害に対してなされるという原則に反する。
3) 被害者がいまだ回復されていない個人的害悪の存在を示すべきだと特定していないのは，賠償の一般原則に反している。
4) 「直近の原因」（proximate cause）という基準（249項）は，過度に曖昧である。

45　Decision（注41）paras. 3, 20. ちなみに規則150とは，有罪無罪の判決，量刑決定及び賠償命令に対する上訴は30日以内にしなければならないとする規定であり，他方で許可上訴にかかる上訴期間は5日間とされている（規則155）。

46　Decision（注41）paras. 9, 10.

5) 一定の司法的機能を被害者信託基金に委ね，また，その監督機能を別の裁判部に委ねる点は，規程に違反する。
6) 本決定が確立した賠償の手続は，有罪判決を受けた者の基本的な権利を侵害する。
7) 被害者信託基金または有罪判決を受けた者の資金以外の財源による賠償の裁定に関する関連事実の立証基準は，非司法機関が適用するにはあまりにも曖昧であって，弁護側の反論を許さない。
8) 規程93条(1)(k)は，「犯罪の収益，財産，資産及び道具」に限定しているのに，有罪判決を受けた者のすべての財産を特定，凍結することを締約国に求めている（277項）のは解釈の誤りである。

これらの諸点のうち，第1公判裁判部によって上訴が許可されたものは2），4），5），7）の争点のみであるが[47]，許可上訴の対象でないことになれば，すべての問題点が今後上訴裁判部によって審理されうることになる。

OPCVやその他のLRVが問題とするのは，次のような諸点である。
1) 本決定が個人の賠償請求をその内容を考慮することなく否定したのは法適用の誤りである。（OPCV，LRV）
2) 本決定が新たに構成される裁判部に賠償手続を委ねるのは法適用の誤りである。（OPCV）
3) 本決定が賠償の職責を被害者信託基金と書記局に委ねるのは法適用の誤りである。（OPCV）
4) 賠償は本来すべてが有罪判決を受けた者の責任であるのに，その責任を限定している。（LRV）
5) 本決定が賠償手続において弁護側と検察側が当事者として残るとする点は，法適用の誤りである。（LRV）[48]

以上の上訴に関わる問題点の多くは，すでに行った本決定の検討において触れた問題点であるが，実際に上訴裁判部において検討されることになる。

47　Decision（注41）para. 40.
48　この点，本決定は弁護側や検察側がその後の賠償手続にどのように関与できるのかについては明言していなかったが，上訴許可決定において，その後の手続においても弁護側は当事者であり続けることを確認していた。Decision（注47）para. 37.

VI まとめ

　ICC の賠償制度は，国際社会に「被害者の賠償に対する権利を承認しかつ施行する歴史的な可能性を与えた」と評価されてきた[49]。そして，本決定は，ICC における最初の賠償に関する決定として多くの期待の中で行われたものである。だが，その内容は，すでに見てきたように賠償原則の確立と実際の賠償命令との間でその性格があいまいなものであり，司法権の役割を自ら限定してその多くの作業を特段の指針のないままに被害者信託基金などに委ね，実際に確立された諸原則もその実際の有用性については問題がある。そして何よりも有罪判決を受けた者に対する賠償命令を否定して，賠償を被害者信託基金を通じた集団的プログラムに限定するという点で，被害者の期待に十分応えるものとはならなかった。

　しかし，こうした問題点は，ICC 規程では賠償命令が必ずしも必要的なものとはされていないこと，ICC が管轄権を持つ犯罪には大量の被害者の存在が予定されるもとでその被害をすべて認定することは ICC に膨大な作業を強いることになること，また，賠償責任の対象を国家や団体の責任とは離れた有罪判決を受けた者個人に限定することから責任者からの回収はそれほど期待できないこと，などそもそもの制度に内在する矛盾であったということができる。そうした矛盾を解決するために，被害者信託基金が設置されたのであるが，任意の寄付による十分な資金の裏付けを持たないままでは，被害者信託基金を通じた賠償の方法にも限度がある。本決定は，まさにこうした現実の問題点に直面せざるを得なかったのである。

　本決定が抱えることになった問題点のいくつかは，今後，上訴裁判部が見直すことによって，解決の方向が示されることになるかもしれない。しかし，被害者の賠償に関する諸原則や指針の確立を，個別の事件のみを取り扱う公判裁判部に委ねてしまうことは，そもそも可能であるのかという点も再度検討されるべきであろう。本決定にいたる審理の中で被害者信託基金が主張していたように，賠償の諸原則は，その方法手段だけではなく，「賠償と和解

49　Donat-Cattin（注 13）p.1400.

第 7 章　国際刑事裁判所における最初の賠償に関する決定

との関係に取り組むなど，国際的犯罪のもとでの被害者の賠償に対する権利に関係した，基底にある哲学的な問題にも取り組」まなければならないし，被害の重大さと被害者の大量さとの関係で司法手続の限界によって生じる「ディレンマ」にも取り組まなければならない（21項）。そのような諸問題への満足な回答を，個別事件を扱う公判裁判部に期待することにそもそも無理があるのかもしれない。

　そのような観点から，賠償に関する規程 75 条がその決定の主体を裁判部ではなく裁判所（Court）と定めていることは，再度想起されるべきかもしれない。前述した，賠償に関する裁判所の 4 つの行為（①賠償原則の確立，②損害等の決定，③有罪の判決を受けた者に対する賠償命令及び④信託基金を通じた賠償命令）は，必ずしもすべてが個別事件ごとに刑事事件を審理した公判裁判部によって行われることが規程上要求されているわけではない。③④の賠償命令は刑事事件を審理した公判裁判部によって行われるべきだとしても，その前提となる①賠償原則の確立については，ICC，具体的には裁判所規定などの形で，裁判官総体が関係者の意見を取り入れながら，あらかじめ一般的な規範として確立することが適切なのではないか。また，②損害等の決定も，膨大な認定作業が必要とされることから，それに特化した手続，たとえば，指定された裁判部の監督の下に書記局が実際の裁定作業を行うなどの方法が考えられてよいのではないだろうか。本決定が抱える問題点は，ICC に対し，従来の理解とは異なる対処の必要性を提示しているのかもしれない。

第 4 部

侵略犯罪の訴追をめぐる課題

第8章　国際刑事裁判所ローマ規程の改正手続と 2010 年検討会議

I　はじめに

　国際刑事裁判所ローマ規程（ICC 規程）は，幾多の困難の中での交渉を経て 1998 年に採択された。その後，ICC 規程は必要な批准国数を満たして 2002 年 7 月 1 日に効力が発生し，ICC は，翌 2003 年からの活動を開始した。日本も 2007 年 10 月 1 日に 105 番目の締約国となった。

　他方で，ICC 規程はその効力発生後 7 年目に，規程の改正を審議するための検討会議（Review Conference）を開催することと定めており（123 条，以下ことわりがなければ ICC 規程の条文をさす），2009 年 7 月 1 日以降あるいはその翌年にも，検討会議が開催されて改正が審議されることとなっていた[1]。そこで，その検討会議とはどのような手続であるのか，そして検討会議で取り上げられるべき，あるいは取り上げられる可能性のある問題は，どのようなものであったのか，を明らかにするのが本章の意図である。

II　ICC 規程における改正と検討会議のシステム

1　諸規定の概要

　ICC 規程には，通常の条約と同様に締約国会議において規程の改正を行うことが認められている（121, 122 条）。他方で，規程には，規程発効後 7 年目及びその後に行われる検討会議が，規程の改正手続とは別個に規定されている（123 条）。

---

[1]　実際には，本書第 9 章で述べるように，2010 年 5 月 31 日から 6 月 10 日にかけて開催された。

規程を改正するのであれば，通常の締約国会議による改正手続によればよいはずであるが，なぜ別個に検討会議に関する規定がおかれたのか。それは，細かい運営事項を取り扱う締約国会議では見過ごされがちな ICC の「大きな構図」を審議するための場を保証すること，特に ICC の管轄権の対象となる犯罪の種類に注目を与えること，が理由であったと説明されている[2]。実際に ICC 規程の採択の際に同じく採択された最終文書（Final Act）においては，テロリズム及び麻薬犯罪や侵略犯罪の追加や定義が検討会議で検討すべきことが決議されていた[3]。また，後に詳しく述べるように，制度的な性質を有する規定以外の主要な規定は，規程の効力発生後 7 年の間，改正を提案することができないものとされている（121 条(1)）。このことは，規程の主要な部分についての改正は 7 年間許さず，それらを検討会議に委ねた趣旨であると考えられる[4]。

このように 7 年後に犯罪の追加にも言及した検討会議を設定しながら，他方で 7 年間は主要な改正を禁止したのは，ローマ会議におけるテロリズム及び麻薬犯罪の追加を求める勢力と，新しい制度を定着させるためには時間を必要とすると考える勢力との妥協の結果であったとされる[5]。

2　改正手続

規程における改正手続は，通常の改正手続（121 条）と，もっぱら制度的な性質を有するとして列挙された規定の改正手続（122 条。以下，「制度的改正手続」）とに分けて規定されている。通常の改正手続は，制度的改正手続に比べて厳格かつ慎重な手続となっており，さらに通常の改正手続の中でも，ICC の対象犯罪に関する規定の改正手続（121 条(5)）には，特別の効力発生要件が設けられている。これらの 3 種類の改正手続は，いずれも締約国に提

2　Clark, R. S., 'Article 123 Review of the Statute,' in Triffterer, O. ed.,"Commentary on the Rome Statute of the International Criminal Court," (1999) p. 1763.

3　'Final Act Of The United Nations Diplomatic Conference Of Plenipotentiaries On The Establishment Of An International Criminal Court,' U.N. Doc. A/CONF.183/10, 17 JULY 1998, ANNEX Ⅰ, Resolution E and Resolution F（以下，「最終文書決議 E 及び F 」）.

4　Schabas, W. A., "An Introduction to the International Criminal Court: Fourth Edition," (2011) p. 400.

5　Clark,'Article 121 Amendments,' in Triffterer, O. ed.（注 2 ） pp. 1751-1752.

案権が認められ，締約国会議での採択は，コンセンサスもしくは3分の2以上の多数で決定される点では共通している。しかし，採択後の効力発生要件がそれぞれ異なるものとなっている。

(1) 通常の改正手続と対象犯罪に関する改正手続

通常の改正手続の対象となるのは，制度的改正手続以外のすべての改正手続である。この場合，改正の提案は，規定効力発生から7年を経過した後，すなわち2009年7月1日以降でなければすることができない。その手続は，以下のように複雑なものである。

① 提案：国連事務総長に対して提出され，各締約国に通報される。
② 提案採否の決定：通報から3ヵ月経過後の締約国会議において，提案を取り上げるか否かを出席・投票の過半数で議決する。また，締約国会議は改正案を扱う検討会議を招集することができる。
③ 採択：改正案は，締約国会議または検討会議において，コンセンサスまたは締約国（出席・投票ではなく全締約国）の3分の2以上の議決で採択される。
④ 効力発生：効力発生のための要件は，ICCの対象犯罪に関する規定（5条から8条まで）とそれ以外とで異なる。

対象犯罪以外の規定の場合は，採択後に全部締約国の8分の7の国々（87.5％）が批准書または受諾書を国連事務総長に寄託した後，1年を経過した時点で効力が発生する。効力は，改正に賛成しなかった締約国も含めてすべての締約国に対して一般的に生じる（121条(4)）。しかし，改正を受諾しない締約国は，効力発生後1年以内であれば，通告を行うことにより規程からの脱退が認められ，この場合の脱退は通常の脱退（127条(1)）とは異なり，直ちに効力が認められる（121条(6)）。

この改正手続は，ICCの締約国会議の通常の決定手続や[6]，あるいは改正手続であるとしても国際連合憲章などに比べれば[7]，かなり厳格なものとなっている。このような厳しい採択要件や賛成しない締約国の脱退の可能性

---

6 規程112条(7)。実質的事項の決定は，出席しかつ投票する締約国の3分の2の多数で行われ，手続的事項の決定は，出席しかつ投票する締約国の単純多数によって行われる。

第4部　侵略犯罪の訴追をめぐる課題

は，改正に一般的な効力を認めることと引き替えの「代償」であったと評価されていた[8]。実際にローマ会議においては，新しい犯罪を加えるためや不測の事態に備えるために早期の改正を望む国々と，制度の新奇性や国家主権に関わる問題であるために慎重な改正を望む国々との間の対立，また少数国による妨害を防止するために採択や発効の要件を緩和する必要性と，他方で改正に一般的な効力を与えるための考慮など，さまざまな議論を経て，現在の改正の規定となった[9]。

以上の対象犯罪以外の規定に対して，対象犯罪に関する規定，すなわち対象犯罪のリスト（5条）と各犯罪の定義（6-8条）の規定の改正については，その効力発生は個別的なものとされる（121条(5)）[10]。すなわち，この改正は，それを受諾した締約国についてのみ批准書・受諾書の寄託から1年後に効力が生ずるものとされ，効力発生のための数的な要件はない。その反面，受諾しない国（不受諾国）については，改正に係る犯罪について，その国の国民による犯罪またはその国の領域内で行われた犯罪に対し，ICCは管轄権を行使してはならないと規定されている（同項）。

このように対象犯罪以外の規定の改正においては，脱退の可能性を認めながらも改正に一般的効力が認められるのに対し，対象犯罪に関する規定の改

7　国連憲章の改正は，総会の構成国の3分の2により採択され，その後安全保障理事会の常任理事国を含む全加盟国の3分の2の国の批准によって効力が発生し，その効力は全加盟国に及ぶ。国連憲章108条。

8　Slade, T. N. and Clark, R. S., 'Chapter Fifteen Preamble and Final Clause,' in Lee, R. S. ed., "The International Criminal Court: The Making of the Rome Statute: Issues・Negotiations・Results," (1999) p. 434.

9　同上 pp. 432-434.

10　121条(5)は，1998年の採択時の規程のテキストでは，個別同意の対象として引用されていたのは，5条だけであった。これは，当初の5条が対象犯罪のリストだけではなく定義規定も含むものであったためである。しかし，途中から定義規定が6-8条として5条から分離されたにもかかわらず，121条5項の修正がなされなかったため技術的ミスが生じた。そのため，その後は，「5条」を「5条から8条」と修正したテキストが正式の条文として用いられている。Clerk（注2）p. 1755. Slade and Clark（注8）pp. 434-437. Pellet, A., 'Entry into Force and Amendment of the Statute,' in Cassese, A., P. Gaeta, P., Jones, J.R.W.D. eds., "The Rome Statute of the International Criminal Court," (2002) Vol. I , p. 181.

正については，締約国の個々の受諾が必要とされその効果は個別的なものとなる。

(2) 対象犯罪に関する改正手続の抱える矛盾

しかし，対象犯罪に関する改正手続（121条(5)）の効果，特に同項第2文の解釈には，ICC規程全体の構造の中で適用に困難を生じる問題がある。対象犯罪に関する改正手続をそのまま読めば，新しい対象犯罪（新対象犯罪）が追加された場合，その改正を受諾しない締約国（不受諾国）は，自国民が行った新対象犯罪と自国内で行われた新対象犯罪について，ICCの管轄権行使を拒否することができることになる。他方でICC規程は，ICCの管轄権行使のために容疑者の所属する国家の同意は必ずしも必要とせず，ICCは，管轄権行使の前提条件（12条及び13条）を満たせば，所属する国家の意思に関係なく捜査や訴追を進めることができる[11]。この両者は，どのように整合的に理解すればよいのであろうか。

この問題の背景には，条約による国家に対する拘束力と，自然人に対して管轄権を認める（25条(1)）ICCの管轄権の設定が，異なる原則のもとに定められているという事情が存在する。すなわち，対象犯罪に関する改正について受諾しない国家に対する拘束力を否定すること（121条(5)）は，条約は国家に対しその同意なしに権利義務を創設することはできない（*pacta tertiis nec nocent nec prosunt*）という国際慣習法の原則に基づくものである。この法原則の帰結として，条約の改正に関する合意はそれを受諾しない国を拘束せず，受諾しない国は改正前の条約のもとでの権利義務のみによって規律される（条約法に関するウィーン条約〔条約法条約〕40条(4)，30条(4)(b)）。その結果，不受諾国が通常管轄権を及ぼす国民や領域については，改正の効果を及ぼすことができないという結論を導くことも可能であり，対象犯罪に関する改正手続はまさにこのことを規定したものであるが，それは必ずしも先の法原則の論理的帰結というわけではない。

他方で，ICCの自然人に対する管轄権は，不処罰の文化を終了させるという目的のもとに，人的にはなんらの制限は設けられておらず，容疑者の国籍

---

11 ただし，ICCが捜査や訴追を進めるためには，さらに補完性の原則に基づく受理可能性の要件（規程17条）を満たさなければならない。

国の同意などを必要としていない。規程は，締結国についてはICCの管轄権を一般的に受諾したものと見なす一方で（12条(1)），非締約国の主権を侵害しないために，締約国による付託や検察官の職権発動による事態については，容疑者が締約国の国民であるか犯罪が締約国の領域内で発生したという締約国との関わりをICCが管轄権を行使するための前提条件としている（同条(2)）。言いかえれば，その前提条件を満たせば非締約国の国民に対してもICCは管轄権を行使できる。国連安全保障理事会が付託する事態については，そのような前提条件も不要とされている。このような管轄権の設定は，非締約国に対して規程の権利義務を創設することではないから，それ自体は先の国際慣習法の原則に違反するものではない[12]。しかしながら，先の対象犯罪に関する改正手続は，改正は不受諾国を拘束しないという法原則を超えて，ICCの自然人に対する管轄権の例外を設けるかのような規定とされたことからこの問題が生じている。

　この問題に対しては，2つの解釈が可能である。一つは，対象犯罪に関する改正手続のもとでの効果を，ICCの管轄権行使の前提条件（12条）を含む規程第2部（管轄権，受理許容性及び適用される法）に対する特別規定であると考えることである。その場合に規程121条(5)は，不受諾国に新対象犯罪に関するICCの管轄権を拒否する絶対的な権利を認めたものと解釈されることになる。しかしこの解釈のもとでは，新対象犯罪についての管轄権行使は，不受諾国との関係では，受諾国の国民が受諾国の領域内で行った犯罪に厳しく限定されることになる。言いかえれば，不受諾国で発生した犯罪であれば容疑者が受諾国の国民であっても，また，不受諾国の国民については受諾国の領域内で発生した犯罪であっても，ICCは管轄権を行使できないことになる。またこのような解釈は，規程にそもそも加入していない非締約国に比べてそれ以上の特権を与える結果となる。すなわち，新対象犯罪については，それが受諾国の領域内で発生した場合には非締約国の国民であっても，あるいは国連安全保障理事会が事態を付託すれば容疑者の国籍や犯罪発生地に関係なく，ICCは管轄権を行使できる。ところが，不受諾国については締約国であるのにもかかわらず，そのような管轄権の行使ができなくなってしまう

12　Pellet（注10）p. 163.

のである。このことが ICC 規程の本来の意図である不処罰の文化の終了という理念と大きくかけ離れることは言うまでもない。

　このような不都合を回避するためには，もう一つの解釈，すなわち新対象犯罪について不受諾国を非締約国と同じに地位にあるものと解釈することがある[13]。このような解釈によっても，不受諾国は改正された新対象犯罪の適用を受けるわけではなく，非締約国の国民と同様に不受諾国の国民に新対象犯罪が適用されたとしても，そのことは不受諾国自身の権利義務に影響を与えるわけではない[14]。問題は，規程 121 条(5)が，不受諾国の国民による犯罪またはその国の領域内で行われた犯罪に対して ICC は「管轄権を行使してはならない」と明示されていることとの読み方である。すでに述べたように，規程は ICC の自然人に対する管轄権を何ら限定しておらず，その管轄権の行使に種々の前提条件（12 条及び 13 条）を設定しているだけである。そして，対象犯罪の改正手続に関する規定（121 条(5)）は，条文の位置からして通常の改正手続（同条(4)）のもとでの一般的効力に対する例外を定めたものにすぎず，ICC の管轄権行使に新たな例外や特権を定めたものとは考えがたい。それ故，対象犯罪の改正手続に関する規定の文脈や趣旨・目的からして，121 条(5)の「管轄権を行使してはならない」とは，不受諾国に対して改正が一般的効力を生じるものとして，あるいは不受諾国が改正を受諾したものとして，不受諾国の国民による犯罪またはその国の領域内で行われた犯罪に対して当然に管轄権を行使することを禁止するものと読むことができるであろう。しかしその反面，その国が改正を受諾すると否とを問わず，管轄権行使の前提条件を満たす限りは，非締約国と同様にその国の国民に対して ICC の管轄権が行使される場合があることとなる。そのような場合としては，新対象犯罪について国連安全保障理事会が事態を付託した場合，また，受諾国の付託や検察官の職権行使の場合には犯罪発生国が新対象犯罪についての受諾をした場合などがある[15]。

13　Pellet（注 10）p. 182.

14　同上。

15　しかし，このような解釈の争いが生じる余地を否定することはできず，犯罪の定義の厳格解釈原則（規程 22 条(2)）との抵触の可能性を回避するためには，規程 121 条(5)第 2 文自体の趣旨を明確にする改正が望ましいことは言うまでもない。

(3) 制度的改正手続

以上の通常の改正手続に比べて、「専ら制度的な性質を有する規定」（以下、制度的改正手続）については、より簡易な改正手続が取られている（122条）。すなわち、そのような規定の改正案は、締約国会議または検討会議において、コンセンサスまたは締約国（出席・投票ではなく全締約国）の3分の2以上の議決で採択され、6ヵ月後にすべての締約国について効力が生じる。ここでは、個々の締約国の批准や受諾は必要とされない[16]。提案をできる者についての明示の規定はないが、締約国であると考えられている[17]。提案は、国連事務総長または締約国会議が指名する者に対して提出され、締約国や締約国会議の参加者に通報される。

そのような制度的改正手続をとることができる対象として、122条はその対象となる規定のリストを具体的に列挙している。このリストは、解釈による不明確さを生じないための限定列挙であると考えられ、このリストに該当しない場合には通常の改正手続がとられることになる[18]。

制度的改正手続として、規程は、以下のような規定を列挙している（以下の括弧内は筆者による要約）。35条（裁判官の常勤・非常勤）、36条(8)・(9)（裁判官構成の考慮要素と任期）、37条（裁判官の空席の補充）、38条（裁判所長以下の選任と裁判所長会議）、39条(1)第1・2文（裁判部門の人数構成と在任期間）、同条(3)・(4)（各裁判部門の任期、職務の範囲）、42条(4)から(9)（検察官以下の選任、兼業禁止、回避・除斥、顧問の任命）、43条(2)・(3)（裁判所書記以下の任務遂行と資格）、44条（職員に関する規定）、46条（裁判官、検察官以下、裁判所書記以下の解任手続）、47条（懲戒処分の事由と手続）、49条（裁判官、検察官以下、裁判所書記以下の俸給等と減額禁止規定）。以上のように「専ら制度的な性質を有する規定」とは、すべて「第4部 裁判所の構成及び運営」における裁判所の構成員に関する規定である。

他方で、「第4部 裁判所の構成及び運営」に規定されながら制度的改正手続の適用がない、言いかえれば簡易な改正を許さない規定がどれであるかにも注目されるべきであろう。それらには、裁判所を構成する機関（34条）、

---

[16] Slade and Clark（注8）pp. 439-410.
[17] 同上 p. 439.
[18] 同上。

裁判官の人数・構成・選出方法・資格要件・選出方法・国籍要件（36条(1)から(7)），裁判部門の設置や職務遂行方法（39条(2)），裁判官の独立，回避・除斥（40条，41条），検察局の独立と検察官以下の権限と資格要件（42条(1)から(3)），書記局の基本的権限・裁判所書記以下の選任方法・任期・被害者証人室設置（43条(1)，(4)から(6)），宣誓（45条），特権及び免除の内容（48条）などがある。ただし，裁判官の人数（現行18名）については，その改正手続についてさらに特別な規定がおかれ（36条(2)），裁判所長会議の提案により締約国会議の構成国の3分の2の多数によって増加を決定することができる。

制度的改正手続は，通常の改正手続とは異なり7年間の待機期間はなく，その改正はいつでもすることができるが，現在までのところ実際の改正はない。また，この改正に反対する締約国ではあっても，通常の改正手続のように特別な脱退手続は認められていない。しかし，その場合でも通告後1年間の期間を要する通常の脱退手続（127条）に従って脱退することは可能である。

3 検討会議

規程は，以上に述べた改正手続とは別に，検討会議に関する規定を定めている（123条）。すなわち，通常の締約国会議とは別に，国連事務総長は，規約効力発生後の7年目に規程の改正を審議するための検討会議を招集することとされている。このような検討会議の制度は，通常の締約国会合では裁判所の運営の詳細に関する審議に時間を割かざるを得ず，大きな問題点を審議することが困難であるとの考えや，とりわけ裁判所の対象犯罪の拡大を希望する国々の要望に応えるために設けられた[19]。

検討会議に参加できる者は，締約国会議に参加できる者と同様である（123条(1)）[20]。検討会議で取られる改正手続は，提案及び招集の手続（前述の①②）を除いて，通常の改正手続と同様の手続が取られる（同条(3)）。検討会議は，1回限りではなく，締約国会議の過半数の承認があれば，いつでも国連事務総長が招集することができる（同条(2)）。会議の開催場所は，締約国

---

19 Slade and Clark（注8）pp. 440-441.
20 締約国会議は，締約国の他に，規程または最終文書に署名した国がオブザーバーとして参加できる（112条(1)）。

会議の場合には，裁判所の所在地（オランダのハーグ）または国連本部（アメリカのニューヨーク）とされているが（112条(6)），検討会議については場所の定めはなく，最初に規程を採択したローマ全権外交会議のように，他の場所で開催することも可能である。そのため2010年の検討会議はカンパラ（ウガンダ）で開催された。

検討会議で審議される規程の対象については，次項で検討する。

Ⅲ 検討会議の対象となりうる事項

1 はじめに

検討会議は，通常年1回開催されるとされる締約国会議（112条(6)）とは区別されるものの，そこで取られる規程の改正手続は，通常の改正手続と同様であり，特に制限は設けられていない。規程123条によれば検討会議は，「この規程の改正（any amendments to this Statute）」を審議することとされており，そこには通常の改正手続や制度的改正手続のいずれの対象となる事項も含むことができる[21]。他方で，検討会議での審議が義務づけられあるいは示唆されている事項も存在した。そこで，以下では，審査が義務づけ，勧告・示唆されている事項，その他の再検討が考えられる事項を検討する。

2 審議が義務づけ，勧告・示唆されている事項

(1) 124条経過規定

規程において検討会議における審議が義務づけられている事項には，124条の経過規定がある。同条は，締約国になる際に戦争犯罪（8条）について7年間の期間，ICCの管轄権を受諾しない旨の宣言を行うことを認めている。この規定は，主に海外に自国の軍隊を派遣している国々が当面の間，自国の軍隊の行動に対する捜査や訴追が行われることを心配することなくICC規程への参加を可能にするために，「一種の妥協案」として設けられた[22]。た

21　Clark（注2）p. 1764.
22　小和田恆・芝原邦爾「対談　ローマ会議を振り返って——国際刑事裁判所設立に関する外交会議（特集1　国際刑事裁判所の成立）」ジュリスト1146号（1998）20頁。

だし実際にはこの規定のもとで、これまで不受諾宣言を行ってきたのはフランスとコロンビアの2ヵ国にすぎない[23]。

この経過規定が、「検討会議で審議する」(124条)とされていることは、当初から永続的なものとなることは予定されていなかったことを示している。他方で、その審議の方向性、すなわち同条を削除するのか存続するのかについては、規程自身、何らの義務づけも方向づけもしているわけではない。とりわけ120を超える締約国のうち2ヵ国しか同条の不受諾宣言をしていないという状況にあっては、あえて論争を経て同条を削除しなくとも実際上の不都合はないと見なすことも可能であろう。

このように124条については、同条の削除、存続あるいは妥協的な変更など、各種の結論があり得るが、削除が一般的な支持を受けるだろうと考えられていた[24]。

(2) 侵略犯罪の定義と管轄権行使の条件

侵略犯罪は、ICC規程の対象犯罪に含められながらも (5条(1)(d))、通常の改正手続または検討会議においてその定義と管轄権を行使する条件が採択されるまでは、ICCに管轄権の行使は認められていない(同条(2))。ある意味で、未完成のままおかれた対象犯罪である[25]。そして、侵略犯罪については、規程採択時に最終文書において採択された決議Fにおいて、設立されたICC準備委員会 (the Preparatory Commission for the International Criminal Court) が、その定義と管轄権行使条件の提案を準備し、検討会議に提案すべきことが義務づけられていた[26]。その後、侵略犯罪については、締約国会議に侵略犯罪

---

23 "Hemispheric Seminar 'Towards the First Review Conference of the Rome Statute of the International Criminal Court,' Mexico City, Mexico, 20-21 August 2007," ICC-ASP/6/INF. 4, 6 December 2007. (以下、「Hemispheric Seminar」) para. 49.

24 Trauttmansdorff, F., "Chairman's Summary," in Austrian Federal Ministry for Foreign Affairs and Salzburg Law School on International Criminal Law, Humanitarian Law and Human Rights Law (eds.) 'The Future of the International Criminal Court: Salzburg Retreat, 25-27 May 2006' (2006), http://www.sbg.ac.at/salzburglawschool/Retreat, (以下、「Salzburg Retreat」) p. 42. Hemispheric Seminar (注23) para. 53.

25 侵略犯罪については、それを含めることの是非や国連安全保障理事会における侵略の認定との関係が問題となった。結果的に侵略犯罪はそのまま犯罪に加えられたが、その定義については合意が成立しなかった。

に関する特別作業部会（Special Working Group on the Crime of Aggression）が設置され，検討作業が続けられていた[27]。そして，締約国会議は，同作業部会の作業を少なくとも検討会議の12ヵ月前までに完成させて，検討会議に提案すべきことを決議していた[28]。

検討会議における侵略犯罪に関する審議は，侵略犯罪がすでに対象犯罪に含められており，ICCが管轄権行使のためにその定義と管轄権行使条件を待っているという意味で，検討会議においては特別の優先が与えられることになった。その内容については，規程においては，「国際連合憲章の関連する規程に適合したものとする」（5条(2)）以上の制約は加えられていない。

ここで問題となるのは，侵略犯罪の定義と管轄権行使の条件の採択が，すでに述べた改正手続に従ってなされるのか，そうだとすればどの改正手続が適用されるのかという問題である。仮に，この採択が他の改正手続と同様であるとすれば，少なくとも侵略犯罪の定義の採択は，先に述べた通常の改正手続のうち対象犯罪に関する規程の改正であるとして，その定義を批准・受諾した国に対してしか適用されないことになってしまう（121条(5)）[29]。その結果，侵略犯罪の定義と管轄権行使の条件が検討会議において無事採択されたとしても，締約国の中にはその受諾を拒否することによって侵略犯罪の適

---

[26] 最終文書決議F（注3）7項。ただし，この決議では，侵略犯罪が検討会議一般（a Review Conference）で審議されることを勧告しているが，経過規定（124条）のように当該検討会議（the Review Conference）とはされていない。しかし，この問題は第1回検討会議で取り上げられるべきことが一般に期待されて作業が進行しており，その延期は政治的に可能な選択ではないとされていた。Wenaweser,C., 'Crimes Within the Jurisdiction of the Couet: Going beyond the Core Crimes,' in Salzburg Retreat（注24）p. 21.

[27] 特別作業部会における検討状況については，東澤靖『国際刑事裁判所 法と実務』(2007) 66–7頁参照。また，侵略犯罪の定義の議論の現状を，国家責任，指導者の個人責任，安保理との関係での政治的状況，各国国内法，補完性の原則との関係など多面的に検討した議論としては，Advance Copy on a Conference in Turin, Italy, from 14 to 18 May 2007, ICC-ASP/6/INF.2, Part III（以下，「Turin Conference」）を参照。

[28] Resolution ICC-ASP/ 6 /Res. 2, 14 December 2007, para. 42.

[29] Report of the Informal Inter-Sessional Meeting of the Special Working Group on the Crime of Aggression of the assembly of states parties of the International Criminal Court, Liechtenstein Institute for Self Determination, Woodrow Wilson School, at Princeton University, 13-15 June 2005, ICC-ASP/4/SWGCA/INF. 1（以下，「2005年Princetonレポート」），paras. 10,11. Pellet（注10）p. 183.

用を免れることができる国ができることになる。その場合，そもそも締約国が規程5条に掲げられた犯罪について裁判所の管轄権を受諾していることから（12条(1)），その管轄権から侵略犯罪が除外されるという極めて不都合な結果となる[30]。あるいは管轄権行使の条件などは，対象犯罪そのものに関する規定ではないとして通常の改正手続によるという解釈もありえた[31]。しかし，その場合でも前述のように通常の改正は全締約国の8分の7の国々が批准・受諾しなければ効力が発生しないこととされていた（121条(4)）。

また，条約の改正とされるのであれば，改正の効力発生後に条約の締約国になろうとする国には，条約に別段の定めがない限り，改正を受け入れるかどうかの選択権が認められている（条約法条約40条(5)）。そして侵略犯罪の定義と管轄権行使の条件が効力を生じた後に規程に加入しようとする国は，「改正」であることを理由に侵略犯罪の適用を拒否する選択権を持つことになる可能性が生じる。しかし，そのような選択権を認めることは，ICC規程がいかなる留保も禁止している（120条）趣旨とは，大きく矛盾することになるであろう[32]。

そもそも侵略犯罪の定義と管轄権行使の条件の採択に関する規程5条(2)の規定は，「第121条及び第123条の規定に従い，」「採択され」るとされているが，それ自身が改正手続であるとは明言されていない。そこで，これは改正ではなく，具体的に適用されるのは，コンセンサスまたは締約国の3分の2以上の多数による議決という採択手続（121条(3)）のみであると読むことも可能であった[33]。すなわち，締約国は，侵略犯罪を含む規程5条の対象犯罪についてICCが管轄権を行使すべきことを認めており（12条(1)），ICCが

---

[30] 2005年Princetonレポート（注29）para. 12.
[31] 侵略犯罪の採択については通常の改正手続が適用されることを前提に，締約国の脱退の可能性を示唆する見解もあった。Wenaweser（注26）p. 22. Report of the Informal Inter-Sessional Meeting of the Special Working Group on the Crime of Aggression of the assembly of states parties of the International Criminal Court, Liechtenstein Institute for Self Determination, Woodrow Wilson School, at Princeton University, 21-23 June 2004, ICC-ASP/3/SWGCA/INF. 1（以下，「2004年Princetonレポート」），para.16. 2005年Princetonレポート（注29）para. 8.
[32] 2004年Princetonレポート（注31）para.13.
[33] 同上para.14. Triffterer, O., 'Preliminary Remarks: The permanent International Criminal Court-Ideal and Reality,' in Triffterer, O. ed.（注2）p. 37.

第4部　侵略犯罪の訴追をめぐる課題

侵略犯罪について管轄権を行使し始めることはなんら予想外の事態とはなり得ないことを考えれば，侵略犯罪の定義と管轄権行使の条件は，5条の「完成」・「実行」の作業に過ぎず，改正ではないと考えることができるであろう[34]。このような解釈に対しては，条約法条約のもとでは，採択という行為と締約国を拘束するための効力発生とは区別されているのであるから，121条(3)に規定される採択手続のみによって，同条4項以下の効力発生手続を無視して締約国を拘束することはできないとの批判もあった[35]。しかし，締約国がICCの侵略犯罪の管轄を受け入れることはすでにICC規程を批准・加入することによって同意し，その効力は発生している。その上で条約の内容（侵略犯罪の定義と管轄権行使の条件）を締約国会議が採択して具体化することは，新たな権利義務を創設する改正とは異なり，条約法条約との抵触は生じないであろう。

結局のところ検討会議では，以上の問題を解決することなく，特別な改正手続と効果がとられることとなった[36]。

(3)　テロリズムと麻薬犯罪

すでに触れたように，規程効力発生後7年間主要な改正を禁止することとした（121条(1)）のは，一方で改正手続によってICCの対象犯罪にテロリズムや麻薬犯罪を追加しようとする勢力と，他方で新しい制度を定着させるために一定の時間を設ける必要があると考える勢力との間の妥協によるもので

34　Clark, R. S., 'Possible Issues for the 2009 Review Conference,' in Salzburg Retreat（注24）p. 25. 2005年Princetonレポート（注29）para. 14.

35　特別作業部会では，この問題の議論は，侵略犯罪に関する他の問題の解決が明確になるまで，延期されることとされている。Report of the Informal Inter-Sessional Meeting of the Special Working Group on the Crime of Aggression of the assembly of states parties of the International Criminal Court, Liechtenstein Institute for Self Determination, Woodrow Wilson School, at Princeton University, 8-10 June 2006, ICC-ASP/ 5 /SWGCA/INF. 1（以下，「2006年Princetonレポート」），Annex III, Item 4. Report of the Informal Inter-Sessional Meeting of the Special Working Group on the Crime of Aggression of the assembly of states parties of the International Criminal Court, Liechtenstein Institute for Self Determination, Woodrow Wilson School, at Princeton University, 11-14 June 2007（以下，「2007年Princetonレポート」），ICC-ASP/6/SWGCA/INF.1, Annex I, Item 4.

36　本書第9章参照。

あった。その妥協の結果として、最終文書の決議Eは、検討会議でテロリズムと麻薬犯罪とのICC対象犯罪リストへの追加を検討すべきことを勧告している[37]。またこの決議は、いずれの犯罪についても規程に加えるに足る重大な犯罪であることを指摘している[38]。

ただしこの決議は、追加の是非の結論については、白紙である。またこの決議は、ローマ会議においては、テロリズムと麻薬犯罪について一般的に受入可能な定義について合意が形成できなかったことを指摘し、受入可能な定義に到達すべきことを勧告している[39]。特にテロリズムについて犯罪の定義が困難であることは、ICC規程採択時と事情はあまり変わらないが、テロリズムを加えることについては強い政治的圧力があり、ICC規程採択後の2001年に生じた同時多発テロの影響を指摘する見解もある[40]。麻薬犯罪の定義についても、特段の進展はないが、逆にICC規程採択時に比べて国際的な注目は減少しているとの指摘もある[41]。また、そもそもテロリズムと麻薬犯罪は、すでにICC規程に含められた対象犯罪とは異なり、人道的な諸原則に関わる国際的な犯罪というよりも、むしろ諸国家の司法共助によって対処されるべき越境犯罪（transnational crimes）にすぎないのではないか、としてICCの対象犯罪に加えることに否定的な見解も少なくない[42]。

いずれにしてもテロリズムと麻薬犯罪については、ICC規程採択時に困難であるされた犯罪の定義に関する論議が、その後の締約国会議でも深められているわけではない。その意味では、短期間の検討会議において広範な合意

---

[37] 最終文書決議E（注3）第7文。ただし侵略犯罪と同様に、この決議では、検討会議一般（a Review Conference）での審議が勧告されており、必ずしも第1回検討会議で審査されるべきことを意味していないとの考え方も可能である。Wenaweser（注26）p. 21.

[38] 最終文書決議E（注3）は、「テロリストの行為」）terrorist acts）が国際社会が関心を持つ重大な犯罪であること、「不法薬物の国際的売買」（international trafficking of illicit drugs）が時として諸国家の政治的、社会的、経済的秩序を不安定にする、非常に重大な犯罪であること、を認めている。同決議E第2文、第3文。

[39] 同上決議E第5文、第7文。

[40] Wenaweser（注26）p. 21.

[41] 同上 p. 22.

[42] Hemispheric Seminar（注23）para. 57-59. Triffterer, O., "The Object of the Review Conference," in Turin Conference（注27）Part II, C-4, para. 6.

を形成することは実際上は困難であった。また，テロリズムと麻薬犯罪の追加と定義は，最終文書の決議において検討会議での審議が勧告されているとはいえ，従前の ICC 規程には存在しない犯罪である。それゆえ，その改正は，通常の改正手続の中での対象犯罪に関する規定の改正であるとして，採択のみならず締約国の個別の批准・受諾なしには効力を発生しない改正となる。

(4) 戦争犯罪とされる兵器，投射物及び物資並びに戦闘の方法

ICC 規程において，未解決のまま残されたものとして，戦争犯罪である国際的な武力紛争における法規及び慣例に対する著しい違反としての，「兵器，投射物及び物質並びに戦闘の方法」がある（8条(2)(b)(xx)）。それらは「その性質上過度の傷害若しくは無用の苦痛を与え，又は本質的に無差別な」という質を持つ必要があるが，その内容は具体的には定められていない。そしてこの犯罪の適用のためには，「兵器，投射物及び物質並びに戦闘の方法」が具体的に規程の附属書に含められることが条件とされているが，そのような附属書は未だ定められていない。

このような附属書，言いかえればこの条項によって犯罪とされる「兵器，投射物及び物質並びに戦闘の方法」のリストは，通常の改正手続や検討会議の関連する規定に基づく改正によってなされることとされている（前同項）。そのため，そのリストを含む附属書の採択が検討会議でのもう一つの課題となる。そのリストに加えられるべき対象としては，対人地雷，生物化学兵器，核兵器[43]，さらにはローマ会議の後に問題が指摘されるようになっている劣化ウラン弾やクラスター爆弾などが想定される。

ローマ会議においても，戦争犯罪として 8 条(2)(b)に掲げられた兵器のリストは不十分なもので，とりわけ他の大量破壊兵器も追加されるべきであることは，大勢の意見ではあった。しかし，どの兵器を加えるべきかについては，結論に至るには時間が不足し，その内容は将来の締約国会合や検討会議で審議することとした[44]。例えばローマ会議において，生物兵器と化学兵器とを含めることには異論はなかったが，核兵器を含めることについては合意が形

43　Clark（注 34）p. 24.

第 8 章 国際刑事裁判所ローマ規程の改正手続と 2010 年検討会議

成できなかった。また，地雷と目潰し用レーザー兵器を含めることについても多数の支持があったが，合意にはいたらなかった。

　ここで問題となるのは，この附属書の採択において適用される手続はどのようなものであるかということである。すでに論じた侵略犯罪の定義や管轄権行使条件のように，個々の犯罪のリストは存在しなくともこの犯罪はすでに規程に含められており，締約国はこの犯罪についての ICC の管轄権を受諾しているのであるから，附属書の採択においてもすべて改正手続による必要はないとの考え方もありうる。この部分の規定が，通常の改正手続の規定そのものに従ってではなく，「第 121 条……の関連する規定に基づく改正によって」としていることは改正手続の規定の選択的な適用を可能にしているとも解釈できる。しかし，侵略犯罪の場合とは異なり，ここでは「改正によって」という表現が用いられ，附属書の採択が改正手続であることが明示されている。また，この犯罪のリストにどのような「兵器，投射物及び物質並びに戦闘の方法」が含まれるのかは，核兵器や対人地雷を含めてローマ会議で大きな対立点となった事項であり，締約国にとっても予想外の内容となりうる可能性もある。それゆえ，この附属書の採択は，規程 121 条の通常の改正手続に従うと考えるべきであろう[45]。

　さらに，改正に一般的効力を認める通常の改正手続（121 条(4)）と，個別的効力しか認めない対象犯罪に関する改正手続（同条(5)）のいずれが適用されるべきかという点も問題である。条文解釈としては，規程 8 条に関わる改正である点では対象犯罪に関する改正手続と見なすことができるし，他方で規程 8 条(2)(b)(xx)そのものの改正ではなく，同項に従って附属書を追加するだけであるから規程 8 条の改正ではないという解釈も可能である。実際の効果としては，例えば附属書に対人地雷が加えられた際に，通常の改正手続の場合には締約国間に公平な適用がはかれる反面，対人地雷を維持したい締約

---

[44] Hebel, H. and Robinson, D., 'Crimes within the Jurisdiction of the Court,' in Lee, R. S. ed. （注 8 ） pp. 113-116. Cottier, M., 'Article 8 War Crimes,' in Triffterer, O. ed. （注 2 ） p. 423-424,

[45] Clark（注 34) p. 25. Triffterer, O., 'Concluding Remarks,' in Salzburg Retreat （注 24) pp. 27-28 も，8 条(2)(b)(xx)の改正は，通常または対象犯罪に関する改正手続によるべきことを前提としている。

国の脱退を誘発することになる（121条(6)）。他方で、対象犯罪に関する改正手続の場合には対人地雷を維持したい締約国がICC規程にとどまることを可能とする反面、戦争犯罪の適用において締約国毎に不公平が生じることになる。害敵手段の規制は、兵器の種類によっては他の条約においてもなお国際的な論争の中にあること、それにもかかわらずICC規程が公平という理想を追求することがより多くの国家の参加を困難にすることを考えた場合、やはり、附属書の追加は対象犯罪に関する改正手続に従うものと考えるべきであろう。

(5) その他の対象犯罪に関する改正

以上のように特定されたものではないが、検討会議に関する123条(1)は、検討会議における検討事項について、「この規程の検討には、少なくとも第5条に規定する犯罪を含めることができる」として、その他の犯罪も検討の対象となることを示唆している。

対象犯罪については、ローマ会議の際に、テロリズムと麻薬犯罪の他にも国連要員・関連要員に対する犯罪など、提案されながら見送られた多くの犯罪類型が存在した。そうした犯罪や新たな犯罪が、検討会議において再度提案され審議されることは可能である。あるいは、既存の4つの犯罪類型を削除するという提案もあり得ないものではない。しかし、対象犯罪の追加については、まず実体的な考慮として、いかなる犯罪でも対象犯罪に追加できるというわけではなく、その犯罪が「国際社会全体の関心事である最も重大な犯罪」（5条、前文第9文、1条）であるという質を持つことが必要とされる。また、テロリズムと麻薬犯罪の項で述べたように、対象犯罪の追加は、厳格な改正手続に加えて個別の締約国の批准・受諾なしには効力を持ち得ない。その意味では、コンセンサスに近いような支持がない限り、対象犯罪の追加はほとんど困難なものであろう。

3　その他の再検討が考えられる事項

以上の対象犯罪の追加や削除以外にも、検討会議での規程に対する改正は、理論上は可能である。これまで各種の議論の場で提起されてきたものを挙げれば、以下のようなものがある。

第 8 章　国際刑事裁判所ローマ規程の改正手続と 2010 年検討会議

(1)　集団殺害を行う共同謀議の追加[46]

規程における集団殺害罪（6条）の定義は，ジェノサイド条約[47]における定義をそのまま採用する形で規定された[48]。しかし，ジェノサイド条約においては，処罰すべき行為形態として，実行，教唆，未遂及び共犯に加えて共同謀議（conspiracy）が含められているのに対し（同条約3条），規程において処罰すべき行為形態に相当する「個人の刑事責任」（規程25条）には，共同謀議は存在しない。もちろん実行犯の既遂または未遂を前提としない共犯形態としての共同謀議を承認するかどうかについては，コモンロー系とシビルロー系との間で大きな対立がある。しかしジェノサイド条約においては共同謀議が含められたにもかかわらず，規程においては，特に本質的な議論がなされることなく結果として共同謀議は含められなかった[49]。この不一致を放置するかどうかということが，問題として残っている。

(2)　法人の刑事責任[50]

ICC は，自然人に対してのみ管轄権を有するものとされ（25条(1)），法人や組織を刑事責任の主体とはしていない。ローマ会議においては，法人をも管轄権の対象とすべきことが提案されたが，結果的にはいくつかの実際的な理由により法人を含めなかった[51]。しかし，法人を刑事責任の主体とする国々は少なくなく，その実際上の必要性も否定できないことから，より受入可能な類似の提案がなされる可能性がある。

(3)　弁護人に関する規定の追加[52]

国際人権法のもとで承認された検察側と弁護側の武器対等原則[53]のもとで，弁護側の権限の確立の必要性は，むしろローマ会議の後に強調されるように

46　Trauttmansdorff（注 24）p. 42.
47　集団殺害罪の防止及び処罰に関する条約，1951 年 1 月 12 日効力発生。
48　Schabas, W. A.,"Article 6 Genocide," in Triffterer, O. ed.（注 2）p. 155.
49　同上 p. 155.
50　Trauttmansdorff（注 24）p. 42.
51　Ambos, K., 'Article 25 Individual Responsibility,' in Triffterer, O. ed.（注 2）p. 746.
52　Trauttmansdorff（注 24）p. 42.
53　本書第 3 章を参照。

なった。そのため，手続及び証拠の規則や裁判所規則において，弁護人に関する制度設計における弁護士会との協議，裁判所から独立した懲戒機関の設置，被告人公設弁護人事務所の設置などが実現している[54]。そのような現実と必要性を踏まえて，弁護人を，裁判官や検査官と並ぶ第3の柱として規程の中でも位置づけるべきではないかとの提案がありうる[55]。

(4) 受理許容性・一事不再理の要件の明確化[56]

　ICCにおける補完性の原則のもとで，国内裁判所が捜査や訴追を行う意思や能力を持っている場合にはICCは事件を受理することはできず（17条(1)），国内裁判所で判決を受けた者を同じ事実で裁くことはできない（20条(1)）。もちろんこれには例外があり，その例外の一つとして容疑者の刑事責任を免れさせるための手続は対象とはされないが（17条(2)(a)，20条(3)(a)），この例外によってはカバーできない事態が予測される。例えば，国内裁判所が容疑者に対して有罪判決を下して刑事責任を科したとしても，その判決が不当に軽いものであったり，判決後に恩赦を与えて放免するのであれば，ICCが管轄権を行使することは困難となる。このような事態に対応するために，ICCがそれらの例外を広く解釈する方法もあり得ないではない。しかし，規程が採用する罪刑法定主義や厳格解釈の原則（22条）を維持するためには，規程自体を改正してそれらの不当な事態に対応できることを明示するのが望ましいであろう。

　以上のように理論上は，種々の改正の提案を想定することができる。しかしその中で通常の改正手続の対象となるものは，前述のように改正に極めて厳格な要件を要求されるのであり，提案がなされたとしても，改正に熟しており締約国間にコンセンサスに近いような広範な支持がある提案でないかぎり，実際に改正が実現することは困難である[57]。もちろん検討会議までに改正がなされない事項であっても，2回目以降の検討会議や通常の締約国会議において時機を見て提案することが可能であることはもちろんである。さら

54　同上。
55　そのような例として，安全保障理事会の決議に基づくレバノン特別法廷では，弁護人事務所が裁判所の一機関として設置されている。東澤（注27）101頁。
56　Trauttmansdorff（注24）p. 42.

に，規程条文の不明確さの是正や要件の明確化は，より手続が簡易な手続及び証拠に関する規則や裁判所規則の改正，あるいは裁判部の解釈による判例法の形成によっても行うことができる。その意味で，検討会議においては，すでに審議が義務づけ，勧告・示唆されている事項が主な対象とされるであろう反面，それ以外の事項の改正にまで審議が及ぶ可能性は少なかった。

IV　検討会議の準備と審議課題

1　検討会議の準備

　締約国会議は，2004年の第3回会期以降，ノルウェーのロルフ・フィフェ氏（Mr. Rolf Einar Fife）を検討会議問題のとりまとめ役（focal point）に指名した。とりまとめ役は，2006年の締約国会議第5回会期に準備的ペーパーを[58]，2007年の締約国会議第6回会期に進捗報告を[59]，提出した。

　とりまとめ役は，検討会議を準備する第一歩として締約国会議の中に作業部会を設置し，検討会議の手続規則，検討すべき事項の整理，そして会議の財政や運営などの実務的・組織的事項などの準備作業を進めるべきことを指摘した[60]。そして締約国会議は，第5回会期で締約国会議事務局（Bureau of the Assembly of States Parties）に，手続規則，時期と場所などの実務的・組織的事項など検討会議の準備を開始すべきことを命じた[61]。同事務局はこの決議に従って作業を進め，第6回会期に，73カ条からなる検討会議手続規則の草案を含む報告を提出している[62]。また締約国会議は，第6回会期で検討会議作業部会（Working Group on the Review Conference　座長ロルフ・フィフェ

57　"Review Conference: scenarios and options, Preliminary paper by Mr. Rolf Einar Fife," ICC-ASP/5/INF.2 (2006)（以下，「Preliminary paper」），para. 10. "Review Conference: Scenarios and Options, Progress Report by the focal point, Mr. Rolf Einar Fife," ICC-ASP/6/INF.3 (2007)（以下，「Progress Report」），para. 17.

58　Preliminary paper（注57）．

59　Progress Report（注57）．

60　Preliminary paper（注57）　paras. 22, 23.

61　ICC-ASP/5/Res.3, 1 December 2006, para. 47.

62　"Report of the Bureau on the Review Conference," ICC-ASP/6/17, 16 October 2007.

氏）を設置し[63]，同作業部会の報告書を検討した[64]。

　しかし検討会議に関する各締約国の反応は，あまり活発ではなく，検討会議に関する提案や示唆を求めるとりまとめ役の求めに対しては，締約国から口頭や非公式の見解は伝えられたものの，書面での提出はほとんどない状況であった[65]。また，検討会議では，ローマ会議と同様にNGOなどの市民社会，国内検察組織，他の国際機関などが重大な役割を果たすことが期待されていた[66]。この点では，各国政府やNGOなどが協力して，ザルツブルグ静修会議（オーストリア　2006年5月）[67]，トリノ会議（イタリア　2007年5月）[68]，メキシコ西半球セミナー（2007年8月）[69]などの会議が開催された。

2　検討会議の審議課題

　また，検討会議で審議の対象となる課題は，ローマ規程の改正のみならず，ICCの活動の総括や評価にも及んだ。締約国会議の第6回会期は，「検討会議は，非常に広範な，できれば全会一致の支持を集める改正への焦点に加えて，2010年における国際刑事司法の『実績調査』(stocktaking)の機会となるべきことを勧告する」と決議していた[70]。このことは，ICCの発展段階を検証し，また旧ユーゴスラビアやルワンダの国際刑事法廷が完了プログラムのもとにある時期において，国際刑事司法の現状と到達点を総括し，そのことによって国際社会に国際刑事司法のあり方に関するイメージやメッセージを送るということを意味していた[71]。そのような「実績調査」として，とりまとめ役は，国際刑事司法機構の到達点，国内の訴追・捜査機関の経験，刑事司法機構が紛争地域に与えた影響，持続可能な平和と司法との関係などに

63　"Official Record," ICC-ASP/6/20, Volume I Part 1 para. 15.

64　同上 para. 55. "Report of the Working Group on the Review Conference," ICC-ASP/6/WGRC/1.

65　Progress Report（注57）para. 6.

66　Preliminary paper（注57）para. 26. Progress Report（注57）para. 7.

67　Salzburg Retreat（注24）.

68　Turin Conference（注27）.

69　Hemispheric Seminar（注23）.

70　ICC-ASP/6/Res.2（注28）para. 54.

71　Progress Report（注57）paras. 29-30.

関する討論や問題提起を行うことを示唆していた[72]。

　ICCローマ規程の検討会議の時期が迫る中でも、規程の改正のための準備は、侵略犯罪の定義を除いて、十分になされているとは言えない状況であった。そのような一見消極的な状況は、規程の改正のための要件が非常に厳しいものであって、締約国間に全会一致に近い支持のある提案でなければ採択される見込みがないことに起因したのかも知れない。また、実際のICCでの事件が2010年の検討会議に至った時期においても、公判・判決、上訴、被害者への賠償、刑の執行といった一連の手続過程を完了していなかったことも、規程全体を通じた問題点の把握やそれに基づく提案を困難にしているのかも知れない。

　しかし、この検討会議の審議課題には、歴史上初めての侵略犯罪の定義の確定のみならず、戦争犯罪の対象となる兵器のリストの決定など、重大な事項が含まれていた。そして、さらに検討会議が、国際刑事司法の「実績調査」の機会として位置づけられたことから、この会議の結果は、国際社会における国際刑事司法の方向性を指し示すものとなることが期待されていた。

　実際の検討会議で何が達成されたか、特に侵略犯罪の改正については、次章第9章で検討する。

72　同上 para. 31.

第9章　国際刑事裁判所ローマ規程の侵略犯罪の改正

I　はじめに

　2010年5月31日から6月10日にかけて，ウガンダ共和国の首都カンパラにおいて，国際刑事裁判所ローマ規程（以下，「ICC規程」または「規程」）の検討会議（Review Conference）が開催された。ICC規程は，その効力発生後7年目に規程の見直しのための検討会議を開催するとしているが，（規程123条），実際には2002年の効力発生後8年目の開催となった。

　検討会議の内容は，すなわち3つの規程改正に関する決定及び4つの分野の実績調査（stocktaking）については，国内でもさまざまな報告がなされている[1]。

　この検討会議の成果として，最も重要なものとみなされるのは，いうまでもなく，ICCの対象犯罪[2]としての侵略犯罪に関する規定の採択であろう（締約国会議第6決議「侵略犯罪」，以下「第6決議」本章末尾に添付）[3]。そして，

---

[1]　"REVIEW CONFERENCE OF THE ROME STATUTE OF THE INTERNATIONAL CRIMINAL COURT, KAMPALA, 31 MAY-11 JUNE 2010, OFFICIAL RECORDS". 外務省「国際刑事裁判所（ICC）ローマ規程検討会議（結果の概要）」2010年6月11日（http://www.mofa.go.jp/mofaj/gaiko/icc/rome_kitei1006.html, 最終確認日2013年7月1日）。また，NGOによる包括的な報告として，The Coalition for the International Criminal Court (CICC), "Report on the first Review Conference on the Rome Statute, 31 May-11 June 2010, Kampala, Uganda"（http://www.iccnow.org/documents/RC_Report_finalweb.pdf 最終確認日2013年7月1日）。検討会議におけるローマ規程改正案の審議結果については，竹村仁美「国際刑事裁判所規程検討会議の成果及び今後の課題」九州国際大学法学論集17巻2号（2010）1頁，岡野正敬「国際刑事裁判所ローマ規程検討会議の結果について」国際法外交雑誌109巻2号（2010）202頁。

[2]　ICC規程5条によりICCが管轄権を持つとされる犯罪。具体的には，集団殺害犯罪，人道に対する犯罪，戦争犯罪及び侵略犯罪。

第4部　侵略犯罪の訴追をめぐる課題

ICC の締約国会議における侵略犯罪の検討経緯や，採択された侵略犯罪に関する規定の内容については，すでにいくつかの国内文献において紹介，検討されている[4]。

　検討会議における侵略犯罪の採択の意義や問題点を検討するためには，(1) ニュルンベルク原則によって確立したとされる「平和に対する罪」から国連における侵略行為や侵略犯罪の法典化をめぐる事業，(2) ICC 規程を採択した 1998 年のローマ外交会議で侵略犯罪が対象犯罪として名目的に含められながらその定義と管轄権行使条件の採択が見送られた経緯，(3) その後の ICC 規程締約国会議において侵略犯罪が検討されてきた経緯，そして，(4) 実際に今回の検討会議で第 6 決議にあるような侵略犯罪に関する規定が採択された経緯，などを検証しなければならないであろう[5]。この間の経過について加えられている一般的な評価は，戦後の国際軍事法廷で確立された「平和に対する罪」あるいは侵略犯罪について，その後の犯罪定義作業や法典化がほとんど進むことはなく，ICC 規程採択の際も，侵略犯罪定義などの合意形成の困難さと他方で侵略犯罪を ICC の対象犯罪に含めたいとする熱意が，問題の先送りという妥協を生み出したというものである[6]。

3　Resolution RC/Res. 6, The Crime of Aggression. 2010 年 6 月 11 日，コンセンサスにより採択。

4　外務省（注1），竹村（注1）9 頁以下，フィリップ・オステン「『平和に対する罪』を再び裁くこと —— 国際刑事裁判所における『侵略犯罪』規定採択の意義」法学セミナー 670 号（2010）64 頁，安藤泰子「『侵略犯罪』再考(2) —— ローマ外交会議から 2010 年カンパラ検討会議へ」青山法学論集 52 巻 2 号（2010）209 頁，同「『侵略犯罪』再考(3)：構成要件上の行為主体に関する検討を中心に」青山法学論集 52 巻 3 号（2010）269 頁，オステン「国際刑法の新たな処罰規定 ——『侵略犯罪』の意義と課題」刑事法ジャーナル 27 号（2011）9 頁，真山全「国際刑事裁判所規程検討会議採択の侵略犯罪関連規定 —— 同意要件普遍化による安保理事会からの独立性確保と選別性極大化」国際法外交雑誌 109 巻 4 号（2011）543 頁，クラウス・クレス，レオニー・フォン・ホルツェンドルフ（フィリップ・オステン他訳）「侵略犯罪に関するカンパラ合意 —— 日本とドイツに示唆するもの」ジュリスト 1421 号（2011）62 頁。また，検討会議以前の ICC 締約国会議侵略犯罪特別作業部会での議論を詳細に検討した文献として，新井京「侵略犯罪」村瀬信也・洪恵子編『国際刑事裁判所 —— 最も重大な国際犯罪を裁く』(2008) 163 頁。

5　以上の諸点については，Claus Kreß and Leonie von Holtzendorff, 'The Kampala Compromise on the Crime of Aggression,' 8 Journal of International Criminal Justice（2010）pp.1179-1217 がある。また，竹村（注1）9-13 頁参照。

第9章　国際刑事裁判所ローマ規程の侵略犯罪の改正

このような「平和に対する罪」から侵略犯罪に至る経緯を検証することは，今回の検討会議で実現した侵略犯罪の法典化の意味を明らかにするためにも重要なものである。しかし，本章では，なによりもまず，結果として実現するに至ったICCの侵略犯罪の規定を前提に，その実際に意味するところ，並びにその規定がICCの刑事法に関する裁判規範としてどのように機能するのかを検討し，上記の諸問題は，それに必要な限度で触れることとしたい。

II　侵略犯罪に関する規定新設経過と決議の概要

侵略犯罪は，集団殺害犯罪，人道に対する犯罪及び戦争犯罪とならんでICC規程の対象犯罪には含められたものの（5条(1)），その定義と管轄権行使の条件が採択されるまではICCに管轄権の行使は認められないとされる（同条(2)），名目的あるいは不完全な犯罪規定であった。そして，その定義と管轄権行使条件は，規程採択時の決議において将来の検討会議に提案されることとされていた[7]。ローマ外交会議においては，侵略犯罪をどのように定義するのか，ICCの侵略犯罪の認定の前提となる国家の侵略行為の認定における国連安全保障理事会の役割をどう位置づけるのか，といった主要な問題をめぐって一致が見られず，名目的にとどまった犯罪規定は，侵略犯罪の削除寸前まで追い詰められた中での妥協であったという[8]。

2002年にICC規程が発効した後，同年に開催された第1回締約国会議は，侵略犯罪に関する特別作業部会（SWGCA）を設置して，侵略犯罪の検討を委ねた[9]。特別作業部会では，引き続き侵略犯罪を個人の刑事責任として定義するための作業と安全保障理事会の役割が，主要な争点として残っていた[10]。

6　Kreß and von Holtzendorff（注5）pp.1180-1182.
7　'Final Act of The United Nations Diplomatic Conference of Plenipotentiaries on The Establishment of An International Criminal Court,' U.N. Doc. A/CONF.183/10, 17 JULY 1998, ANNEX I, Resolution E and Resolution F.
8　新井（注4）168-173頁，竹村（注1）9-10頁。
9　Special Working Group on the Crime of Aggression, ICC-ASP/I/Res, 9 September 2002.
10　侵略犯罪に関する特別作業部会の途中までの議論については，新井（注4）176-183頁，東澤靖『国際刑事裁判所　法と実務』（2007）66-67頁などを参照。同特別作業部会の検討会議に至るまでの議論の状況については，安藤（注4）217-219頁を参照。

特別作業部会（議長 Christian Wenaweser リヒテンシュタイン大使）は，侵略犯罪について，個人の行為，国家の行為及び管轄権行使条件の3つの分野に分けて検討を重ねてその成果を締約国会議に報告した[11]。最終的に検討会議直前の第8回締約国会議は，決議本文，規程の改正及び犯罪構成要件に関する文書の改正からなる「侵略犯罪特別作業部会により作成された侵略に関する条項の提案」を含む「リヒテンシュタイン：侵略に関する条項の提案」（以下，「リヒテンシュタイン提案」）を，今回の検討会議に回付することを決議した[12]。リヒテンシュタイン提案においては，侵略犯罪の定義の条項は確定していたものの，管轄権の行使条件や安全保障理事会の役割，あるいはいかなる改正手続に依るかについて，複数の選択肢が残されたままだった。他方で，検討会議に先だって，いくつかの点については，特別作業部会での合意が成立していたという[13]。

　検討会議においては，侵略犯罪に関する規定の検討を行うために，侵略犯罪に関する作業部会（以下，「検討会議作業部会」，議長は，ヨルダン政府の H. R. Prince Zeid Ra'ad AlHusseir）が設けられた[14]。検討会議作業部会は，6月1日から9日までの間に会合を重ね，9日に文書（以下，「作業部会提案」）[15]を採択して検討会議の全体会議に送付した[16]。全体会議においては，Wenaweser 議長のもと，6月10日と11日にわたって数多くの非公式会合を含む議論が重ねられ，最終的に会議日程を越えた6月12日午前1時15分に，侵略犯罪に関する第6決議がコンセンサスにより採択された。

11　Kreß and von Holtzendorff（注5）pp.1186-1199.

12　ICC-ASP/8/Res.6, Review Conference, 26 November 2009, para. 3. 回付された提案（リヒテンシュタイン提案）は，同決議の付属文書Ⅱ（Liechtenstein: Proposals for a provision on aggression）の中にある，Proposals for a provision on aggression elaborated by the Special Working Group on the Crime of Aggression。

13　特別作業部会で合意が成立していた点は，新しい規定が遡及効を持たないこと，可能な限り既存の規程を変更しないこと，定義と管轄権行使条件を後に採択するとした規程第5条第2講が削除されるべきこと，などであったという。CICC（注1）p.8.

14　Review Conference's Working Group on the Crime of Aggression.

15　作業部会提案 Conference Room Paper on the Crime of Aggression（RC/WGCA/1/Rev. 2）.

16　Report of the Working Group on the Crime of Aggression, OFFICIAL RECORD（注1）Annex Ⅲ.

第 9 章　国際刑事裁判所ローマ規程の侵略犯罪の改正

侵略犯罪に関する第 6 決議（本章末尾の資料参照）は，以下の決議と 3 つの付属文書である 4 種類の文書からなっている。
　①決議本文
　②付属文書 1：侵略犯罪に関する国際刑事裁判所の ICC 規程への改正
　③付属文書 2：犯罪の構成要件に関する文書の改正
　④付属文書 3：国際刑事裁判所の ICC 規程の侵略犯罪に関する改正に関する了解文書

　このように決議本文と 3 つの付属文書からなる形式は，検討会議作業部会の冒頭に議長から提案された提案文書[17]においてすでにあらわれ，最終的に第 6 決議の形式として踏襲された。なお第 6 決議は，今回の侵略犯罪の改正について，ICC が管轄権を行使できるようになってから 7 年後に見直すことを決定している（決議本文第 6 項）。
　以下，採択された第 6 決議に含まれる侵略犯罪に関する規程の改正の意味内容を検討する。

III　解釈における総論的問題点

　改正された規程の内容に先だって，その解釈のために検討すべき前提問題がある。それは，第 1 に，侵略犯罪に関する規程の改正が ICC 規程のどのような改正手続に従って行われたのかという問題であり，第 2 に，第 6 決議の一部分をなす，決議本文や付属文書 3「侵略犯罪の改正に関する了解」（以下，「了解文書」）は，ICC が ICC 規程を適用するに際して，どのような法的意味を持つのかという点である。なお以下では，しばしば ICC 規程の新旧の条文を引用するが，新設されることになる規定には新規程，削除されることになる規定には現規程，そして改正によって影響を受けない規定には条文のみを記載して区別することにしたい。

1　用いられた改正手続

　侵略犯罪に関する規程の改正は，多国間条約である ICC 規程をすべての

---

[17]　議長提案 Conference Room Paper on the Crime of Aggression（RC/WGCA/1/）.

第4部　侵略犯罪の訴追をめぐる課題

締約国との関係で変更する条約の改正であり，当該条約に別段の規定がない限り，一般には条約法に関するウィーン条約（以下，「条約法条約」）に従うことになる（条約法条約39条，40条）。そして，ICC規程は，その改正について，通常の改正手続（121条）と制度的な性質を有する規定の改正手続（122条）とをまず区別するが，後者の対象となる規定は限定されているので侵略犯罪の規定の新設に適用されないことは明らかである。さらに通常の改正手続には，5条から8条までの対象犯罪に関する規定の改正手続（121条(5)）とそれ以外の規定の改正手続（121条(4)）が存在する[18]。以上の改正手続の要件と効果については，別表1を参照されたい。この中で，通常の改正手続がどのような場合にどのように適用されるかについては，少なからぬ解釈上の問題点が存在していた[19]。後に詳しく検討する侵略犯罪の管轄権行使の前提条件をめぐる諸問題も，結局のところは，「侵略関連手続の事件における国家の同意の役割と侵略犯罪の新条項の効力発生に関する，ICC規程の5条(2)及び121条の『根本的な不明確さ』から発生している」[20]。

　第1の問題は，侵略犯罪に関する規定の新設が，ICC規程の改正手続に依る必要があるのかどうかが自明ではないということである。すなわち侵略犯罪が動き出すために必要とされる定義と管轄権の行使条件については，現規程5条(2)において，改正手続である「第121条及び第123条の規定に従い」，定義や行使条件を定める規定が「採択された後に」，ICCの管轄権行使が可能となるとされている。すなわち，そこでは侵略犯罪の規定の新設が改正であるとは明示されていない。そのことから，侵略犯罪に関する現規程5条(2)のもとでの「採択」は，すでにICCの対象犯罪として管轄権が認められている侵略犯罪に関する規定の「完成」・「実行」にすぎず，新たな改正手続は不要であると解釈する余地が存在する[21]。

　第2の問題は，通常の改正手続によるべきであると考える場合に，侵略犯罪に関する規定の新設が，5条から8条までの対象犯罪に関する規定の改正

18　ICC規程における改正手続の詳細については，本書第8章を参照。
19　本書第8章参照。
20　Kreß and von Holtzendorff（注5）p.1196.
21　そのような改正手続不要説の根拠と問題点の詳細については，本書第8章182頁参照。

第 9 章　国際刑事裁判所ローマ規程の侵略犯罪の改正

別表 1　改 正 手 続

	制度的改正(122条)	通常の改正（121条）		侵略犯罪に関わる改正
		対象犯罪以外（4項）	対象犯罪（5項）	5条2項：「121条に従い」,「採択された後」に管轄権行使可能
提案採否		投票過半数	同左	検討会議で, コンセンサスで決議。
採択	締約国2/3議決	同左	同左	
効力発生	採択されれば6ヵ月で効力発生	締約国7/8の批准受諾で, 1年後に発効	数的要件なし。批准・受諾した締約国については1年後に発効。(不受諾国への効力については規定なし）	
管轄権行使条件	N/A	N/A		① 30の締約国の批准・受諾の1年後, かつ, ② 2017年以降に締約国2/3の決定
不受諾国	批准・受諾不要	改正の効力は及ぶ。ただし発効後1年以内は規程からの脱退ができる。	不受諾国の国民による・領域内の犯罪については, 管轄権なし。	b事態は常に管轄権が及ぶ。ac事態の場合は加害国が不受諾宣言をしている場合には加害国の侵略犯罪には管轄権なし。
非締約国	改正の効力は及ばない。	b事態には常に管轄権が及ぶ。ac事態は締約国の国民による／領域の事件に及ぶ（12条）		b事態は常に管轄権が及ぶ。ac事態の場合は非締約国の国民／領域の事件には管轄権なし。

注　3つのトリガー（規程13条）の略語：締約国付託（a）, 安保理付託（b）, 検察官の職権捜査（proprio motu）（c）

手続（121条(5)）とそれ以外の規定の改正手続（121条(4)）の, いずれの手続によるべきなのとかということである。この問題は, 実際に, 検討会議において最後まで一致を見ない問題点として残ることとなった[22]。同条の(4)と(5)とを素直に読めば, 侵略犯罪の定義は8条の対象犯罪に関する規定に該当することから(5)の対象となり, 他方, 管轄権行使条件は11条以下の問題であるから(4)の対象となる。そして, (4)の改正手続によった場合には, その改正は, いったん効力が発生すればすべての締約国に及ぶという一般的効力が認められる反面で, 効力発生のためには締約国の8分の7（87.5％）による批准・受諾が必要とされる。（例えば122ヵ国の内, 107ヵ国）。そのため, その

---

[22] 例えば, 日本政府代表は, 検討会議において, 規程121条(5)の適用を主張し, また, 実際に採択された侵略犯罪改正の改正規定との統一性への疑義を理由の1つとして, 採択におけるコンセンサスには加わらなかった。外務省（注1）。

ような多数の国々による批准・受諾が完了するまでの間は，侵略犯罪を受け入れている国についてもICCは侵略犯罪の管轄権を行使できないという結果を生じる。

第3の問題は，対象犯罪に関する規定の改正手続（121条(5)）に内在する要件と効果の不明確さである。(5)は，その第1文で改正を受諾した国（受諾国）については「1年で効力を生ずる」として個別的効力を認める。同時に第2文で改正を受諾しない締約国（不受諾国）に関しては，その国民によるまたは領域内での犯罪にICCは「管轄権を行使してはならない」としている。この点は，ICCが管轄権を行使できる3つの場合（トリガー）の中で(13条)，安保理付託ではない，締約国付託や検察官の職権捜査の事態の場合に問題を生じることになる。すなわち，第1文の改正が受諾国について効力を生ずるという意味は，締約国付託や検察官の職権捜査の事態の場合，12条(2)によって，受諾国の国民による犯罪であるかまたはその領域で発生した犯罪であれば，ICCが管轄権を行使できるということである。ところが，第2文の存在によって，受諾国の国民による犯罪であっても不受諾国の領域内で発生した犯罪には管轄権が行使できず，受諾国の領域内で発生した犯罪であっても不受諾国の国民による犯罪には管轄権が行使できないことになる。そのため，こうした矛盾を回避するために，12条(2)と121条(5)第2文とをどちらを優先して解釈すべきかという点で，理解の相違が存在していた。後に見るように，この理解の相違が，今回の侵略犯罪に関する改正においては，結果を左右しうるものとして問題となった。

第4に，もう一つ121条(5)に関わる問題として，締約国の付託や検察官の職権捜査の場合の，非締約国との関係での矛盾がある。ICC規程のもとでは，非締約国の国民による犯罪行為やその領域内での犯罪行為であっても，前述のように犯罪発生地が締約国の領域であったり，被疑者が締約国の国民であれば，ICCの管轄権を行使される場合が認められている（12条(2)）。ICC規程への加入を拒んでいる国々の国民であっても，ICCが管轄権を行使する可能性を認めたことは，不処罰の文化を終了させる目的に裏付けられたICCの重要な特徴であった。このことは，規程の改正によって新設された対象犯罪であっても，12条(2)が適用される限り同様となるはずである。ところが，すでに見たように121条(5)第2文によれば，締約国の国民であってもその国

が改正を受諾しないのであれば，ICC の管轄権を免れる可能性が生じることになる。その結果，改正された対象犯罪については，非締約国の国民に対しては ICC の管轄権が認められるが，不受諾国（締約国）の国民に対しては認められないという，不合理な結果が生じることになる[23]。ここでも，この 12 条(2)と 121 条(5)第 2 文との関係が，今回の侵略犯罪に関する改正の内容に大きく関わることとなった。

以上の数々の問題は，検討会議に先立つ特別作業部会から持ち越され，また，検討会議においても解決困難な問題として議論されることとなったのである[24]。検討会議においては，結果的に，この侵略犯罪に関する改正は，ICC 規程の改正として，「批准と受諾を受けて 121 条(5)に従い発効するものとして採択すること」が決議され，121 条(5)の手続による改正であることが明記された（第 6 決議本文第 1 項）。しかし，そのことは，後に詳しく検討するように，さらなる解釈上の問題点を残すことにもなった。

2　決議本文や了解文書の法的地位

侵略犯罪に関する改正を検討するにあたって指摘しておかなければならないもう一つの問題は，第 6 決議に含まれる決議本文及び了解文書の法的地位，言いかえれば，ICC が将来，侵略犯罪の定義や管轄権行使条件に関する規定を適用するに際して，これらの文書が ICC をどのように拘束するのかということである。

ICC が準拠すべき法は，21 条に明記されている[25]。すなわち，ICC が適用

---

[23] この規程 121 条(5)に関わる矛盾の問題点の詳細ならびに可能な解釈方法については，本書第 8 章 173-176 頁を参照。

[24] 以上の問題点に関して，Kreß and von Holtzendorff（注 5）pp.1199 は，特別作業部会での論争を 4 つの解釈モデルにまとめている。すなわち，① 5 条(2)の「採択」の文言に依拠して改正手続は不要だとする「採択モデル」，② 121 条(5)の改正手続を必要とし，さらに同項第 2 文により改正を受諾しない締約国の領域や国民には管轄権を行使できないとする「消極的理解付き 121 条(5)モデル」，③ 121 条(5)の改正手続を必要としながら，同項第 2 文は不受諾国を非締約国と同じ地位に置くものに過ぎず，管轄権行使がまったく排除されるわけではないとする「積極的理解付き 121 条(5)モデル」，④ 8 分の 7 の締約国の批准という厳しい発効要件を持つ 121 条(4)の改正手続によるべきだとする「121 条(4)モデル」である。また，検討会議における 121 条(4)と(5)とをめぐる政府代表の議論状況については，竹村（注 1）16 頁以下を参照されたい。

を義務づけられる法は，まず，ICC 規程，犯罪の構成要件に関する文書ならびに手続及び証拠に関する規則（以下，「規程等」）であり，それに加えて，適当な場合には適用される条約と国際法の原則・規則，法の一般原則である (21条(1))。そこには，ICC 規程の締約国会議や検討会議が採択した決議その他の文書は含まれてはいない。言いかえれば，締約国会議や検討会議がいかなる文書を採択しても，それが上記の規程等として採択され，効力を発生しない限り，ICC は，それらの文書に拘束されることはない。その意味では，第6決議における決議本文も了解文書も，その内容が ICC において法として適用されることはない。

次に ICC が行う法の適用・解釈について，ICC 規程は，国際人権適合と非差別原則（21条(3)），犯罪の定義に関する厳格解釈（規程22条(2)）という2つの解釈原則を規定している。よって，これらの解釈原則に違反する ICC 規程の解釈は，禁止されることになる。そして厳格解釈の原則は，規程上の明文では犯罪の定義の解釈についてのみ要求されている[26]。しかし国際人権法は権限を持つ裁判所による公正な裁判を要求しているのであるから[27]，厳格解釈の原則は，管轄権の行使条件に関する規定の解釈においても，妥当すると考えられる。少なくとも，実際の事件においては，被告人の弁護側からは厳格な解釈により管轄権の行使条件を否定する主張がなされるであろうし，それに対して ICC はそれを否定する説得的な解釈を提示することなしに，安易に管轄権を肯定することはできないであろう。

以上の ICC の適用法と解釈原則に照らせば，まず，第6決議によって採択された規程の改正や構成要件に関する文書の改正以外の，決議本文や了解文書は，ICC を拘束すべき適用法とはならないことは明らかである。そこで決議本文や了解文書が，ICC にとって法的意味を持つとすれば，それは条約法条約における，条約の文脈に関する文書としての位置づけが考えられる。

25　ICC で適用される法と解釈原則については，東澤（注10）38頁以下を参照。

26　この厳格解釈の原則は，その性質上，犯罪の定義だけではなく，刑事責任の形態や刑事責任の阻却事由などの刑法の一般原則にも適用されるとする見解もある。Schabas, W. A., "The International Criminal Court: A Commentary on the Rome Statute," (2010) p.410.

27　市民的及び政治的権利に関する国際規約14条本文。

すなわち，条約は，「文脈によりかつその趣旨及び目的に照らして与えられる用語の通常の意味に従い，誠実に解釈するもの」として客観的解釈の原則を基本とされているが（条約法条約31条(1)），締約国のコンセンサスで採択された決議本文や了解文書は，条約の文脈を示すものとしての関係合意または関係文書（同条(2)）として位置づけることが可能であろう[28]。その意味では，ICCが将来において侵略犯罪の解釈において，これらの文書に依拠することは可能である。しかし，これらの文書が規程をはじめとする準拠すべき法とはならない以上，準拠すべき法に矛盾する，あるいは規程所定の解釈原則に違反するという形で，決議本文や了解文書に従わない解釈を行うことも，また可能である。

以上を踏まえた上で，以下，侵略犯罪に関する改正の各条文を検討することとする。

IV 侵略犯罪の定義と個人責任
―― 新規程8条の2，25条(3)

1 侵略犯罪の定義の枠組み

侵略犯罪は，それに先立つ「平和に対する犯罪」として，第二次世界大戦後の国際軍事法廷で用いられてきた[29]。国連総会決議を受けて1949年から国際法委員会で開始された「人類の平和と安全に対する犯罪」案の起草作業は，侵略犯罪の前提となる侵略行為の定義の困難さから，1954年にその作業を中断した[30]。その後，侵略行為の定義については，1974年に国連総会において「侵略の定義に関する決議」[31]（以下，「国連決議3314」）が成立した。

28　この点，山本草二『国際法〔新版〕』(2003) 614頁は，条約締結時に採択された選択議定書や決議が条約文の解釈上どの程度に文脈を構成すると見なすか判断は分かれる，とする。

29　国際軍事法廷（ニュルンベルク）憲章第6条(a)，極東国際軍事法廷（東京）憲章第5条(a)，ニュルンベルク諸原則第6原則(a)。

30　Schabas（注26）p.109

31　UN General Assembly Resolution 3314 (XXIX), Definition of Aggression, 14 December 1974, ANNEX.

侵略犯罪の定義を定義しようとする場合，そこには，そもそも刑罰の対象とすべき侵略行為とは何かという問題（侵略行為の定義）と，その侵略行為に対して誰が刑事責任を負うのかという問題（個人の刑事責任）が存在する。特別作業部会においては，侵略行為の定義について，国連決議3314に含まれるリストを利用して限定的に列挙しようとする立場と，逆に一般的な用語によって定義しようとする立場が存在したが，最終的には，両者を組み合わせた方法，すなわち，一般的な定義とリストをともに用いることについて合意が成立していた[32]。

今回の改正における侵略犯罪の定義に関する新規程8条の2は，本章末の資料に掲げるように「侵略犯罪」を定義する(1)と，「侵略行為」を定義する(2)とから成っている。そして，(2)に定める「侵略行為」の中で，(1)が「侵略犯罪」が成立するための侵略行為の性格，行為の主体並びに実行行為の態様を定めている。また，個人の刑事責任を定める25条についても，侵略犯罪に関して責任を認めるための行為の主体を限定する新(3)の2が追加された。この侵略犯罪の定義，それに基づいた構成要件に関する文書及び行為の主体を指導者的立場にある者に限定することについては，検討会議が開始される以前に，リヒテンシュタイン提案の内容ですでに合意が成立していたと報告されている[33]。

2　侵略行為の定義

新規程8条の2(2)の「侵略行為」の定義は，同項が自ら認めるように，前述の国連決議3314に依っている[34]。すなわち，「侵略行為」とは，「国家による他の国家の主権，領土保全若しくは政治的独立に対する，又は国際連合憲章と両立しないその他の方法による武力の行使」((2)本文)であるとする

---

[32]　Schabas（注26）pp.112-113.

[33]　Report（注16）第4項。構成要件に関する文書については，Kreß and von Holtzendorff（注5）pp.1199-1201.

[34]　このように国連決議3314に言及する形式は，侵略行為の定義において同決議における侵略行為のリストを含めてもっと包含的にしようとする立場と，同決議よりも厳しい要件を要求しようとする立場との間の妥協であったという。Kreß and von Holtzendorff（注5）pp.1191.

第 9 章　国際刑事裁判所ローマ規程の侵略犯罪の改正

一般的定義は，国連決議 3314 の定義の 1 条と同じである。また，本文の後に列挙された 7 種類の行為（(2)(a)ないし(g)）も，「宣戦布告の有無に関わりなく」という断り書きを含めて，国連決議 3314 の定義の 3 条に列挙された行為と同一である。これらの列挙された行為は，「いずれも侵略行為たりうるもの」とされていることから（構成要件に関する文書 8 条の 2 「はじめに」(1)），いずれかの行為があれば侵略行為と認定される。さらに国連決議 3314 の 4 条では，それらの列挙された行為が網羅的なものではないことを確認しているが，新規程 8 条の 2(2)においても，その規定の体裁や国連決議 3314 に従うとされていることから，限定的なものではないと理解される。言いかえれば，列挙された 7 種類の行為以外の行為であっても，新規程 8 条の 2(2)本文に該当する場合には，侵略行為と認めることが可能である。

　問題は，列挙された以外の行為を新規程 8 条の 2(2)本文に従って，どのように侵略行為と認定していくかという作業である。この点で同項の「国際連合総会決議 3314 に従い」という文章が，同項の解釈，具体的には侵略行為の認定においてどのような意味を持つのかは明らかではない。結局のところ国連決議 3314 の諸条項のうち，新規程 8 条の 2 の中に明示に取り入れられた以外の部分の適用は，規程の解釈原則に従いながら，ICC に委ねられることになる[35]。

　例えば，国連決議 3314 の 2 条には，「国家による国際連合憲章に違反する武力の最初の使用は，侵略行為の一応の証拠を構成する」とする推定規定が存在する。しかし，個人の刑事責任を問うために厳格解釈原則を用いる ICC においては，そのような推定規定を直ちに用いることは困難であろう[36]。

　また新規程 8 条の 2(2)のリストに掲げられた諸行為は，国連憲章のもとで認められている自衛権の行使などを明示には除外していない。しかし，国連決議 3314 の 6 条の「武力の行使が合法的である場合」を含めて国連憲章の範囲を変更するものではないという規定が，侵略行為の認定に意味を持ってくるだろう。この点は，新規程 8 条の 2(2)本文の「国際連合憲章と両立しな

---

[35]　Kreß and von Holtzendorff（注 5）p.1191．しかし，このような国連決議 3314 への依拠は，侵略犯罪の定義に確固たる基礎を与えず，ICC を政治的な議論の場にしてしまう危険があるとの指摘もある。同 pp. 1192-1193.

[36]　同旨 Kreß and von Holtzendorff（注 5）p.1191.

い」という文言や同条(1)の「明白な違反」という文言を総合的に解釈することにより解決できる問題でもある[37]。

なお了解文書には，この侵略行為の認定について，「侵略は，武力の違法な行使の中でもっとも深刻で危険な形態であり，また，侵略行為が行われたどうかの決定には，国際連合憲章に従い，当該行為の重大性及びその結果を含む個別の事件のすべての状況を考慮することが要求されるものと了解される」（6項）との了解が附されている[38]。この了解の内容は，侵略行為の認定をより厳格にするものであるから，規程の解釈原則に違反するものではないが，反面，ICC を法的に拘束するものではないことは前述したとおりである。

3 侵略犯罪の定義

今回の規程改正によって国連決議 3314 を越えて定められたのは，この「侵略行為」の定義を用いて定義される(1)の「侵略犯罪」である。すなわち，「侵略犯罪」とは，①「侵略行為の計画，準備，開始又は実行」であるが，②その侵略行為は，「その性質，重大性及び規模において国際連合憲章の明白な違反を構成する」ものであることを要し，また，③その行為の主体は，「国家の政治的又は軍事的行動に対し実効的に支配を行使し又は指導する地位にある者」に限定されている[39]。

また新規程 8 条の 2 と併せて追加された，構成要件に関する文書 8 条の 2 は，以上に加えて，「軍隊の使用が国際連合憲章に合致しないことを確立する事実的状況」及び「国際連合憲章の明白な違反を確立する事実的状況」に対する認識を構成要件の一部としている。構成要件に関する文書において，規程の定義に加えて一定の事実的状況に対する認識を要件とするのは，人道に対する犯罪や戦争犯罪の場合と同様である[40]。

37　Kreß and von Holtzendorff（注 5) p.1192.
38　了解文書の 6 項は，7 項と並んで，人道的介入を侵略行為から明示に除外すべきとするアメリカ政府代表の主張に対応するために，ドイツ政府代表が中心となってとりまとめたという。Kreß and von Holtzendorff（注 5) pp.1205-1206. 竹村（注 1) 27 頁。
39　侵略犯罪を，正犯・共犯を問わず，指導者による犯罪とすることは，特別作業部会の早期の段階コンセンサスとなっていた。Kreß and von Holtzendorff（注 5) p.1189.
40　東澤（注 10) 55-56 頁，63 頁。

第 9 章　国際刑事裁判所ローマ規程の侵略犯罪の改正

(a)　実行行為

　侵略犯罪を構成する実行行為は,「計画, 準備, 開始又は実行」とされる。これは, 侵略行為の実際の実行 (execution) のみならず, 計画 (planning) 段階からの一連の行為を侵略犯罪の実行行為とするものである。「計画, 準備, 開始又は実行」という実行行為の形態は, 国際軍事法廷憲章や極東国際軍事法廷憲章で用いられていた実行行為とほぼ同じ表現である[41]。

　ICC 規程の他の対象犯罪には, このように計画段階からの行為を実行行為とするものはない。他方で, 未遂犯（実質的な行為によって犯罪の実行を開始させる行動を取ることにより当該犯罪の実行を試みること）は, 各種の実行行為形態や共犯形態と並んで, 個人の刑事責任を発生させるものとされている (25 条(3)(f))。そして後述するように, 侵略犯罪の場合は一定の身分を持つ者のみに限定されるものの, この未遂犯の規定の適用も除外されてはいない。そうすると侵略犯罪の場合には, どの段階の行為からが刑事責任の対象となるのかが問題となるだろう。条文に最も素直な解釈は, 侵略行為の「計画, 準備」も実行行為の一つである以上, 計画や準備を上記の方法で試みることもまた, 未遂犯として処罰可能であることになる。その場合には, 侵略行為の計画や準備段階で離脱した者にも未遂犯が成立することになるが, ICC がそのような者にまで刑事責任を問うことの妥当性には疑問がある。侵略犯罪未遂罪のような「共同犯罪実行未遂罪」を認めることへの疑問は, 特別作業部会においても提起されていた[42]。

(b)　侵略行為の性格

　侵略犯罪が成立するのは,「その性質, 重大性及び規模において国際連合憲章の明白な違反を構成する侵略行為」の場合である。これによって, 新規程 8 条の 2 (2)で侵略行為に該当する行為であっても, 侵略犯罪が問われる侵略行為は「国際連合憲章の明白な違反」がある場合に限定されることになる。

---

[41]　特別作業部会では, 早期の段階でこうした「ニュルンベルク方式」を用いることが決定されたという。Kreß and von Holtzendorff（注 5 ）p.1189.ただし,「実行する」は, 新規程 8 条の 2 (2)では,「execution」なのに対して, 国際軍事法廷の憲章では「waging」である。また, 同項には, 国際軍事法廷の憲章にあるような,「共通の計画もしくは共同謀議への参加」は, 含まれていない。

[42]　Kreß and von Holtzendorff（注 5 ）p.1200.

この「明白な違反」という文言は，第8回締約国会議が検討会議に回付したリヒテンシュタイン提案にすでに存在して[43]，検討会議を通じて最後まで変更を加えられなかった[44]。

この「明白な」という要件は客観的なものとされる（構成要件に関する文書8条の2「はじめに」(3)）。この点について了解文書は，さらにその「明白性」は，性質，重大性及び規模のいずれか一つに認められるのでは不十分で，3つの構成要素が十分なものでなければならないと述べている（了解文書7項）[45]。この了解は，犯罪の成立を限定する方向で作用するものであり，ICCがこの了解を自らの解釈として採用したとしても，規程の解釈原則に違反することにはならないだろう。

(c) 行為の主体

侵略犯罪の行為の主体は，前述のように，「国家の政治的又は軍事的行動に対し実効的に支配を行使し又は指導する地位にある者」に限定されている。この点は，規程25条の個人の刑事責任の項においても，あらたに新(3)の2が加えられ，「侵略犯罪に関しては，」上記の「者に対してのみ適用されるものとする」とされ，個人の刑事責任の原因を限定することが再確認されている。このような地位に関する要件は，リヒテンシュタイン提案にすでに存在していた[46]。

構成要件において行為の主体を特定の地位にある者に限定していることは，侵略犯罪が何人も実行できる犯罪ではなく，一定の地位にある者にしか実行できない身分犯であることを示している。他の対象犯罪においては，行為の主体に一定の地位を要求するものはなく，制限がないのと対照的である[47]。ただし，他の対象犯罪においても，ICC規程は，犯罪に関与したすべての者

---

43 リヒテンシュタイン提案（注12）付属文書8条の2(1)。
44 ただし，「明白な違反」という限定の必要性については，否定的な意見も存在した。Report（注16）第16項。
45 7項がアメリカ政府の提案を契機とするものだったとの指摘について，竹村（注1）27頁。
46 リヒテンシュタイン提案（注12）付属文書第8条の2第1項。
47 なお，ICCが5条の対象犯罪とは別に管轄権を有する裁判の運営に対する犯罪（70条）においては，「証人」や「裁判所の構成員」など一定の身分を要求する犯罪類型がある。

を捜査や訴追の対象とすることを予定するものではない。ICC は，犯罪に最も責任があると疑われる最も上級の指導者に対してのみ事件が開始されることを意図したものであり，そのことは，事件の重大性という受理許容性の要件（17条(1)(d)）を通じて意図されているとされる[48]。そうすると，構成要件の問題であるか，受理許容性の問題であるかの違いはあるものの，ICC が一定の身分を持つ者のみを対象とすることにそれほどの違いはないのかもしれない。

また，25条は，個人の刑事責任を認める責任原因として，各種の形態での実行行為（(3)(a)），各種の形態での共犯行為（(3)(b)(c)(d)），ならびに未遂犯の処罰と一定の中止未遂の免責（(3)(f)）など多様なものを規定している。侵略犯罪においても，これらの責任原因の適用は否定されてはいないが，正犯，共犯あるいは未遂犯にしろ，犯罪の成立は，上記の身分を持つ者に限定されることになる。

4　定義がもたらす影響の限定

ICC 規程には，ICC で適用される法には無関係な事項を規定している条項もある。例えば，規程の第2部（管轄権，受理許容性及び適用される法）において，「この部のいかなる規定も，この規程の他の目的以外の目的のために現行の又は発展する国際法の規則を制限し，又はその適用を妨げるものと解してはならない」（10条）とする条項がそうである。これは，規程の内容が国際法や国内法に与える影響力を懸念する締約国の了解事項であって，ICCで適用される法がそれによって制限されるわけではない。

また，ICC 規程は国内法との関係では，対象犯罪に関わる国内の管轄権に

---

[48] The Prosecutor v. Thomas Lubanga Dyilo, Pre-Trial Chamber I, Decision on the Prosecutor's Application for a Warrant of Arres, Article 58, 10 February 2006, para. 50. また，ICC の管轄権は，「国際社会全体の関心事である最も重大な犯罪に限定」されていること（規程5条(1)）もこのような理解を裏付けるであろう。但し，上訴裁判部は，同時に，別の被疑者に対する逮捕状を却下した決定への上訴において，訴追対象者をその地位のみによって除外する点には，疑義を述べている。Situation in Democratic Republic of the Congo, Appeals Chamber, Judgment on the Prosecutor's appeal against the decision of Pre-Trial Chamber I entitled "Decision on the Prosecutor's Application for Warrants of Arrest, Articcle 58," ICC-01/04-169, 13 July 2006, paras. 73 to 79.

ついて，補完性の原則（規程前文第10段落，1条）を定める。その具体的な意味は，管轄権を持つ国が捜査，訴追，裁判を現在または過去に行っている場合には原則として事件を受理できないとするものであって（17条(1)），国内の管轄権を付与するものでも義務づけるものでもない。

同じように今回の侵略犯罪に関する改正においても，それが与える国際法や国内法への影響を制限しようとする試みが，了解事項の中で行われている。

侵略犯罪に関する改正は，ICC規程以外の国際法に影響を与えるものではなく（了解事項4項），また，他の国の侵略行為に関する国内の管轄権について権利も義務も創設しない（了解事項5項）との了解がなされた[49]。しかし，このことは，ICCにおける法の適用とは無関係である[50]。

V 管轄権行使条件
―― 15条の2及び15条の3

今回の改正において，侵略犯罪の管轄権の行使に関する規定は，極めて複雑なものとなった。この点をめぐっては，ICCが管轄権を行使できる領域や国民，管轄権行使が可能となる時期，そして安全保障理事会の決定がない場合の捜査の可否など，検討会議前には解決されなかった多くの問題点が存在した。それらの問題点は，検討会議開始後も検討会議作業部会ではなお合意にいたらず，検討会議の最終盤（6月9–11日）になって，順番に解決されていくこととなった[51]。

以下では，まず結果として採択された改正の内容と必要に応じてその背景を概観した上で，いくつかの問題点を指摘する。なお，採択された管轄権の行使条件には，改正が適用されることを前提に実際の捜査が開始されるための手続的な条件のみならず，その管轄権が行使できるようになるまでの時間

---

49 これらの了解事項が，6項及び7項と併せて，アメリカ政府の侵略犯罪の定義に対する懸念を払拭するためになされたという指摘がある。竹村（注1）26頁。

50 しかし，この国内管轄権に関する了解事項は，他国による侵略犯罪に対する国内の管轄権を設ける意欲を減じさせようとするものだとの指摘もある。Kreß and von Holtzendorff（注5）p.1216.

51 合意形成にいたる経過については，Kreß and von Holtzendorff（注5）pp.1201-1210参照。

的条件やその改正によって管轄権の行使を受ける国，人，地域に関する条件とが存在する。以下，順に検討することとする。

1　管轄権行使の契機（トリガー〔ひきがね〕）

ICC 規程において ICC は，締約国による事態の付託（締約国付託），国連安全保障理事会による事態の付託（安保理付託），及び検察官による捜査の着手（proprio motu 職権捜査）の 3 つの場合に対象犯罪に対する管轄権の行使が認められ（規程 13 条），これらは「3 つのトリガー（ひきがね）」と呼ばれてきた。

侵略犯罪の場合にも特別な制約がなければ，この 3 つのトリガーが適用されることになるはずであるが，後に述べる侵略行為に関する安全保障理事会の権限との関係で，管轄権の行使は，安保理付託の場合のみに限定されるべきとの考え方も存在した。しかし，リヒテンシュタイン提案においても 3 つのトリガーが制限されることはなく，また，検討会議作業部会の冒頭での議長説明でも，3 つのトリガーについては合意が存在すると報告されていた[52]。そして結果的に，侵略犯罪においても，3 つのトリガーが維持され，締約国付託，安保理付託，及び職権捜査はいずれも可能となった（新規程 15 条の 2 (1)，同条の 3 (1)）。

2　管轄権行使の手続的な条件

しかしながら，実際に管轄権の行使を可能とするための手続的な条件は，以下に述べるように安保理付託の場合とそれ以外の場合とで大きな区別がある。

(1)　安保理付託の場合（規程 13 条(b)）

ICC の対象犯罪に関わる事態を安保理が ICC に付託する場合には，ICC 規程において特段の前提条件は設けられていない（規程 12 条参照）。そして侵略犯罪においても，安保理が事態を付託する場合には，ICC が管轄権を行使するために特段の手続的な条件は設けられなかった（新規程 15 条の 3）[53]。

52　Report（注 16）第 5 項。

(2) 締約国付託及び職権捜査の場合（規程13条(a)(c)）

締約国付託及び職権捜査の場合には，従来の他の対象犯罪に加えて，侵略犯罪に関しては新たな手続的条件が課されることとなった。

すなわち，他の対象犯罪の場合には，犯罪の発生地または被疑者の国籍国に関する管轄権行使の前提条件を満たす限り（12条。この点と改正規定との複雑な関係は後述する），締約国付託であれば直ちに，職権捜査の場合には予審裁判部の許可を得て（15条），検察官は捜査を開始することができる[54]。しかしながら，侵略犯罪においては，安全保障理事会との関係での手続的条件，同理事会の決定がない場合の予審裁判部門の許可，といった手続的条件を満たす必要がある。

(a) 安全保障理事会との関係

侵略犯罪の捜査の開始のために検察官に課された手続的条件は，まず，①捜査を進める合理的な基礎があると結論すること[55]，②安全保障理事会が関係国によって行われた侵略行為の決定を行っているかどうかを確認すること，及び③国際連合の事務総長に裁判所に係属する事態を，関連情報と書類を含めて，通知すること，である（新規程15条の2(6)）。検察官が確認した結果，安全保障理事会が侵略行為の決定を行っている場合には，検察官はその侵略犯罪に関して捜査を進めることができる（新規程15条の2(7)）。しかし，そのような決定が6ヵ月以内になされない場合には，次項に述べる予審裁判部門の許可を求めることになる。

侵略犯罪に関して締約国付託や検察官の職権捜査を認めるとしても，安全保障理事会の決定を前提条件とすべきかどうかは，特別作業部会のみならず，検討会議においても最後まで議論された一大争点であった[56]。その主な対立点は，侵略行為の存在の決定権限が国連憲章39条のもとで安全保障理事会

---

53 なお，作業部会提案（注15）においては，安保理による侵略犯罪の事態の付託とは別に，検察官の求めに応じた侵略行為に関する安保理の決定が要求される内容になっていたが，結果的には，安保理の付託があれば別個の決定を要求しないシンプルなものとなった。

54 ただし，補完性の原則や事件の重大性の要件のもとでの受理許容性（規程17条）の要件は，別途満たされる必要がある。

55 この要件は，従来においても検察官が職権で捜査に着手する場合に要求されてものである（15条(3)）。

に専属することを理由に ICC もそれに拘束されるべきかどうか[57]，逆に，政治的な機関である安全保障理事会の決定の ICC に対する拘束性を認めることは ICC が独立の司法機関であることと矛盾するのではないか，というものであった。この争点は最後まで未解決の問題として残り，最終日（6月11日）になって検討会議議長から，安全保障理事会の決定なしでも捜査の開始を認める提案がなされた[58]。結果的にこの議長提案が受け入れられ，侵略犯罪に関する改正規定は，ICC の判断の独立性を維持し，安全保障理事会の決定がなくとも侵略犯罪に対する ICC の管轄権行使を認めることとなった。同時に，そのような ICC の管轄権行使をより慎重なものとするために，次に述べるような待機期間と予審裁判部門の許可を手続的条件として課すこととなった。

(b) 予審裁判部門の許可

検察官が安全保障理事会に通知を行った後，6ヵ月以内に安全保障理事会が侵略行為の存在の決定をしない場合には，検察官は，予審裁判部門の許可を受けて侵略犯罪に関する捜査を進めることができる（新規程15条の2(8)）。

この場合，予審裁判部門の許可は，他の対象犯罪について検察官が職権捜査を開始しようとする際に予審裁判部の許可を求めるための規程「15条に含まれる手続に従」ってなされる。しかし，許可を与える主体が裁判官3名で構成される予審裁判部ではなく予審裁判部門による許可でなければならないこと[59]，また，この許可は検察官の職権捜査の場合だけではなく締約国付託の捜査についても要求されることが，他の対象犯罪とは異なる点である[60]。

この侵略犯罪において要求される予審裁判部門の捜査開始の許可と，従来の15条のもとでの予審裁判部による捜査開始の許可との関係においては，若干の解釈上の問題が生じうる。すなわち，検察官の職権捜査の場合には，

---

56 Report（注16）6項，18項，19項。また，作業部会提案（注15）においても，安保理の決定がない場合には検察官は捜査を進めることができないとする案（Alternative 1）と，一定の条件の下に検察官の捜査を認める案（Alternative 2）とが併記されていた。

57 ただし，今日の学説上は，国連憲章39条も国連憲章への適合を求める旧規程5条(2)も，安全保障理事会に侵略行為の独占的な認定権限を認めるものではないとされる。Kreß and von Holtzendorff（注5）p.1194.

58 Kreß and von Holtzendorff（注5）p.1208.

新規程15条の2に従った安保理決定や予審裁判部門の許可とは別に，15条の予審裁判部の許可が必要とされるのかという問題である。この点は，今回の改正に15条の手続との関係を明示した部分はない。そのためまず，安全保障理事会の決定がなかった場合について考えれば，予審裁判部門の許可に加えて，15条による予審裁判部の許可も必要とされるのが，素直な条文解釈となる。しかし，同様の決定が繰り返される結果は何とも不合理であるから，新規程15条の2の趣旨は予審裁判部門の許可によって15条による予審裁判部の許可を置き換えたものだ，あるいは，予審裁判部の許可は予審裁判部門の許可に包含される，などの解釈作業が必要となる。さらに，安全保障理事会の決定がある場合の検察官の職権捜査については，置き換えられるべき予審裁判部門の許可が存在しないことから，なお，15条による予審裁判部の許可が必要とされるのかという解釈上の問題が生じる。安全保障理事会の決定がある以上，さらに予審裁判部の許可を要求することは無意味とも思われるが，15条のもとで行う予審裁判部のチェックは安全保障理事会の決定する内容にはとどまらない司法的なチェックなので，条文に素直に予審裁判部の許可を必要と解すべきであろう。

(c) 安全保障理事会による延期

安全保障理事会の決定のない場合の捜査においては，予審裁判部門の許可という積極的条件に加えて，16条に従った安全保障理事会の延期決定がないことを消極的条件としてあげている（新規程15条の2(8)）。すなわち16条

---

59 予審裁判部門は，ICCの機関として6名以上の裁判官で構成されることになっており（規程34条(b)，39条(1)），現在は6名である。ICC規程のものでの従来の手続には，予審裁判部門が決定を行うものは存在しなかった。作業部会提案（注15）では，許可を与えるのは「予審裁判部」とされていたが，同時に，予審裁判部門の裁判官全員の決定を要求する，あるいは許可決定は必要的に上訴に従うものとする，など，許可決定の慎重さを加える提案もなされていた。作業部会提案（注15）のNote 3。

60 この予審裁判部門の捜査開始許可決定に対して，中間上訴（82条）が認められると解釈できるとの指摘もある。竹村（注1）24頁。しかし，この捜査開始許可決定の時点では，未だ容疑者は特定されていないのが通常であるから，「当事者」（82条(1)）に認められた上訴権を行使する主体はそもそも存在しない。捜査開始許可決定に対して異議を持つのは，通常は侵略国をはじめとする国家であろうが，そのような国家の利害は，受理許容性についての予備的な決定に対する上訴（18条），あるいは管轄権や受理許容性についての異議申立（19条）によって争われることになるであろう。

第9章 国際刑事裁判所ローマ規程の侵略犯罪の改正

のもとで，安全保障理事会の決定による要請がある場合には，ICC は 12 ヵ月間，捜査や訴追を進めることができないという延期が認められており，また，安全保障理事会はその決定により要請を更新することができる。

この 16 条への言及は，それ自体当然のことであって注意喚起以上の意味はないように思われる上，立法技術としては整合性を欠くように思われる。すなわち，16 条への言及は，予審裁判部門の許可による捜査の場合になされているが，安全保障理事会の決定がある捜査，あるいは，安保理付託の事態に関する捜査（新規程 15 条の 3）には，存在しない。しかし，16 条の延期は，「いかなる捜査又は訴追」についても認められている。安全保障理事会が自ら事態を ICC に付託し，あるいは検察官の求めに応じて侵略行為に関する決定を行った後でも，各種の理由によって捜査や訴追の延期を ICC に要請することは，十分にありうることである。そして，今回の改正が 16 条に言及しなくとも，積極的にその適用を排除する規定が存在しなければ，16 条は他の対象犯罪と同様に適用されることになる。その意味で，締約国付託の事態及び検察官の職権捜査の場合で安保理の決定がない場合にのみ，16 条が消極的条件として言及されていることは，その存在を確認する以上の何らの意味を持たないと考えられる[61]。

3 管轄権行使の時間的な条件

ICC 規程において，一般的に時間的な管轄権は，第 1 に，規程が効力を生じた（2002 年 7 月 1 日）後の犯罪についてのみ及び，第 2 に，発効後に締約国となった国についてはその国について効力を生じた後の犯罪について認められる（11 条）。ところが侵略犯罪については，安保理付託の場合も，締約国付託や検察官の職権捜査の場合も，ICC が管轄権を行使できる時期が異

---

[61] 16 条への言及は，当初から存在していたわけではない。安全保障理事会の決定がない場合でも予審裁判部門の許可があれば捜査を開始できるという安保理決定不要案には，反対意見に配慮して「安全保障理事会が別途決定しない限り」との留保条件も提案されていた。そして，上記の安保理決定不要案を採用した検討会議の最終段階（6 月 11 日）において，そうした留保条件を維持しながら，それは 16 条による安全保障理事会の延期決定と同視できるという理解のもとに，16 条への言及が行われることとなったようである。ASIL Blog International Criminal Court Review Conference, (http://iccreview.asil.org/) の「?p = 140」及び「?p = 143」（前出 URL の枝番号）。

なって定められることとなった。すなわち，ICC が侵略犯罪に対して管轄権を行使できるのは，①この改正について 30 ヵ国による批准または受諾があった 1 年後でなければならず，また，② 2017 年 1 月 1 日以降に行われる締約国の決定の後でなければならない（新規程 15 条の 2 (2)(3)，同条の 3 (2)(3)）。この①と②の時間の相互の関係については，いずれかを満たせばよいのか，いずれも満たす必要があるのかは，改正規定の条文上は明らかではない。他方で，了解文書は，①と②の「いずれか遅い方の後に行われた侵略犯罪に関してのみ，管轄権を行使できると了解される」としている（了解文書 1 項及び 3 項）。改正規定が，①及び②の要件を並列して規定している以上，了解文書の解釈は条文に素直なものであるし，また，厳格解釈の原則にも合致したものであろう。

なお，②の 2017 年 1 月 1 日以降に行われる締約国の決定には，ICC 規程の改正の採択に必要とされる全締約国の 3 分の 2 以上の多数（121 条(3)）が必要とされる。以上の管轄権行使に関する時間的条件のもとで，ICC が侵略犯罪について管轄権を行使できるようになるのは，最も早くて 2017 年の最初の締約国会議で決定された場合（ただし，その 1 年前までに 30 ヵ国による批准・受諾が達成されていなければならない）ということになる。

この時間的条件は，リヒテンシュタイン提案には存在せず，また，作業部会提案にも規程の改正条文としては存在しなかった。しかし他方で，検討会議作業部会では，侵略犯罪を扱うには ICC が若すぎるという不安も表明され，了解文書などで ICC の管轄権の行使時期を遅らせるという条項も示されていた[62]。① 30 ヵ国の要件は，安全保障理事会の常任理事国を順応させる目的で管轄権行使時期のさらなる延期を強調するために，最終段階（6 月 10 日）の議長提案で提示されたものである[63]。また，② 2017 年以降の決定という要件は，検討会議の最終段階では，改正の採択から少なくとも 7 年後とする方向で議論が進んでいたが[64]，最終日（6 月 11 日）の日付が変わった深夜になって，同じく常任理事国の同意を得る過程の中で議長提案として採択

62　Report（注 16）第 27 項．

63　Kreß and von Holtzendorff（注 5）pp.1207-1208.

64　ASIL Blog（注 61）の「?p = 125」，「?p = 129」，「?p = 140」，「?p = 143」及び「?p = 155」.

直前に示されたものである[65]。

4 管轄権行使の国，人，地域に関する条件

　管轄権行使の国，人，地域に関する条件は，安全保障理事会の役割と並んで，議論に多くの対立があった点であり，また，すでに述べた規程の改正のための規定との関係でも，また新たに定められた規定の解釈においても，少なからぬ錯綜した問題を提起している。以下では，まず，新しく設けられた規定の内容と比較的容易な解釈問題を概観し，その後に，錯綜した問題点とその背景を検討することとする。

(1) 新しく設けられた規定の内容

　侵略犯罪についてICCが管轄権を行使できる範囲は，安保理付託の事態と，締約国付託の事態及び検察官の職権捜査の場合とで区別される。

(a) 安保理付託の事態

　安保理付託の事態については，すでに述べた時間的な条件以外に，ICCの管轄権の行使について，国，人，地域の制約はなんら設けられていない（新規程15条の3）。そもそも安保理付託の事態については，侵略犯罪以外の対象犯罪についても，12条(2)の反対解釈によって，なんらの前提条件なしに，言いかえれば，事件の発生場所や被告人の国籍に関わりなく，非締約国の領域や国民に関する犯罪であってもICCが管轄権を行使できると考えられている[66]。侵略犯罪においても，安保理付託の事態については特段の制約が規定されなかったことから，同様に，管轄権行使にいかなる国家の同意も要求されることなく，非締約国の領域や国民に関する犯罪であってもICCが管轄権を行使できると考えられる[67]。また，この点については了解文書において，ICCは安保理付託の事態については，「関係国がこの点の裁判所の管轄

65　Kreß and von Holtzendorff（注5）pp.1208-1209.
66　詳しくは，東澤（注10）74頁。実際の事件においても，安保理付託事件についてICCは，非締約国スーダンの国民に対する諸事件の逮捕状や召喚状において，後に異議申立があった場合の判断には影響しないとの留保を付しながらも，それらの事件はICCの管轄権の下にあると判断している（ICC-02/05-01/07-2，ICC-02/05-01/09-1，ICC-02/05-02/09-2，ICC-02/05-03/09-3）。

権を受諾したかどうかに関わりなく管轄権を行使する」とされているが（了解文書2項），そのような解釈は，条文自体からも特に無理なく導き出される。

(b) 締約国付託の事態及び検察官の職権捜査

ところが，締約国付託の事態及び検察官の職権捜査の場合においてこの問題は，複雑なものとなる。侵略犯罪に対する管轄権の範囲の特殊性は，他の対象犯罪の場合と比較するとその内容が明らかとなるが，そこにはいくつかの特別の条件と限定が設けられている。

第1に，管轄権行使の対象となる侵略犯罪は，締約国の侵略行為から発生したものでなければならない（新規程15条の2(4)）。他の対象犯罪の場合には，管轄権行使の前提条件において締約国であるかどうかが問題となるのは，犯罪の発生地や被疑者の国籍国が締約国であるかどうかだけであって（12条(2)），その犯罪が締約国の行為から発生したものであることは何ら要求されていない。ところが侵略犯罪の場合には，犯罪の発生地や被疑者の国籍国が締約国であったとしても，非締約国による侵略行為から発生したものであれば，管轄権は及ばないことになる。例えば，ICC規程の非締約国であるアメリカ政府や中国政府の侵略行為はICCの管轄権行使の対象とはならない。

第2に，侵略犯罪について締約国は，管轄権を受諾しない宣言を事前に裁判所書記に提出することによって（以下，便宜上「不受諾宣言国」という），その国が行う侵略行為については，管轄権を免れることが認められている（新規程15条の2(4)）。このような不受諾宣言という手続は，作業部会提案には存在しなかったものであるが，最終的な全体会議の中で設けられた。こうした締約国による不受諾宣言の制度は，他の対象犯罪には存在しない侵略犯罪に特有のものである。

ここで「事前に」とする時期は，何に先立つものであるのかは条文からは明らかではない。可能性としては，批准・受諾の前，改正規定が効力を生じる前，侵略行為が発生する前など，いくつかの可能性が考えられる。そして，このことは，後に検討するそもそも批准・受諾にどのような意味があるのか，

---

67 Kreß and von Holtzendorff（注5）p.1211. Scheffer, D., 'States Parties Approve New Crimes for International Criminal Court' ASIL Insight, vol. 14, issue. 16（22 June 2010），(http://www.asil.org/files/insight100622pdf.pdf).

改正規定の効力はどのように生じるのかという問題と，複雑に絡み合ってくる。同条(4)のみを見れば，批准・受諾した後であっても，侵略行為が発生する前に不受諾宣言を行うことができると解釈することも不可能ではない。しかし，そのような批准・受諾後の不受諾宣言は，ICC の管轄権を極めて複雑なものとし，いつまでも管轄権の所在が確定しないという事態をもたらすことになる。それゆえ，同条(4)の不受諾宣言は同条(3)の批准・受諾に関する規定と一体のものとして考えるべきであり，「事前に」とは批准・受諾の際またはそれに先だってと解釈すべきであろう。第6決議(1)が「批准や受諾に先立って 15 条の 2 に定める宣言を提出できる」としていることも，そのような解釈を支えるものと思われる。

この不受諾宣言については，その撤回はいつでも発効し，また，3 年間その撤回が「考慮されるものとする。」とする部分が加えられてが，その文意としては，特に 3 年以内の撤回を義務づけているとも解釈できない。その意味で，この部分は，不受諾宣言国にその撤回を，特に 3 年以内の撤回を奨励するという以上の意味はないと考えられる[68]。

第 3 に，非締約国については，「その国の国民により又は領域で行われた場合」，すなわち被疑者が非締約国の国民である場合及び犯罪の発生地が非締約国の領域である場合には，侵略犯罪について ICC の管轄権行使は認められない（新規程 15 条の 2 (4)）。先の非締約国の侵略行為の除外と合わせて，この新しい規定の持つ意味は重大である。他の対象犯罪の場合には，締約国の領域や国民であることが，ICC の管轄権を認める積極的条件として用いられていた（12 条(2)）。そのもとで締約国の領域で発生した犯罪であれば非締約国の国民の犯罪行為（例，ICC 締約国内での米兵の犯罪行為）に対しても，また，締約国の国民の犯罪行為であれば非締約国の領域で発生した犯罪（例，イラク侵攻における英兵の行為）に対しても，ICC による管轄権行使が認められた。言いかえれば，非締約国であっても，その自国民や領域内での犯罪行為を，国家主権を理由にブロックできない場合が認められていたのである。しかし，侵略犯罪においては，逆に非締約国は，被疑者が自国民であることや犯罪発生地が自国の領域であることを理由に，ICC の管轄権をブロックす

68　ASIL Blog（注 61）の「?p = 129」。

ることが認められることになった[69]。ここには，ICC の管轄権の性格に関する大きな転換があると同時に，非締約国による侵略行為を抑止する効果をICC が持たなくなることが危惧される[70]。

以上の侵略犯罪に関する，侵略行為の主体，犯罪発生地及び被疑者の国籍国に関する管轄権の行使の複雑な関係は，別表2に示した。このような不受諾宣言による離脱（opt-out）や非締約国の国民や領域をICC の管轄権から除外するというアイデアは，検討会議前の特別作業部会や検討会議作業部会の段階では存在しなかったものであるが，検討会議後半（6月9日）にアルゼンチン，ブラジル，カナダ，スイスの共同宣言という形で提出され，その後の妥協的合意への道を拓いていったという[71]。

(2) 錯綜した諸問題

以上の締約国付託の事態及び検察官の職権捜査の場合の管轄権行為の条件を概観したもとで，次のような疑問が生じてくる。まず，この管轄権行為の条件はなぜ他の対象犯罪とは異なるこのように複雑なものとなったのか，また，侵略犯罪に対する管轄権はどの時点からどの者に対して及ぶことになるのか，という疑問である。特に，侵略犯罪の改正に対しては，締約国が消極的な不受諾宣言を行うのみではなく，積極的に批准や受諾を行うことも想定されていることから，批准も受諾も行わない締約国の立場はどうなるのかという疑問が生じる。以下では，そうした点を少し掘り下げてみる。

---

69 非締約国に関わる侵略犯罪の ICC の管轄権から除外したことについては，法的な見地からは，必要でもなく，遺憾なことであったとの評価がある。Kreß and von Holtzendorff（注5）pp.1215-1216.

70 Schabas, W. A., An Assessment of Kampala: the Final Blog, 17 June 2010, (http://iccreview-conference.blogspot.com/)。また，外務省（注1）の付属文書「小松政府代表による投票理由説明その1」(OFFICIAL RECORD（注1）Annex VII参照）も，非締約国の国民に自動的な不処罰を与える結果を，非締約国に囲まれた日本の立場から問題にしていた。他方で Schabas（同上）は，非締約国であり続ければ，自国の領域に対する締約国による侵略行為であっても ICC の管轄権が否定される以上，ICC による保護を求めて非締約国が締約国となる利益を感じるのではないかという希望的観測も述べている。

71 Kreß and von Holtzendorff（注5）pp.1203-1204.

第 9 章　国際刑事裁判所ローマ規程の侵略犯罪の改正

別表 2　管轄権行使の可否

［従来犯罪（集団殺害・人道・戦争）］

		犯罪の発生地	
		締約国（＊）内	非締約国内
被疑者・被告人	締約国国民	○（12-2 ab）	○（12-2 b）
	非締約国民	○（12-2 a）	×（12）
	無国籍	○（12-2 a）	×（12）

＊管轄権受諾国を含む（12-2）

［侵略犯罪］

		犯罪の発生地	
		締約国（＊）内	非締約国内
被疑者・被告人	締約国国民	○（12-2 ab）不受諾国・非締約国による侵略行為を除く（15の2-4）	×（15の3-5）
	非締約国民	×（15の3-5）	×（12）
	無国籍	○（12-2 a）不受諾国・非締約国による侵略行為を除く（15の2-4）	×（12）

（　）内の数字は規程の条文

(a) 改正手続との関係

　今回の侵略犯罪の規定の新設について用いる改正手続については，はたして改正の手続を取る必要があるのか，あるとして121条(4)と(5)といずれによることになるのか，という問題があり，結論として121条(5)に従った改正となったということは前述した。その上で，同条(5)に依拠する場合に，なお，改正の効力はどのようにしていつから発生するのか，また，改正を受諾しない締約国と非締約国との地位はどうなるのかという未解決の問題が存在することも指摘した。

　この点については，作業部会提案においては，121条(4)と(5)との選択という未解決の問題と並んで，(5)が適用される場合に，同項第2文との関係で改正を受諾しない締約国の侵略行為をどう扱うべきかという問題での2つの選択肢が存在した[72]。すなわち「積極的理解」と呼ばれる選択肢1は，(5)第2文は，改正を受諾した締約国に対する侵略行為に関して管轄権の行使は妨げられない，として，侵略国（締約国）が改正を受諾しない場合でも，被侵略国（締約国）の受諾があればICCの管轄権行使を認める内容であった[73]。他

---

[72] Report（注16）第12項，第25項。この点に関する詳しい議論の状況については，竹村（注1）17頁以下を参照。

[73] 作業部会提案（注15）の了解文書第6項。

方で「消極的理解」とされる選択肢2は，(5)第2文は，改正を受諾しない締約国による侵略行為に関して管轄権を行使できない，として，被侵略国（締約国）が改正を受諾している場合でも，侵略国（締結国）の受諾がなければICCの管轄権行使を認めない内容であった[74]。ここでは，改正の一般的な効力発生時期を示すことなく，改正を受諾した締約国の被侵略国としての立場と，改正を受諾しない締約国の侵略国としての立場の，いずれを優先させるのかという形で議論がなされた。

しかし，その後の全体会議で採用された結論は，選択肢1，2のいずれの解釈でもなく，すでに見たように，ICCは，（時間的条件を満たせば）12条に従い締約国により行われた侵略行為に対して管轄権を行使できるが，不受諾宣言を行った締約国の侵略行為は例外とするというものであった（新規程15条の2(5)）。このことによって，以下に述べるように，数々の解釈上の問題点が残されることとなった。

(b) 改正手続の選択

侵略犯罪の定義と管轄権行使条件に関する規定は，すでに述べたように，ともに121条(5)の手続で採択された（第6決議本文(1)）。このことは，今回の改正の採択に際して締約国から「疑義が残る」と指摘される点である[75]。また，決議にICCに対する法的拘束力がないことを考えれば，ICCが将来この改正の効力を別途の改正手続に従って判断すること，例えば121条(4)に従い締約国の8分の7の批准・受諾がない限り発効しないと判断することも，あり得ないことではない。しかし，ICCが改正の基礎に関わる検討会議の明示のコンセンサスを覆すことは想定しがたいし，また，今回の改正は定義や管轄権行使条件などを1つのパッケージとして新しい犯罪に関する改正を行ったものだとして[76]，121条(5)の手続の適用を正当化することは，十分に成り立つ解釈である。

---

74 同上。

75 外務省（注1） 3(1)(二)，Dapo Akande, What exactly was agreed in Kampala on the crime of aggression?, in 'EQ: Equality of Arms Review,' VOLUME 2 Issue 2 November 2010, p.23, p. 24.

76 Akande（注75）p.24.

第 9 章　国際刑事裁判所ローマ規程の侵略犯罪の改正

(c)　改正の効力発生

　より深刻な問題は，今回の侵略犯罪に関する改正が，いつ，どの締約国との関係で効力を生じ，拘束されるのかという問題である[77]。第 6 決議の中には，その点について明言した文書は存在しない。

　今回の改正が，第 6 決議(1)が述べるように「批准と受諾を受けて 121 条(5)に従い発効するものとして採択する」のであれば，そこから導き出される結論は，第 1 に，改正は受諾した締約国について効力を生じるということであり（同項第 1 文），第 2 に，受諾していない締約国についてはその国民によるまたは領域内で行われた犯罪に対して ICC は管轄権を行使できないこと（同項第 2 文）である[78]。そして，121 条(5)に従えば，侵略犯罪に関する改正は，それを受諾・批准した締約国についてのみ効力を生じ，同時に受諾・批准をしない締約国については，この改正は効力を生じないのみならず，その国の国民や領域に関する ICC の管轄権が否定されることになる[79]。

　しかし，そのように解釈されるのであれば，侵略犯罪に関する改正の適用を拒もうとする締約国は，単にその改正を批准・受諾しなければよいだけであり，今回の改正がそのような締約国に不受諾宣言を求めていること（新規程 15 条の 2 (4)）の説明がつかないことになる。言いかえれば，不受諾宣言は過剰で意味がないことになるのではないか，という疑問が生ずることになる[80]。さらに，そのような解釈のもとでは，批准・受諾をした国とそれをしない国，不受諾宣言をした国とそれをしない国など，その関係は錯綜したものになる。

　他方で，新規程 15 条の 2 (4)をそのまま読むのであれば，締約国は不受諾

---

[77]　この点について，Scheffer（注 67）は，30 カ国条件が，規程 121 条(5)による「改正の発効要件を高めるもの」であると同時に，同条(4)による「改正の発効要件を低めた形」であると評価し，中間的な発効要件をとったことを示唆する。しかし，30 カ国条件は管轄権行使の条件として規定され，改正の発効要件として記載されているわけではないから，直ちにそのような評価が可能かどうかには問題がある。

[78]　第 1 の結論は，「合意の当事者とならない」締約国は改正に拘束されないとする条約法条約の原則（40 条(4)）に合致したものであるが，第 2 の結論は，さらに受諾していない締約国の国民や領域に関する ICC の管轄権をも排除しようとするものであり，第 1 の結論の論理的な帰結では必ずしもない。詳しくは，本書第 8 章 173-174 頁。

[79]　Akande（注 75）p.25.

[80]　同上。

宣言をしない限り，改正を批准・受諾していない締約国であってもICCの管轄権の行使を受けることがあると解釈することが素直である[81]。このような解釈は，同項が「12条に従い」管轄権を行使できるとしている点や第6決議本文が「ローマ規程12条(1)を想起し」として，規程12条への準拠を繰り返し示していることにより支えられる。すなわち，同条のもとで締約国は，対象犯罪についてICCの「管轄権を受諾する」ものとされ，それに拘束されることについて，何ら追加的な受諾を要求されていない。また，このように考えれば，侵略犯罪に関する規定の拘束を受けたくない締約国が，不受諾宣言を行うことのメリットもそこには存在することになる。しかし，このような解釈は，121条(5)第1文，すなわち改正は受諾した締約国について効力を生じるという原則との矛盾が生じることになる。

こうした困難な問題について，一つの解釈の方向性を示すのは，Kreß and von Holtzendorff（注5）の論文である。同論文は，新規程15条の2(4)を12条(2)の管轄権行使の前提条件の枠組みの中で理解する。すなわち12条(2)は，締約国付託及び検察官の職権調査の事態については，締約国の国民による犯罪またはその領域における犯罪についてはICCの管轄権を認め，それが満たされれば関係国（犯罪の発生国または被疑者の国籍国）の同意を要求していない。その枠組みのもとで侵略犯罪に関する改正を考えれば，改正を受諾・批准して効力を生じた締約国について，そのような前提条件が満たされれば，関係する締約国が改正を受諾・批准していない場合でも，ICCの管轄権行使が可能となる[82]。すなわち，「侵略容疑の締約国が侵略の改正を批准している場合には，ICC規程12条(2)(b)に従い，被害者締約国の批准は重要ではない。侵略容疑の締約国が侵略の改正を批准していない場合には，被害者締約国の批准が必要である」[83]このように考えれば，新規程15条の2(4)の不受諾宣言は，侵略犯罪について締約国が，被害国が改正を受諾・批准している場

---

81 Schabasは，そのブログ（注70）で，検討会議の参加者の間では，何もしない国は効果として改正に拘束される（The Result: Prosecuting Aggression at the International Criminal Court, 12 June 2010），改正は批准した国だけではなく（不受諾宣言をしない）すべての締約国に適用される（An Assessment of Kampala: the Final Blog, 17 June 2010）と繰り返し述べている。

82 Kreß and von Holtzendorff（注5）pp.1213-1214.

83 Kreß and von Holtzendorff（注5）p.1214.

第 9 章　国際刑事裁判所ローマ規程の侵略犯罪の改正

合を含めて，その国民を ICC の管轄権から一切免れさせるために意味のある制度だということになる。言いかえれば，改正を受諾・批准しない締約国について，その国民や領域に関する侵略犯罪の管轄権を排除するという 121 条(5)第 2 文の結果は，この不受諾宣言を積極的に行うことによってのみ達成されることになる。Kreß and von Holtzendorff によれば，こうした新規程 15 条の 2 (4)は，12 条(2)の枠組みに従って ICC の管轄権行使を認めようとする立場と，厳格に締約国の受諾・批准に基づいてのみ管轄権行使を認めようとする立場との間の差異を埋めるための「柔らかな同意要件枠組み」(softened consent-based regime) として採用されたという[84]。

以上のような解釈は，その改正の議論の経緯や，12 条，121 条(5)及び新規程 15 条の 2 (4)に照らして最も矛盾のないものであろう。しかし，同時に Kreß and von Holtzendorff は，新規程 15 条の 2 (4)をはじめとする侵略犯罪に関する改正が，121 条(4)と(5)の枠組みに完全に合致するものではないことは認めている[85]。その意味で，今回の改正の効力発生や管轄権行使に関する手続は，「実に独特な (suigeneris)」ものとして理解されなければならないかもしれない[86]。そして，そのような特別な改正手続を新たに設けること自体，本来は ICC 規程の従前の改正手続に依らなければならず，検討会議にその手続を回避する権限があるのかという問題はあるとしても，問題の原因は，すでに述べたように旧規程 5 条(2)と 121 条(5)の不明瞭さに起因する以上，その不明瞭さを補う改正が必ずしも従来の規定と合致しない点が生じてもやむを得ない面もある[87]。

なお，以上の改正の効力発生をめぐる問題は，検討会議においてきちんと考えられたかどうか疑問であるという指摘もある[88]。しかし，作業部会提案においても，侵略犯罪の管轄権が行使できるのは新しい規定が採択された時か，効力発生したときかという選択肢が，未解決の問題として残されていた[89]。そして作業部会提案においては，改正を受諾しない締約国による侵略

---

[84]　Kreß and von Holtzendorff（注 5）p.1213.
[85]　Kreß and von Holtzendorff（注 5）p.1215.
[86]　Schabas（注 81）'The Result', Kreß and von Holtzendorff（注 5）p.1215.
[87]　Kreß and von Holtzendorff（注 5）p.1215.
[88]　Akande（注 75）p.25.

行為に関して管轄権を行使できないとする121条(5)に合致する「消極的理解」の選択肢2が存在したにもかかわらず，それがそのまま採用されることはなかった。そのような経緯に照らせば，効力発生に関する手続や時期が不明とされた新しい規定は，不受諾宣言を行わない限り侵略犯罪の管轄権を行使されるかもしれないと解釈できる余地を残した妥協的な曖昧さであり，そうした曖昧さの中での意味の確定は，後のICCでの解釈に委ねられたのだと考えることができる。

(d) 将来の締約国との関係

今回の改正の効力発生の範囲や時期の問題とも関わるが，改正の効力発生後にICC規程の締約国となる国（将来の締約国）は，どのような地位を有することになるのかという問題がある[90]。この点は，条約法条約の原則によれば，将来の締約国は別段の意図を表明しない限り，改正後の条約の当事国となる一方で，改正に拘束されない締約国との関係では改正前の当事国と見なされる（条約法条約第40条(5)）。この点，ICC規程は批准・受諾に際しての留保を認めていないので（120条），将来の締約国には侵略犯罪に関する改正を除外して締約国となる道はない。しかし，侵略犯罪に関する改正を受諾・批准せずに効力を受けない締約国が存在するのであれば，将来の締約国は，そのような国との関係においては，侵略犯罪に関する改正前の締約国としか見なされない。このことは，侵略犯罪に関する改正の適用において，締約国間に複雑な関係をもたらす可能性がある。

5　ICCによる侵略行為の認定の独立性

侵略犯罪の管轄権行使条件に関する規定には，「外部の機関による侵略行為の決定は，この規程の下での裁判所自身の認定に影響を与えない」として，侵略行為の認定におけるICCの独立性を規定している（新規程15条の2(9)，第15条の3(4)）。この点は，検討会議作業部会の冒頭の議長説明において，

89　作業部会提案（注15）の付属文書第1項及び第3項。また，外務省（注1）の付属文書「小松政府代表による投票理由説明その2」（OFFICIAL RECORD（注1）Annex Ⅷ参照）の1項(3)も，新しい規定に効力発生に関する定めがないことを問題にしている。

90　この問題は，日本政府も，投票理由説明その2（注89）1項(3)で指摘していた。

226

合意が成立していたと説明されている[91]。

　ICC の裁判官が独立してその任務を遂行するべきことは，ICC が適合を求められる国際人権法のもとで当然に求められることであり（自由権規約14条本文），規程自身も定めるところである（40条(1)）。その意味では，あらためて ICC の独立性を規定することには，特別の意味はないとも考えられる。他方で，侵略犯罪の管轄権行使条件においては，締約国付託及び検察官の職権調査においては安全保障理事会の「侵略行為の決定」が存在しうるし，安保理付託の場合には安全保障理事会の侵略犯罪の事態を付託する決定が存在する。それゆえ，そうした安全保障理事会の決定に，管轄権行使の条件以上の意味を与えず，ICC が独自に侵略行為の存否を決定できることを確保するために，確認的に前述の規定が置かれたものと考えられる。

6　侵略犯罪管轄権行使条件規定の影響の限定

　侵略犯罪の管轄権行使条件に関する規定は，管轄権行使を可能とするための諸条件の特異性のためか，その影響を限定しようとする規定も含まれている。すなわち，侵略犯罪の捜査のための特別な要件は，他の対象犯罪に関わる管轄権の行使に関する条項には影響を与えないことが明記された（新規程15条の2 (10)，15条の3 (5)）。この点は，検討会議作業部会の冒頭の議長説明において，すでに合意が成立していた点であると説明されている[92]。

Ⅵ　ま と め

　2010年の検討会議における侵略犯罪に関する規程の改正には，もちろん評価すべき点は少なくない。歴史上初めて侵略犯罪の国際法上の法典化が実現したこと，ICC が最も重大な国際犯罪である侵略犯罪に対する管轄権を行使できないという欠陥が是正されることになったこと，そして安全保障理事会における政治的な意思決定とは独立に ICC が侵略犯罪を捜査・訴追する権限が確定したことは，明らかに国際法と ICC の役割における重大な発展である[93]。

91　Report（注16）第5項。
92　Report（注16）第5項。

第 4 部　侵略犯罪の訴追をめぐる課題

　他方で，そのような合意を達成するために失ったものも少なくはない。締約国付託や検察官の職権調査による侵略犯罪について，非締約国の国民によるあるいはその領域での犯罪に対する ICC の管轄権を否定したことは，従来の ICC の管轄権の前提条件（12 条）の原則に重大な例外を設けることになったし，そのことが非締約国に与える悪影響も否定できない。また，管轄権の時間的条件が，どんなに早くとも 2017 年以降であるとされたことは，現状の ICC に対する締約国の不信感を反映しているとも考えられる。ICC がその信頼を回復しなければ，同年以降の締約国会議による決定を得ることはできず，実際の侵略犯罪に対する管轄権の行使は，さらに先送りとされる可能性もある。

　また，本章で詳しく検討してきたように，新しく設けられた侵略犯罪に関する規定には，解釈上解決されるべき少なからぬ問題が存在する。例えば，侵略犯罪の定義においては，国連決議 3314 に言及する形での規定や「明白な違反」という要件が，あいまいに過ぎて ICC に過度の解釈上の負担を課すことになるのではないのか[94]，侵略犯罪に関する改正規定の効力発生時期や管轄権行使の対象に関する複数の解釈の可能性は，ICC が実際に管轄権を行使することを著しく困難にするのではないか。それらを「dubious legal foundation」[95]（疑義ある法的基礎）とまで評するかどうかは別として，これらの規定が個人に対する刑事責任の決定に用いられるものであることや[96]，実際にも仮に捜査や訴追があれば弁護側によってあらゆる問題点が徹底的に提起されるであろうことを考えれば，将来 ICC は，十分に説得的な解釈により立法の欠缺を埋めていく作業に迫られるであろう[97]。逆に，そのような作

---

[93]　外務省（注 1）も同様の評価をしている。他方で ICC に独立の侵略行為認定権限を認めたことに対しては，強弱の差はあれ，安全保障理事会常任理事国であるフランス，イギリス（締約国），中国，ロシア，アメリカ（非締約国）による懸念を残すこととなった。第Ⅵ決議採択後の締約国と非締約国の声明，OFFICIAL RECORD（注 1）Annex Ⅷ，Annex Ⅸ。

[94]　Kreß and von Holtzendorff（注 5）pp.1210-1211 もそのような懸念を示している。また侵略行為の定義の曖昧さや広汎さについては，非締約国のキューバ，イラン，イスラエルが，それぞれ懸念を表明している。OFFICIAL RECORD（注 1）Annex Ⅸ。

[95]　投票理由説明その 2（注 89）第 2 項。

[96]　投票理由説明その 1（注 70）。

業を遂行できる見通しがなければ，ICC における侵略犯罪は，実際には管轄権を行使することが困難な，名目的犯罪類型となっていく危険性も存在する。その意味で，侵略犯罪の法典化を実現した国際社会は，それを適用可能な規定とするために引き続き大きな課題を背負うことになる。

---

97 もちろん，締約国会議自身が，新たな改正または了解文書によって，侵略犯罪に関する規定の欠缺を埋めていくことは理論上はありうる。しかし，今回の改正が長年にわたる議論の上での最終的なぎりぎりの妥協の産物であるとすれば，これ以上の作業を締約国会議に期待するのは困難と思われる。

第4部　侵略犯罪の訴追をめぐる課題

資料　第6決議の訳文

決議　RC/Res. 6
2010年6月11日第13回全体会議で採択
RC/Res. 6
侵 略 犯 罪
検討会議は，
　　ローマ規程12条(1)を想起し，
　　ローマ規程5条(2)を想起し，
　　また，国際連合の国際刑事裁判所の設立に関する全権外交会議によって1998年7月17日に採択された決議Fの7項を想起し，
　　さらに，侵略犯罪に関わる作業の継続に関する決議ICC-ASP/ 1 /Res. 1 を想起し，また，侵略犯罪特別作業部会に対して侵略犯罪の条項の提案を精緻化してきたことについて謝意を表明し，
　　締約国会議が侵略犯罪の条項に関する提案を検討のために検討会議に回付した決議ICC-ASP/ 8 /Res. 6 に留意し，
　　侵略犯罪に対する裁判所の管轄権を可能な限り早期に起動されるために以下のとおり決議する。
　1．国際刑事裁判所ローマ規程（以下「規程」）5条(2)に従い，この決議の付属文書1に含まれる規程の改正を，批准と受諾を受けて121条(5)に従い発効するものとして採択することを決定し，また，いかなる締約国も批准や受諾に先立って15条の2に定める宣言を提出できることに留意し，
　2．また，この決議の付属文書2に含まれる構成要件に関する文書の改正を採択することを決定し，
　3．また，この決議の付属文書3に含まれる上記の改正の解釈に関する了解文書を採択することを決定し，
　4．さらに，裁判所の管轄権行使の開始時期から7年後に侵略犯罪の改正を見直すことを決定し，
　5．すべての締約国に対し付属文書1に含まれる改正を批准や受諾するように呼びかける。

第 9 章　国際刑事裁判所ローマ規程の侵略犯罪の改正

付属文書 1　侵略犯罪に関する国際刑事裁判所のローマ規程への改正
1．規程 5 条(2)は，削除される。
2．規程 8 条の後に以下の文章が挿入される。

8 条の 2 [98]　侵略犯罪

(1) この規程の適用上，「侵略犯罪」とは，国家の政治的又は軍事的行動に対し実効的に支配を行使又は指導する地位にある者による，その性質，重大性及び規模において国際連合憲章の明白な違反を構成する侵略行為の計画，準備，開始又は実行をいう。

(2) 1 の規定の適用上，「侵略行為」とは，国家による他の国家の主権，領土保全若しくは政治的独立に対する，又は国際連合憲章と両立しないその他の方法による武力の行使をいう。次に掲げる行為は，いずれも宣戦布告の有無にかかわりなく，1974 年 12 月 14 日国際連合総会決議 3314 に従い，侵略行為とされる [99]。

　(a) 一国の軍隊による他国の領域に対する侵略若しくは，攻撃，一時的なものであってもかかる侵入若しくは攻撃の結果もたらせられる軍事占領，又は武力の行使による他国の全部若しくは一部の併合

　(b) 一国の軍隊による他国の領域に対する砲爆撃，又は一国による他国の領域に対する兵器の使用

　(c) 一国の軍隊による他国の港又は沿岸の封鎖

　(d) 一国の軍隊による他国の陸軍，海軍若しくは空軍又は船隊若しくは航空隊に関する攻撃

　(e) 受入国との合意に基づきその国の領域内にある軍隊の当該合意において定められている条件に反する使用，又は，当該合意の終了後のかかる領域内における当該軍隊の駐留の継続

　(f) 他国の使用に供した領域を，当該他国が第三国に対する侵略行為を行うために使用することを許容する国家の行為

　(g) 上記の諸行為に相当する重大性を有する武力行為を他国に対して実行する武装した集団，団体，不正規兵又は傭兵の国家による若しくは国家のための派遣，又はかかる行為に対する国家の実質的関与

98　原語は，Article 8 bis.
99　以下の侵略行為の諸類型の訳文は，松井芳郎編集代表『ベーシック条約集　2009』(2009) の国際連合総会決議 3314 の訳文（899 頁）に基づく。

3．規程 15 条の後に以下の文章が挿入される。
15 条の 2 [100] 侵略犯罪に対する管轄権の行使（国家付託，職権）

(1) 裁判所は，第 13 条(a)及び(c)に従い，本条の条項のもとで，侵略犯罪に対する管轄権を行使することができる。
(2) 裁判所は，この改正に対する 30 の締約国による批准又は受諾のあった 1 年後に行われた侵略犯罪に関してのみ管轄権を行使することができる。
(3) 裁判所は，本条に従い，2017 年 1 月 1 日以降に行われた，本規程の改正の採択に必要とされるのと同数の多数の締約国によりなされる決定のもとで，侵略犯罪に対する管轄権を行使することができる。
(4) 裁判所は，12 条に従い，締約国により行われた侵略行為から発生した侵略犯罪に対し，管轄権を行使することができるが，その締約国が事前に裁判所書記に宣言を提出することによりその管轄権を受諾しないことを宣言している場合はこの限りではない。この宣言の撤回は，いつでも発効し，3 年の間その締約国によって考慮されるものとする。
(5) この規程の当事者でない国に関しては，その国の国民により又は領域で行われた場合には，裁判所は，侵略行為に対する管轄権を行使することはない。
(6) 検察官が侵略犯罪に関して捜査を進める合理的な基礎があると結論する場合には，最初に，安全保障理事会が関係国によって行われた侵略行為の決定を行っているかどうかを確認するものとする。検察官は，国際連合の事務総長に裁判所に係属する事態を，関連情報と書類を含めて，通知するものとする。
(7) 安全保障理事会がそのような決定を行った場合は，検察官は，侵略犯罪に関して捜査を進めることができる。
(8) そのような決定が通知の日の後 6 ヵ月以内になされない場合には，予審裁判部門が 15 条に含まれる手続に従い侵略犯罪に関する捜査の開始を許可し，かつ安全保障理事会が 16 条に従い別途決定しなかった場合に，検察官は，侵略犯罪に関して捜査を進めることができる。
(9) 裁判所の外部の機関による侵略行為の決定は，この規程の下での裁判所自身の認定に影響を与えない。
(10) 本条は，5 条に言及された他の犯罪にかかわる管轄権の行使に関する条項には，影響を与えない。

---

100 原語は，Article 15 bis.

第9章　国際刑事裁判所ローマ規程の侵略犯罪の改正

4．規程15条の2の後に以下の文章が挿入される。

15条の3[101]　侵略犯罪に対する管轄権の行使（安全保障理事会付託）

(1) 裁判所は，13条(b)に従い，本条の条項のもとで，侵略犯罪に対する管轄権を行使することができる。

(2) 裁判所は，この改正に対する30の締約国による批准又は受諾のあった1年後に行われた侵略犯罪に関してのみ管轄権を行使することができる。

(3) 裁判所は，本条に従い，2017年1月1日以降に行われた，本規程の改正の採択に必要とされるのと同数の多数の締約国によりなされる決定のもとで，侵略犯罪に対する管轄権を行使することができる。

(4) 裁判所の外部の機関による侵略行為の決定は，この規程のもとでの裁判所自身の認定に影響を与えない。

(5) 本条は，5条に言及された他の犯罪にかかわる管轄権の行使に関する条項には，影響を与えない。

5．規程25条(3)の後に以下の文章が挿入される。

(3)の2　侵略犯罪に関しては，本条の規定は，国家の政治的又は軍事的行動に対し実効的に支配を行使し又は指導する地位にある者に対してのみ適用されるものとする。

6．規程9条(1)の第1文は，以下の文によって置き換えられる。

9条　犯罪の構成要件に関する文書

(1) 裁判所は，6条，7条，8条及び8条の2までの規定の解釈及び適用に当たり，犯罪の構成要件に関する文書を参考とする。

7．規程20条(3)の頭書きは，以下の項によって置き換えられる。同項のその余の部分は変更なしのまま残る。

(3) 6条，7条，8条及び8条の2までの規定によっても禁止されている行為について他の裁判所によって裁判されたいかなる者も，当該他の裁判所における手続が次のようなものであった場合でない限り，同一の行為について裁判所によって裁判されることはない。

101　原語は，Article 15 ter.

付属文書2　犯罪の構成要件に関する文書の改正
8条の2[102]

侵略犯罪

はじめに

1. 8条の2(2)に言及された行為は，いずれも侵略行為たり得るものであると理解される。
2. 軍隊の使用が国際連合憲章と合致しなかったかどうかについて，実行者が法的評価をしたことを証明すべき要件はない。
3. 「明白な」という用語は，客観的な条件である。
4. 国際連合憲章違反の「明白な」性質について，実行者が法的評価をしたことを証明すべき要件はない。

構成要件

1. 実行者は，侵略行為を，計画，準備，開始又は実行した。
2. 実行者は，侵略行為を行った国家の政治的又は軍事的行動に対し実効的に支配を行使し又は指導する地位にある者であった。
3. 侵略行為（国家による他の国家の主権，領土的一体性又は政治的独立に対する，若しくは国際連合憲章に合致しないその他の方法での，軍隊の使用）が行われた。
4. 実行者は，そのような軍隊の使用が国際軍合憲章に合致しないことを確立する事実的状況を認識していた。
5. 当該侵略行為は，その性質，重大性及び規模において国際連合憲章の明白な違反を構成するものであった。
6. 実行者は，そのような国際連合憲章の明白な違反を確立する事実的状況を認識していた。

付属文書3　国際刑事裁判所のローマ規程の侵略犯罪に関する改正に関する了解文書

安全保障理事会による付託

1. 裁判所は，15条の3(3)に従う決定が行われた後と30の締約国による改正の批准又は受諾の1年後と，いずれか遅い方の後に行われた侵略犯罪に関してのみ，規程13条(b)に従う安全保障理事会付託に基づいて，管轄権を行使できると了解される。

---

[102] 原語は，Article 8 bis.

第9章　国際刑事裁判所ローマ規程の侵略犯罪の改正

2．裁判所は，規程13条(b)に従う安全保障理事会付託に基づく侵略犯罪に対して，関係国がこの点の裁判所の管轄権を受諾したかどうかに関わりなく，管轄権を行使するものと了解される。

時間的管轄権

3．規程13条(a)又は(c)の場合には，裁判所は，15条の2(3)に従う決定が行われた後と30の締約国による改正の批准又は受諾の1年後と，いずれか遅い方の後に行われた侵略犯罪に関してのみ，管轄権を行使できると了解される。

侵略犯罪に対する国内の管轄権

4．侵略行為の定義と侵略犯罪を定める改正は，この規程の目的のためになされるものと了解される。この改正は，ローマ規程10条に従い，いかなる形においてもこの規程以外の目的のために現行の又は発展する国際法の規則を制限し，又はその適用を妨げるものと解してはならない。

5．改正は，他の国によって行われる侵略行為に関して国内の管轄権を行使する権利又は義務を創設するものとは解釈されないと了解される。

その他の了解

6．侵略は，武力の違法な行使の中でもっとも深刻で危険な形態であり，また，侵略行為が行われたどうかの決定には，国際連合憲章に従い，当該行為の重大性及びその結果を含む個別の事件のすべての状況を考慮することが要求されるものと了解される。

7．侵略行為が国際連合憲章の明白な違反を構成するかどうかを確立するためには，性質，重大性及び規模という3つの構成要素が「明白性」の決定を正当化するのに十分でなければならないと了解される。いずれか一つの構成要素もそれだけで明白性の基準を満たすには十分たり得ない。

第5部

日本の課題

第10章　国際刑事裁判所と日本の課題

I　はじめに

　日本政府は，2007年にICC規程に加入し，ICC規程の105ヵ国目の締約国となった（加盟国は，2013年7月1日時点で122ヵ国）。

　ICC規程は，1998年のローマ全権外交会議（ローマ会議）において，そこに集まった諸国家のみならず，多くのNGO（市民社会）の熱狂的な歓迎の中で採択された[1]。アナン国連事務総長（当時）は，その署名式典において，ICC規程の採択を「将来の世代への希望の贈り物，そして普遍的人権と法の支配の前進のための巨大な一歩」と評して最大限の賛辞を送った。

　ローマ会議の際には，日本は採択において賛成に票を投じ，また，小和田恆全権大使（当時）をはじめとする日本政府代表団は，賛成国と反対国との妥協を成立させるために積極的な役割を果たしたとされる[2]。その後，一般の予想を超えて早期に，ICC規程は60カ国の批准を達成して発効した（2002年）。しかし，日本が加入するまでには採択から9年という長い年月を，費やさなければならなかった。

　日本の加入当時には，国会のみならず，さまざまな雑誌においてその加入の意義や日本の課題が議論された。それからすでに6年を経過した現在では，しかし，ICCと日本との関係が議論されることは極めて少ない。それは，現在の日本出身の尾﨑久仁子ICC裁判官が，「日本国内の関心はかえって低下しつつあるようにも感じられる」と評する状況である[3]。

1　ローマ全権外交会議の経過については，「特集1　国際刑事裁判所の成立」ジュリスト1146号（1998）4-28頁，東澤靖「2000年の設立に向かう国際刑事裁判所」自由と正義50巻1号（1999）32-41頁など。
2　ジュリスト特集（注1）。

第5部　日本の課題

日本にとって，ICC 規程に加入したことにはどのような目的と意義があったのか，その目的と意義はどのように実現されてきたのか，そして今後に向けて日本は ICC にどのように向き合うべきなのか。以下では ICC 規程加入当時の議論を参考に，ICC についての日本の課題を考えてみたい。

II　ICC 規程加入の際の日本国内の対応

1　ICC 規程加入の目的

(1)　理念的意義

ICC 規程への加入を国会に提案するに際して，当時の麻生太郎外務大臣は，その目的を次のように説明していた。

「この規程は，これまでに 104 か国が締結しており，昨年には裁判手続が開始されるなど，国際刑事裁判所の活動は本格化してきております。我が国がこの規程を締結することは，国際社会における重大な犯罪行為の撲滅及び予防並びに法の支配の徹底に寄与するとの見地から有意義であると認められます。」[4]

すなわち，①国際社会における重大な犯罪行為の撲滅及び予防と，②法の支配の徹底に寄与するという2つの理念的意義が，ICC 加入の主たる目的とされていた。犯罪行為の撲滅及び予防は，ICC が国際社会全体の関心事である最も重大な犯罪について訴追及び処罰を行う機関であることから導かれるものである。また，法の支配の徹底は，そうした重大な犯罪に常設の刑事裁判所という司法手続を通じて対処することから導かれる。ICC 規程への加入当時に発表された文献，特に政府に近い文献においては，こうした理念的意義を強調するものは多かった[5]。ただ，法の支配は，ICC のメンバーにならなくてもそれに貢献することは可能であり，ICC 規程への加入には，より積極的な根拠を必要とするという指摘もあった[6]。

ICC 規程への日本の加入は，少なくとも表面的には，このような2つの理

---

[3]　尾﨑久仁子「国際刑事裁判所の現状と課題」刑事法ジャーナル No. 27（2011）44-52, 52 頁。

[4]　第 166 回国会衆議院本会議外務委員会（2007 年 3 月 20 日）における趣旨説明。

念的意義に支えられていた。他にも，ICC 規程への加入の目的や意義をめぐって，次のようなさまざまな議論が提唱されていた。

③　ICC の普遍性の拡大

ICC の普遍性の拡大という目的も，ICC 規程加入時にしばしば日本の加入の意義として，政府に近い人々によって指摘された[7]。ここでいう ICC の普遍性の拡大とは，ICC 規程により多くの国々が加盟（批准・加入）することを意味する。普遍性の拡大は，ICC の正当性を高めるためにも必要だと主張された[8]。そのため第 1 に，世界各地に比べて加盟国数が少ないアジア地域で日本が他の国々の加盟を促進するということであり，第 2 に国際社会に最大の影響力を持ちながら従来 ICC に敵対的な対応を取ってきたアメリカ政府について日本がその対応を軟化させるということである。

④　ICC の運営への寄与

ICC 規程に加入することは，締約国会議を通じて，ICC に関わる予算の決

5　中川真吾・花井剛「国際刑事裁判所に関するローマ規程の概要」（「特集 国際刑事裁判所ローマ規程への加盟に当たって」法律のひろば 60 巻 9 号（2007）4 -53 頁）13-18, 18 頁，松本麗「国際刑事裁判所に対する協力等に関する法律の概要」（上記「法律のひろば」特集）19-26, 26 頁，正木靖「日本と国際刑事裁判所」（村瀬信也・洪恵子編『国際刑事裁判所──最も重大な国際犯罪を裁く』（2008），以下正木①）334-335 頁，同「国際刑事裁判所（ICC）加入までの道のりとその意義」（「特集 日本と国際公秩序──集団的自衛権・国際刑事裁判所の原理的検討」ジュリスト 1343 号（2007）6 -79 頁，以下正木②）57-66, 64-65 頁，河村憲明「国際刑事裁判所に関するローマ規程及び国際刑事裁判所に対する協力等に関する法律について」警察学論集 60 巻 8 号（2007）166-184, 168, 181 頁，菅原清行「『国際刑事裁判所に関するローマ規程』の締結と『国際刑事裁判所に対する協力等に関する法律』の成立」ジュリスト 1341 号（2007）109-115, 115 頁，中内康夫「我が国の国際刑事裁判所（ICC）加盟と今後の課題──国際刑事裁判所に関するローマ規程」立法と調査 266 号（2007）21-29 頁（以下中内①）28 頁，同「国際社会における法の支配の確立に向けて──国際刑事裁判所ローマ規程・国際刑事裁判所協力法案の国会論議」立法と調査 270 号（2007）3 -11 頁（以下中内②）。

6　石垣友明「日本の国際刑事裁判所（ICC）加入の意義と ICC の可能性」国際人権 19 号（2008）42-50, 43 頁。

7　正木①（注 5）334-335 頁，正木②（注 5）64-65 頁，中内①（注 5）29 頁，石垣（注 6）43 頁，岡野正敬「2009 年の国際刑事裁判所の裁判官選挙の結果と今後の課題」国際法外交雑誌 108 巻 1 号（2009）95-105, 103-104 頁，尾﨑（注 3）51-52 頁。

8　岡野（注 7）103-104 頁。

定，裁判官・検察官・裁判所書記などの選挙への参加，基本政策の決定やその運営の監視に関わる資格を持つことになる。そのような点を，加入の意義として挙げる議論も多かった[9]。なぜそのような寄与が必要なのかという点については，最大拠出国にふさわしい発言権を確保するという日本側の利益によって基礎づけるものや[10]，ICC が持続可能な国際機関となるためにという ICC 側の利益によって基礎づけるものなどがあった[11]。

⑤　国際法（刑事法，人道法，人権法）の発展への寄与

日本が ICC 規程に加入し，その活動に参加することによって，ICC の活動を基礎づける国際刑事法，国際人道法あるいは国際人権法の発展に寄与するという指摘も見られた[12]。このことは，日本国内においてそれら国際法の理解が高まるという側面，国際法の標準形成機能に関わるという側面，あるいは国際刑事法と国内刑事法の相互作用が高まるという側面を含んでいる[13]。こうした国際法と国内法との間の相互作用は，条約の批准に際してその可能性を一般的に指摘することはできるものの，実際にそれがどの程度現実のものとなるかは，国内法の受容体制の有無や条約の改正や関連する規範形成にどの程度積極的に貢献するかに係っている。その意味では後に触れる，ICC 規程加入の際の国内立法措置や，ICC をめぐって採択された追加的義務の受入などをめぐって，後に検討することとしたい。

⑥　平和構築や司法支援への寄与

ICC 規程加入に際して，そのことを国連や各国政府が行っている平和構築や司法支援との関係での重要性を指摘する議論もあった[14]。この指摘は，ICC 自身にとっても重要なものである。ICC の管轄権は，補完性の原則のも

9　野口元郎「国際刑事裁判所の現状と課題及び我が国の果たすべき役割」法律のひろば特集（注5）27-37 頁，正木①（注5）336 頁，正木②（注5）64-65 頁，尾﨑（注3）52 頁，岡野（注7）103-104 頁。

10　野口（注9）32 頁。

11　岡野（注7）103-104 頁。

12　野口（注9）34 頁。

13　野口元郎「国際刑事法の文脈から見た国際刑事裁判所──国内刑事司法との相互作用」村瀬・洪編（注5）316-317 頁。

14　佐藤安信「人間の安全保障からみた国際刑事裁判所」（「特集 国際刑事裁判所の将来と日本の課題」法律時報 981 号（2007）4-67 頁）61-67 頁，多谷千香子「国際刑事裁判制度の発展と日本の役割」（同特集）12-17，17 頁。

とにあり，個々の国家が犯罪を自国内で裁く能力や意思がない場合にのみそれを行使することが許容される。そのため，ICC の締約国には，自国内の事態が ICC に取り上げられることがないように，自国内の刑事司法制度を整備し，国内管轄権が適切に行使されることが期待されていた（積極的補完性の原則）[15]。しかし，実際に ICC においては，締約国が自国内での事態に対し，自ら管轄権を行使することなしに ICC に自己付託してしまうという事例も相次いだ。この点で，積極的補完性の原則を実現するためにこそ，そうした国々に対する司法復興支援の必要性が指摘されていた[16]。

また，ICC が対象とするのは，その設立目的からも実際の対処能力からも，犯罪に関わる者すべてではなく，最も責任のある指導層に限定されるという理解がある。その場合に数千，数万にのぼる実行犯は，犯罪が行われた地元の刑事司法に委ねられざるを得ない。そのような実行犯が国内の司法権によって適切に裁かれ，「不処罰の格差」(Immunity Gap) を発生させないためにも，紛争国に対する国際的司法支援がなされることの重要性は，広く認識されていた。他方で，そうした司法支援については，西側の押し付けではなく現地の紛争処理実務や正義の観念と折衷させる必要性や[17]，ICC の肥大化を避けるために ICC の任務とは区別する必要性なども指摘されていた。

ICC 規程の加入に際して，このようにその理念的意義はさまざまに語られた。しかしごく少ない例外を除いて，加入後においてもその理念的意義を深めたり，それを実現するための新しい外交政策を組み立てることは，必ずしもなされていない[18]。振り返ってみて，そのような理念的意義が語られた背景には，ICC という新しい国際組織に寄せられた期待が大きかった反面，ICC で日本人が訴追される「可能性は実際に想定できない」（麻生外務大臣

15　積極的補完性の原則の考え方は，ICC の活動開始直後にその初代検察官が述べていた「反対に，補完性は，国内機関の正常な機能の結果として，この裁判所での裁判の不存在こそが，主要な成功となることを示している。」(Statement made by Mr. Luis Moreno-Ocampo at the ceremony for the solemn undertaking of the Chief Prosecutor of the ICC（2003 年 6 月 16 日）) という言葉に象徴されている。

16　東澤靖「国際刑事裁判所──日弁連としての関わりからみえる課題」法律のひろば特集（注 5）38-47, 44-45 頁。

17　佐藤（注 14）65 頁。

〔当時〕の答弁）というある意味での切実性のなさがあったのかも知れない[19]。逆に，日本にとって直接的利害が少ないからこそ，純粋に考えることができたという側面があるのかもしれない[20]。その場合，そもそも日本はなぜその時期に ICC 規程に加入したのか，それによって何を真剣に目指そうとしたのかという疑問が残ることになる。

(2) 実利的意義

むしろ，ICC 規程の加入に際して，国会などでより熱心に議論されていたのは，日本が ICC 規程に加入することの実利的意義，ICC 規程に加入することが日本にとって具体的にどのようなメリットがあるのか，であったように思われる。このように実利的意義を明確に提示することは，日本が ICC 規程に加入した場合の締約国としての拠出額について，国内の理解を得るために必要とされたという[21]。すなわち，ICC の予算に対する締約国の拠出金の分担率は，国連予算の分担率が基礎とされることから，アメリカ不在のもとで日本が最大の拠出国となる。その財政負担の意味と負担額の適正を明らかにすることについて，国内を説得する必要があったというものである[22]。

そうした文脈の中で，盛んに議論されたのは，日本が ICC 規程に加入した後の「人的貢献」の必要性であった[23]。具体的には，ICC において日本出身の裁判官やその他の高官を選出させること，そして ICC における日本人

---

18 外務省が ICC に関して行ってきた外交政策は，外務省のウェブサイトでその概要を一覧することができる（http://www.mofa.go.jp/mofaj/gaiko/icc/）。また，その中でも，日本政府が少なくとも一時期，他のアジア諸国の ICC 規程加入を促進するために，各種のセミナーや会合を開催したことは特筆すべきであろう。村井伸行「2009 年国際刑事裁判所（ICC）裁判官補欠選挙の結果」国際法外交雑誌 109 巻 1 号（2010）74-81, 81 頁。

19 第 166 回国会衆議院本会議外務委員会（2007 年 3 月 20 日）。

20 石垣（注 6）42 頁。

21 正木①（注 5）327 頁。

22 同上。

23 野口（注 9）32 頁，岡崎泰之「国際刑事裁判所（ICC）規程への加盟と今後に向けて――ICC の今後の課題と我が国の役割」法律のひろば特集（注 5）48-53, 50 頁，正木①（注 5）340 頁，正木②（注 5）65-66 頁，河村（注 5）168, 181 頁，中内①（注 5）28 頁。

第 10 章　国際刑事裁判所と日本の課題

の職員を増やしていくことである。日本が ICC 規程への加入を機に，その崇高であるが困難な任務を担う人材を国内で育てることによって，前述のさまざまな理念を実現することに貢献していくことは，ある意味で当然のことである。そして，一般に欧米などに比して日本が過少代表（under-represented）だと言われる国際機関において，日本の出身者が増えていくことは，顔の見える貢献や国際機関の文化的多様性を確保するためにも必要なことである。しかし，そうした「人的貢献」の側面が，「最大拠出国という特別な地位にふさわしい人的貢献」，「裁判官の送り込み」や「事務局への日本人職員の送り込み」といった熱意を持って語られたことに対しては，日本政府の ICC への関わりが道義的な意図よりも，ICC 締約国となることの実利に焦点が置かれているという冷めた見方を招くことにもなった[24]。

　日本出身の裁判官やその他の高官という点については，締約国となった後，実際に，いずれも外務省出身である故・齋賀富美子裁判官（2007 年選出，2009 年再選）や次いで尾﨑久仁子裁判官（2007 年選出）が選出され，その経緯は外務省の担当者によって詳しく報告されている[25]。また，法務省出身の野口元郎検事が，ICC 規程に基づいて設置された被害者信託基金の理事（2012 年，2013 年から理事長）に選出されている。ICC の職員という点では，外務省は，ICC の概要や応募手続を詳しく説明したパンフレットなどを作成して情報提供している[26]。しかし，実際には現在まで日本人職員の採用は極めて少数であり，「残念ながらいずれも現状においては甚だ不十分であって，なきに等しい」と評される状況である[27]。

(3)　加入の際のもう一つの事情

　以上は，ICC 規程加入の際に，表向きに語られた議論である。しかし，そうした議論は，なぜ 2007 年という時機に，日本が加入する決断をしたのか

24　Lukner, K., 'Global Goals versus Bilateral Barriers? The International Criminal Court in the Context of US Relations with Germany and Japan,' Japanese Journal of Political Science, vol. 13-01 (2012) pp. 83-104, 98.
25　岡野（注 7），村井（注 18）。
26　例えば，外務省国際法局国際法課などが作成した，「国際刑事裁判所で働くために」などの冊子がある（http://www.mofa-irc.go.jp/shiryo/dl-data/110712_ICC.pdf）。
27　尾﨑（注 3）52 頁。

という事情は語ってくれない。

　日本は，少なくとも1998年のICC規程採択時には，圧倒的多数の国々とともに賛成票を投じた。しかし，その後は規程で定められた2000年末までの署名を行わなかった。また，他のICC加盟国，特にEU諸国の働きかけにもかかわらず，長らくICC規程に加入することをしなかった。そのことは，国内法との関係を検討中であることや，財政負担について国内での理解を得る必要があることが，主たる理由とされていた[28]。国内法との関係を検討中であったという点については，外務省の担当者からの聞き取りとして，実際に2006年より前にはそのような国内法に関する作業を真剣には開始していなかったという指摘もある[29]。

　それにもかかわらず，同年の後半になって，突如，2007年中の加入という政府方針が示された[30]。なぜ，この時期に従来の日本政府の慎重な姿勢が，積極的なものに転換したのかという点については，従来の野党議員による要請に加えて，2006年春に与党内（当時）においてICC議員連盟が結成されたためという説明もある[31]。しかし，この2006年という時期が，従来，ICCの活動を妨害する姿勢を示していたアメリカ政府が，その対応を緩和させてきた時機にあたることも事実である[32]。

　すなわち，ICC規程の採択に反対票を投じたアメリカ政府は，とりわけブッシュ政権のもとで，ICCに敵対的な政策を取り続けていた。例えば，国連安全保障理事会において平和維持部隊に関する事件にICCが捜査等を進めないことを要請する決議を主導し（2002年），同年，アメリカ国民をICCに引き渡さない旨の協定（98条協定）を多数国と締結するとともに，98条協定を締結しない国に対する軍事支援を停止する法律（アメリカ要員保護法）を制定していた[33]。それが，2005年にスーダンのダルフールの事態について

28　例えば，第164回国会参議院本会議における小泉純一郎総理大臣（当時）の答弁（2006年1月24日）。

29　Lukner（注24）pp. 101-102.

30　第165回国会参議院予算委員会における安倍晋三総理大臣の答弁（2006年10月13日）。

31　正木①（注5）327頁。

32　古谷修一「国際刑事裁判所の歴史と現在の動向」法律のひろば特集（注5）4-12, 10-11頁。

第 10 章　国際刑事裁判所と日本の課題

国連安全保障理事会がその事態を ICC に付託する決議（決議1593）を行った際に，アメリカは拒否権を行使せずに棄権した。また，その後 2006 年 10 月には，先のアメリカ要員保護法のもとでの 98 条協定を拒否していた ICC 締約国に対する軍事援助停止を，解除する措置をとった[34]。

このような時機の一致から，日本政府は，アメリカ政府との衝突を避けるために，ICC 規程への加入を，アメリカ政府の ICC への敵意が和らぐまで，意図的に遅らせていたのではないかという指摘もなされる[35]。少なくとも，ICC 規程への加入を審議する国会で政府は，アメリカについて「ICC を弱体化させる意図は全くないという見解を示しております。」，ダルフールの安保理決議についても「米国を含む関係各国と緊密に連絡，協議をいたしております。」などと，アメリカの姿勢の変化を指摘し，アメリカ政府との関係に自信を示していた[36]。このことから，少なくとも日本政府は，ICC 加入に際してアメリカとの関係に相当の配慮をしていたことは疑いない。

2　国内法の対応をめぐる議論

(1)　国内法の対応

ICC 規程への加入に際して，日本がとった国内法的な対応は，日本の ICC に対する姿勢を示すもう一つの重要な特徴である。

ICC 規程のもとで，締約国に課せられた主要な義務は，次の 3 つである。

①対象犯罪（集団殺害犯罪，人道に対する犯罪，戦争犯罪，侵略犯罪－ただし，侵略犯罪については後述）について ICC 管轄権を受諾すること（12 条(1)，ことわりのない限り条文は ICC 規程のもの）

33　古谷修一「稼働を始めた国際刑事裁判所の課題――外からの抵抗と内なる挑戦」法律時報特集（注 14）18-24, 19-21 頁。

34　同上。なお，この時期にアメリカ政府が ICC に対する態度を軟化させた経緯については，多くの議論があるが，ICC の検察官（当時）がイラク侵攻の際の締約国（イギリスなど）国民による戦争犯罪の捜査を継続しない決定をしたこと（2006 年 2 月）との関連性を指摘するもののある。Schabas, W. A., "Unimaginable Atrocities Justice, Politics, and Rights at the War Crimes Tribunals,"（2012）pp. 85-86.

35　Lukner（注 24）p. 102.

36　第 166 回国会の衆議院外務委員会（2007 年 3 月 28 日）と参議院本会議（2007 年 4 月 13 日）における麻生太郎外務大臣（当時）の各答弁。

② ICC が行う捜査及び訴追（引渡しを含む）に協力すること（86 条以下）
③ ICC の裁判の運営に対する犯罪（証拠や証人に対する犯罪，贈収賄に関する犯罪，職務行為に対する犯罪など）について自国の刑事法が適用（犯罪化）できるようにすること（70 条(4)）

　ここで注目すべきなのは，まず，ICC 規程は締約国に対し，対象犯罪を国内犯罪とすることを義務づけていないという点である。ICC は補完性の原則によって第一次的には各国内での訴追・処罰を優先している（1 条，17 条）。それにもかかわらず，国内犯罪化の義務づけがなされなかったのは，そのような義務づけに対する抵抗があったことと，たとえ国内犯罪化を義務づけなくとも，国内の事件や被疑者を ICC で裁かれることを締約国が嫌うのであれば，国内犯罪化が促進されるという期待によるものであった[37]。

　そうした枠組みのもとで，ICC 規程への加入に際して日本がとった国内法的な対応は，「国際刑事裁判所に対する協力等に関する法律」（ICC 協力法：全 65 条）を制定することであった[38]。ICC 協力法の内容は，大別にして，ICC が行う捜査及び訴追（引渡しを含む）へ協力を行う国内法手続と，ICC の裁判の運営に対する犯罪の新設にわけることができるが，それらは前述のように ICC 規程のもとで締約国に義務づけられた②と③の措置に関するものであった。

　このように日本が ICC 規程への加入に際して，同規程の義務づける国内的措置を誠実に果たしたことは，評価に値することである。実際に ICC を支援する NGO の連合体である ICC 連合（CICC）（後出）の調査によれば，2010 年 3 月時点で国内の執行措置（立法に加え，既存の法律における特定の条項の適用によるものも含む）を行っている締約国の数は，対象犯罪の国内犯罪化と協力実施義務に関するものと，いずれも半数に満たないものであった[39]。

　他方ここで重要なのは，日本が何を行ったかではなく，むしろ何を行わなかったかという点にある。日本政府は，ICC 規程への加入に際して ICC の対

---

[37]　しかし実際には，締約国が自国内での訴追を試みることすらせずに，そのまま ICC に付託する，自己付託あるいは補完性の放棄と呼ばれる付託が相次いだことは，前述の通りである。
[38]　ICC 協力法の解説としては，東澤靖『国際刑事裁判所　法と実務』(2007) 305-319 頁，松本（注 5），菅原（注 5），中内②（注 5），河村（注 5）などがある。

第 10 章　国際刑事裁判所と日本の課題

象犯罪を国内で訴追できるようにするための特別の法整備は行わなかった。この法整備は，ICC 規程のもとで加盟国に義務づけられたものではないことは前述したとおりである。

　ICC の対象犯罪，すなわち集団殺害犯罪，人道に対する犯罪そして戦争犯罪は，国際人道法のもとでは長く犯罪として認識されてきた犯罪類型である。日本は，サンフランシスコ講和条約により主権を回復した際の 1953 年に，1949 年のジュネーブ四条約を批准していたことから，本来は同条約が国内処罰を義務づける戦争犯罪について処罰規定を設ける義務を負っていた。しかし，日本は特別な国内法的対応をとらず，ジュネーブ四条約に対応する処罰規定を長らく持っていなかった。他方で，2003 年から始まった有事法制整備の中で，日本は，2004 年にジュネーブ諸条約の第 1・第 2 追加議定書を批准した。それに伴い日本は，「国際人道法の重大な違反行為の処罰に関する法律」（国際人道法違反処罰法）を制定して，既存の刑法では対応が困難な 4 罪について新たに構成要件を設けた[40]。しかし大半の戦争犯罪については，既存の刑法の殺人，傷害，逮捕監禁，強かんなどの規程で対応できることを理由に，新たな犯罪類型は設けられなかった。

　ICC 規程の加入に際しても，ICC の対象犯罪について新たな犯罪類型が設けられることはなかった。そうした対応が，ドイツ，イギリス，オランダ，カナダなどにおいては新たな法律によって ICC の対象犯罪の全類型が国内犯罪化されたことと対照的なものであることは，政府においても認識されていた[41]。

---

[39] CICC: SUMMARY CHART on the Status of Ratification and Implementation of the Rome Statute and the Agreement on Privileges and Immunities（APIC）. http://www.iccnow.org/documents/Chart_Summary.pdf　このチャートは作成時期が明確ではないが，バングラデシュが 111 番目の国として ICC 規程を批准した時期（2010 年 3 月）の統計だと思われる（締約国は 2013 年 7 月 1 日時点では 122 カ国）。その締約国 111 カ国の中で，対象犯罪について国内措置を取っているのは 51 カ国（46％），協力について国内措置を取っているのは 41 カ国（37％）であった。

[40] 国際人道法違反処罰法によって新設された犯罪は，重要な文化財を破壊する罪，捕虜の送還を遅延させる罪，占領地域に移送する罪，文民の出国等を妨げる罪である。

[41] 第 166 回国会の参議院外交防衛委員会（2007 年 4 月 26 日）における猪俣弘司外務大臣官房審議官（当時）の答弁。中内②（注 5）4 頁。

第 5 部　日本の課題

(2)　日本の国内法対応をめぐる議論

　日本が，ICC 規程の加入に際して，ICC の対象犯罪を国内法で犯罪化する措置をとらない場合，補完性の原則のもとでは被疑者が国内の司法手続を経ることなく，直ちに ICC で裁かれる可能性が生じることになる。そのことについて日本政府は，国会審議において次のような答弁を行っていた[42]。

① ICC の対象犯罪のほとんどは，現行国内刑法において，殺人罪，傷害罪，逮捕監禁罪等として処罰可能である。

② 対象犯罪の一部について，現行国内刑法によって処罰できない可能性は，理論上はあり得るが[43]，ICC の管轄権における重大性の要件により，日本人が訴追される可能性は実際には想定できない。

　こうした対応は，国内法の不足する分を，最小限の立法措置で補うものであったと説明されている[44]。そのような対応を取る理由として，政府は，対象犯罪の国内犯罪化は条約上の義務ではないことに加えて，刑罰の謙抑主義（刑罰は必要やむを得ない場合にのみ適用されるべきこと）や ICC 規程と国内法の間の間隙はわずかであることなどをあげていた[45]。

　ICC の対象犯罪を国内犯罪化することなく ICC 規程に加入するというこのような日本政府の対応は，ミニマリスト（最小限主義）の対応と言われたが，これに対しては賛否両論があった。政府の対応に賛同する意見には，すでに指摘した国会論議での根拠に加えて[46]，ICC 規程の加入手続を優先させるという政策判断として必要であったとの指摘もあった[47]。他方で，ICC 規程と歩調を揃えるための将来的な法整備の必要性や憲法との抵触の可能性を含め

42　第 166 回国会の衆議院本会議（2007 年 3 月 20 日）における麻生太郎外務大臣（当時）の答弁。国会答弁の詳しい内容については，中内②（注 5）4 頁。

43　国内法で処罰できない ICC 対象犯罪として外務省が検討していた主要な例は，中内②（注 5）5 頁に掲載されている。

44　正木②（注 5）61 頁。

45　第 166 回国会の参議院外交防衛委員会（2007 年 4 月 26 日）における水野賢一外務副大臣（当時）の答弁。中内②（注 5）4 頁。

46　例えば，刑法学の立場からは，「日本の刑罰法規を ICC 規程に合わせて拡大しなかったことは賢明だと考えられる」と評価されている。髙山佳奈子「国際刑事法をめぐる課題と展望」刑事法ジャーナル No.27（2011）2-8，8 頁。

47　新倉修「国際刑事裁判所規程の批准と国内法整備の課題」法律時報特集（注 14）25-30，28-29 頁。

十分な国内法整備を行う必要性を指摘する議論も存在した[48]。また，実際に現行法で対応するとは言っても，ICC 規程の多種のかつ複雑な犯罪類型や構成要件を，既存の刑法のいずれの罪に対応させるのかはあいまいとされたままであること[49]，国内法で公訴時効が完成した場合や国外犯処罰規定がない場合への対応など[50]，実際上の問題点も指摘されていた。しかし，そもそもICC 規程への加入に際して，法の支配の徹底に寄与するという理念的意義を掲げながら，ICC の対象犯罪を日本国内において処罰できない可能性を認めて，国家の刑事裁判権の不行使を予め宣言すること対応には，ある意味での一貫性のなさを指摘せざるを得ない[51]。

III　ICC 規程加入の意義と日本の役割を問い直す

　以上に見てきたように，ICC 規程加入の際には，数多くの理念的意義や実利的意義が語られた。他方で，国内法的な対応は，最小限のものに限られていた。その際に見落とされていたものはなかったのだろうか。そして，ICC 規程加入から 6 年を経過した現在，加入時に語られた理念的意義がどれだけ実現されているのだろうか。

(1)　ICC の理念と日本国憲法
　日本の国内法や外交政策のみならず，その価値の頂点として存在するのは，日本国憲法である。ICC 規程加入に際して，ドイツやフランスなど少なからぬ国々は ICC 規程を受け入れるために憲法上改正を必要とした[52]。しかし，日本においては，ICC 規程と憲法との抵触の可能性を問題にする意見はごくわずかであり[53]，逆に，ICC 規程への加入を憲法の目的から積極的に基礎づ

48　多谷千香子「国際犯罪（ICC 管轄犯罪）と日本の刑事司法 —— 手続面に絞った国内法整備にとどめて ICC に加入した意義」ジュリスト特集（注 5）67-72，70 頁，齊藤正彰「国際刑事裁判所と日本国憲法」（同特集）73-79，78 頁。

49　真山全「国際刑事裁判所の対象犯罪と国内的対応」法律時報特集（注 14）31-36，34 頁。

50　髙山（注 46）8 頁。

51　岡田泉「国際刑事裁判所規程の締結と国内実施」国際人権 19 号（2008）13-17，14 頁。

第5部　日本の課題

けようとする意見もわずかであった[54]。また，同様に日本が過去において，極東国際軍事法廷（東京裁判）という国際的には数少ない国際刑事裁判を経験した国であることを，ICC規程加入の意義に結びつける議論も，深くは展開されなかった[55]。むしろICCは，日本とは離れた国際公共秩序として認識され，その外在的な制度を日本がどう受け入れていくのか，という形で考察されてきた[56]。

しかし，ICCの目的と憲法のそれとは，異質なものとして存在するのかと言えば，決してそうではない。ICCの主要な目的としてしばしば言及されるのは，「これらの犯罪を行った者が処罰を免れることを終わらせ，もってそのような犯罪の防止に貢献することを決意し」（ICC規程前文）と述べられる不処罰否認原則である[57]。このような原則がなぜ必要とされるかと言えば，それは人々を最も重大な国際犯罪から保護するためである。言いかえれば，ICCは人々を最も重大な国際犯罪の恐怖から保護するために設立されたと言えるだろう。

そのような観点で憲法を見れば，憲法には，「われらは，全世界の国民が，ひとしく恐怖と欠乏から免かれ，平和のうちに生存する権利を有することを確認する。」（前文）とする定めがある。一般には平和的生存権を保障したとされるこの規定のうち，「恐怖と欠乏から免かれ」とする部分は，日本国憲法に先行するF・ルーズベルト米国大統領の米国議会での「4つの自由」演説（1941年，言論と信仰の自由，恐怖と欠乏からの自由），あるいは同時期の世

52　例えばドイツでは基本法において自国民のドイツ外への引渡しを禁止する規定があったことから，国際的な法廷とEU加盟国への引渡しについての例外が加えられた。またフランスでは，憲法裁判所が，大統領・政府高官・国会議員の免責をはじめとするいくつかの憲法の規定に，ICC規程が抵触するとの判断を行ったことから，憲法にICCの管轄権を承認するとの条項を加えて，憲法上の問題点を解決した。
53　齊藤（注48）78頁。
54　例えば，ICC規程への加入が憲法上も推奨されることを指摘したものとして，多谷（注14）17頁。
55　ICC規程加入においては東京裁判の経験を出発点とすべきだとする指摘はあった。多谷（注14）16-17頁。
56　例えば，小森光男「国際刑事裁判所規程と裁判過程の複合化」ジュリスト特集（注5）47-56頁。
57　同上49頁など。

252

界人権宣言の前文（1948年国連総会決議，「人々が言論及び信仰の自由と恐怖及び欠乏からの自由を享受する世界の到来が表明された」）に明示された「恐怖からの自由」を保障することと，その内容を同じくする。憲法が，全世界の国民が恐怖から免れるべきことを目的としていることは，「恐怖からの自由」を保障するという意味において，全世界の人々を最も重大な国際犯罪の恐怖から保護するというICCの目的と重なってくるのである。

さらに，日本を連合国の統治から独立させ，憲法と並んで日本の戦後の体制を形作ったものとしてサンフランシスコ講和条約がある。そしてこの条約においては，日本が「極東国際軍事裁判所並びに日本国内及び国外の他の連合国戦争犯罪法廷の裁判を受諾」すること（11条）が定められていた。東京裁判やアジア各地で行われたＢＣ級戦犯裁判に対して，その内容や手続をめぐってさまざまな議論がなされてきたことにはここでは触れない。しかし，少なくとも東京裁判で行われた，平和に対する罪，戦争犯罪，人道に対する犯罪に国際法が適用され，責任ある個人が国際的な刑事司法システムで裁かれるという枠組みは，日本が独立国家を形成する前提条件として日本が受け入れてきたものであった[58]。

こうした日本の憲法と戦後国家の枠組みから考えれば，ICC規程の目的は，日本の憲法と国家の枠組みによって支えられていたと言えよう。ICC規程への加入は，けっして外在的な国際公共秩序の受入ではなく，日本の内在的な国家的目的や枠組みを実現するものと評価することができるはずである。しかし残念ながら，この点は，日本のICC規程加入時には，議論が深められることはなかった[59]。むしろ，東京裁判の経験に触れることは，「勝者の裁き」など，なお存在する批判的な評価を意識してか，NGOなどにもあえてそれに触れることを避けてきたような印象がある。しかし，日本が今後ICCに関して積極的な役割を果たそうとするのであれば，自らの憲法や国家の枠組みとの親和性をもっと探究する必要がある。

58　例えば，小松一郎「日本外交と法の支配」外交フォーラム21巻7号（2008）64-69, 64頁。
59　そうした状況は，ICCの推進に積極的であったドイツとの比較において，「ドイツの例とは反対に，東京は，裁判所を支持する明確な道義的に動機づけられたあるいは歴史的な責任を何ら感じていないように見受けられる。」とも評価されている。Lukner（注24）p. 98.

(2) 「法の支配」や国際法発展の実際の意味

　先に見たように，日本政府が ICC 規程の加入に際して述べていた最大の理念的意義の一つは，法の支配の徹底に寄与するということであった。ICC が不処罰否認原則を正面に掲げているという意味においても，重大な国際犯罪の温床となる紛争に対して刑事司法という手段で対抗するという意味においても，ICC を支持することが法の支配の徹底に寄与するという認識はもちろん正しいものである。

　ここで，日本政府が「法の支配」を掲げるときにそれが具体的に何を意味しているのかという点は，ICC 規程加入の際の議論ではあまり掘り下げられなかったように思われる。この点について，ICC 規程加入の際に外務省国際法局長を務めていた小松一郎が日本の加入の意義について述べた基調講演がある[60]。それによれば，日本の加入の主要な目的として重大犯罪の予防と ICC の普遍性の達成と並んで，「国際社会における法の支配」をあげている。そして，日本が第二次世界大戦後は法の支配の観点から紛争の平和的解決を追及し，そのために国際司法裁判所（ICJ）の強制管轄受諾宣言を行い，また，国際海洋法裁判所（ITLOS）や世界貿易機関（WTO）などの紛争解決機関を活用してきたことが，日本が法の支配を追求してきたことの例証としてあげられている。このこと自体は，国際社会における日本の外交指針として重要なものであり，維持されるべきであることはいうまでもない。また，同時に「国際社会における法の支配」を実現するためには，ICC をはじめとする国際司法機関の強化や，各国における法制度を確立するための国際的司法支援など，総合的な政策が立案され，実施されるべきことも同様である[61]。

　しかし，「法の支配」をめぐる議論において，抜け落ちているのは，そのような「国際社会における法の支配」を，「国内における法の支配」とどのように整合させるかという視点である。今日，「国内における法の支配」と

60　Keynote Address by Ichiro Komatsu, Ambassador of Japan to the Swiss Confederation, ICC Seminar at ITC Maurya Seraton Hotel, New Delhi, India on 18 March, 2009．同様の内容は，小松（注58）。

61　小松（注58）は，この点にも詳しく触れている。

第10章　国際刑事裁判所と日本の課題

「国際社会における法の支配」が相互に依存するものであり，いずれの実現にとっても他方が不可欠であることは一般に受け入れられている[62]。例えば，国際人権条約による国際的な法の支配は，国内の人権保障制度が確立することなしには実現されない。同様に国内の法の支配は，国内の人権保障制度が国際人権法の基準を満たすことによって実現されていく。そして，「国内における法の支配」と「国際社会における法の支配」が切断されている場合には，両者の実現は不完全なものとなる。例えば，日本は国際人権条約のもとで設けられた個人通報制度（国内で救済を受けることができなかった者が条約機関に申し立てる制度）を受け入れていないが，そのようなもとでは国際人権条約に違反すると条約機関が見なす法律が，日本国内では放置されるという事態が生じてくる。そのような状況のもとでは，「国際社会における法の支配」のために設けられた規範が，国内においては実現されない，ブロックされてしまうことになる。これは，国際社会のための規範を国内で実施する法的義務を負っているかどうかという問題ではない。法の支配を実施するための規範が，国内でも実施されない限り，法の支配は不徹底なものに止まらざるを得ないということである。そして，各国が国内での規範の実施をなおざりにすれば，国際社会における法の支配の努力が語られても，結局は法の支配は実現されないことになる。「国際社会における法の支配」を徹底していくためには，「国内における法の支配」の実現が不可欠なのである。

　ICC規程もまた，補完性の原則を採用することにより，「国際社会における法の支配」の前提条件として，「国内における法の支配」，すなわちICCの対象犯罪を国内において適切に訴追できる国内法体制を設けることを前提としている。このような観点で日本のこれまでの対応を見た場合には，やはり大きな問題がある。法の支配の徹底を自らの理念として掲げる時，自らの力のみでは国内法制度を完備できない国々を具体的にどう支援していくのか，そして何よりも日本国内において，ICCの対象犯罪が最も重大な国際犯罪と

62　例えば，The Raoul Wallenberg Institute of Human Rights and Humanitarian Law and the Hague Institute for the Internationalisation of Law, "Rule of Law: A Guide for Politicians," (2012), Chapter 4．日本語訳（東澤靖訳）とともに，次のウェブサイトに掲載されている。http://rwi. lu. se/what-we-do/academic-activities/pub/rule-of-law-a-guide-for-politicians/

255

して処罰される国内法体制をどう作り上げてきたのか，が問われなければならないからである。

　すでに見たように，ICC 規程の加入時に日本が国内法整備についてミニマリスト的な対応を取ったことについては，日本では実際の訴追は想定できない，刑罰の謙抑主義を優先すべきだ，大部分は現行刑法で対応できる，あるいは ICC 規程への加入を優先させるためにはやむを得ないなどの理由が提示されていた。それらは，その当時においてはやむを得ないことであったのかも知れない。しかし，加入後 6 年を経過したいま，その内実はいま一度問い直される必要がある。

　まず，国内における犯罪化の実際上の必要性が想定できない，言いかえれば国内的な立法事実が微弱であることは，ICC 規程については国内法制度を設けない理由とはならない。特に日本として，「国際社会における法の支配」の徹底をうたい，また，ICC 対象犯罪を「犯した個人を処罰する包囲網の一翼を担う」という決意に支えられているのであれば[63]，万が一にも日本国内でそのような犯罪が発生し，あるいはそのような犯罪に関与した者が日本国内に逃れてきた場合に，適用されるべき国内法を持っておくことは不可欠である。そのような国内法を持つことによってはじめて，日本は，ICC 規程が目的とする法の支配の一翼を担うという自らに課した任務を果たすことができるのではないか。立法事実や刑罰の謙抑主義に関する議論はもちろん重要である。しかし，前述の国際人道法違反処罰法のように，国際社会が共通に目指す目的が立法事実となり得ること自体は否定されていない。また，刑罰の謙抑主義は市民の人権に対する配慮を根拠とするものであり，市民の市民的自由にかかわる行為や被害者のない犯罪をあえて犯罪とするような場合に，貫かれるべき概念である。しかし，そのことが，国際社会における最も重大な犯罪と評価される ICC の対象犯罪を国内犯罪とすべきかどうかを考慮する際には，意味のある議論とはならない。結局のところ，ICC 規程に加入してその目的を担おうとする日本が，ICC の対象犯罪を自ら訴追できるように国内法を確立すること自体を否定する正当な論拠があるとは思われない。逆にそのような国内法を持つことは，日本が法の支配や「包囲網の一翼」を

---

[63] 外務省国際法局国際法課作成「国際刑事裁判所（ICC）と日本外交」（2012 年 4 月）の「我が国の ICC 加盟の意義」の項。

第 10 章　国際刑事裁判所と日本の課題

担っていることを対外的に示すための重要な指標となるであろう。

　次に，そのような国内法をどのような形で持つべきかである。この点について，日本政府は，ICC 規程の加入時には，現行刑法で対応する方針を述べていた。しかしそのような方針が，煩雑な立法事務を省略する実務的な利点を持っていた反面，少なからぬ問題を残したことも事実である。第 1 に，ICC 対象犯罪のうちでも現行刑法で対応できない犯罪類型が存在することは政府においても認識されていた[64]。第 2 に，ICC 対象犯罪の個々の犯罪類型が，現行刑法といずれと対応関係を持つのかは明確にされないままであった[65]。第 3 に，ICC 対象犯罪には現行刑法の諸法益（個人的法益，社会的法益，国家的法益）では包摂できないような，第 4 の国際的法益を保護するための犯罪も存在する[66]。そして第 4 に，現行刑法の適用によっては，ICC 対象犯罪の重大性に対する評価はまったくなされないことになる[67]。

　こうしたさまざまな問題点を考えれば，日本は，ICC の対象犯罪を国内法化することは必要なことであり，それに向けた作業を開始すべき時期に来ているのではないだろうか。もちろん国内法化といってもその方法はさまざまであるが，以下のような方法が考えられる。

① ジュネーブ追加議定書への加入の際の国際人道法違反処罰法のように，現行刑法で対処できない ICC 対象犯罪という「隙間犯罪」についてのみ，特別法を設ける。
② ICC 対象犯罪と現行刑法の犯罪との対応関係を明らかにし，あわせて ICC 対象犯罪に相当するような加重要件を設けて，法定刑を加重する。
③ ICC 規程の対象犯罪をそのまま国内法の犯罪として認めて適用する。
④ ICC 規程の対象犯罪に相当する犯罪類型と構成要件を，新たに国内法として作り直す。

　これらの方法は選択的なものではなく，組み合わせ可能なものもある。そして，ICC の対象犯罪の構成要件は，必ずしもそのままに国内刑法の構成要

---

[64]　主要な例は，中内②（注 5）5 頁。
[65]　真山（注 49）34 頁。
[66]　フィリップ・オステン「国際刑事裁判所の『位置づけ方』——国内法整備と刑事法の課題」国際人権 19 号（2008）51-61, 54-55 頁。
[67]　岡田（注 51）15 頁。

件と整合しないことや，煩雑な立法作業を避けるためには，①と②の組み合わせが現実的な選択であろう。②の加重要件を設けるに際しては，「国民的，民族的，人種的又は宗教的な集団の全部又は一部に対し，その集団自体を破壊する意図をもって行う」（集団殺害犯罪），「文民たる住民に対する攻撃であって広範な又は組織的なものの一部として，そのような攻撃であると認識しつつ行う」（人道に対する犯罪），「特に，計画若しくは政策の一部として又は大規模に行われたそのような犯罪の一部として行われるもの」（戦争犯罪）などの ICC 規程の敷居条項を，一般の刑法犯と区別するために用いられることになるだろう。

(3) ICC を強化するための貢献

ICC を強化するために，日本が政府として取り得る措置には，大きく分けて，ICC 規程の締約国会議を通じて行うこと，日本が自らの外交政策として行うこと，そして ICC に関してすでに決定された追加的義務を受け入れていくこと，がある。

(a) 締約国会議を通じて行う行動

日本が締約国会議を通じて行ってきた活動は，一般には，予算問題に対する厳しい姿勢をとり続けていることに注目されがちである。実際に，日本政府は，規程加入後，最大の予算拠出国として，増大し続ける ICC の運営予算に対して，EU 諸国などとともに予算のゼロ成長を求める動きを主導してきた[68]。しかし，他方で日本政府は，すでに本書で指摘してきた ICC の抱える問題について，ICC の実効性・効率性の向上，ガバナンス強化を求める主張をし続けている[69]。例えば，2011 年の第 10 回締約国会議で日本政府代表は，「ICC はその独立性が損なわれるべきではない司法機関ではありますが，裁判所は，その運営とガバナンスの審査から免れるものではありません」と述べていた[70]。

こうした日本政府の積極的な対応は評価される反面，ICC の実効性・効率

---

68 前記（注 18）の外務省のウェブサイトに掲載されたこれまでの締約国会議（結果概要）を参照。
69 同上。また，岡野（注 7）103-104 頁も参照。
70 第 10 回締約国会議における西田恒夫国連大使の声明（2011 年 12 月 14 日）。

第 10 章　国際刑事裁判所と日本の課題

性の向上，ガバナンス強化することがどのような手段によって達成されるのか，また，それが ICC の独立性を侵すことなくどのように実現できるのか，といった具体的な主張はあまり見えてきていない。唯一目に見えるのは，ICC の運営コストを抑えるべきだという主張であり，このことが日本政府の立場を誤解させる一因となっているように思われる。特に ICC の直接の活動目的は，犯罪の被告人が適正かつ迅速に裁かれ，また，被害者が救済を受けることにある。そのような観点から，求められる実効性・効率性やガバナンスとは何であるのかが，明らかにされなければならない。

　日本の締約国会議における活動と関連した重要な課題には，「人的貢献」がある。日本政府はこれまでに，すでに触れた 2 名の裁判官，被害者信託基金理事長など ICC 関係機関の役職者に加え，締約国会議の予算財務委員会（CBF）や裁判官諮問委員会などの委員に日本人を選出させてきた。しかし，問題はこうした日本政府が働きかけた役職者以外に，ICC やその関係機関で活動する日本からの人材が増えていないことである。この点については，All Japan の体制作りや，大学の学部教育段階からの取組みの必要性なども指摘され[71]，また，外務省も ICC への就職を啓発するためのリーフレットを出したりしてきた[72]。しかし実際に状況は進展していないことは，真剣に考え直されるべきである。その問題の原因や，改善のために考える手段は多くあるが，政府の側においてまず，省庁を越えた取組み，教育機関や弁護士会などの民間団体の協力を受ける場の設置，そして何よりも ICC の存在や活動についての社会の認識の向上に取り組む必要があるだろう。

(b)　外交政策としての取組み

　次に日本政府が自らの外交政策として行う取組みには，主要なものとして，締約国の拡大による ICC の普遍化の促進と，すべての締約国が ICC 対象犯罪を国内で裁くことができるようになることを目指した国際司法支援がある[73]。この点については，日本政府も決して数の多いものではないが，ICC 非締約国との間での各種セミナーの開催など一定の努力をしてきたことが報告されている。しかし，ICC の普遍化を達成する上で，最大の問題は，アメリカ，中国，ロシアといった安保理の常任理事国が参加していないことであ

71　野口（注 9）33 頁，髙山（注 46）8 頁など。
72　前記（注 26）参照。

る。この問題への対応，単に ICC 敵視姿勢を和らげるために日本が仲介役を果たすと言った役割以上の行動が必要である。それは，もちろん日本のみでできるものではない以上，EU 諸国をはじめとする他の締約国との連携による行動が追求されるべきである。かつて，日本の ICC 規程加入までには，EU の代表団が繰り返し日本を訪問して ICC への理解と加入を促すという行動があったが，少なくともそのような行動が望まれる。また，国際司法支援においては，支援を求める側は，国際マーケットに参画できるための法整備を求め，当面の必要性が想定されない国際犯罪に関する法整備は歓迎されないという事情があるかも知れない。そうした被支援国を説得するためには，やはり日本一国ではなく他の先進国と共同歩調を取る必要性があるだろう。そして，何よりも前述したように，日本自身が ICC 対象犯罪を国内訴追するための国内法整備を実施しておくことが，日本の姿勢の一貫性，信頼性に役立つことになる。

(c) 追加的義務の受入れ

ICC を強化するための貢献として見過ごされてならないことに，ICC の強化，発展のために採択された追加的な義務の受入れがある。

その主要なものに締約国会議が採択した特権免除協定の批准がある[74]。ICC 規程は，裁判官や検察官など一部の高官について締約の領域における活動についての特権と免除を保障している（48 条）。そうした ICC の活動についての特権と免除を，その対象と具体的内容を包括的に定めたのが特権免除協定である。この協定において，特権と免除を受ける対象は，検察局や書記局の職員，弁護人やその補助者，証人，被害者，専門家など裁判所の活動に関わるものだけでなく，締約国会議に参加する政府代表，国際機関代表などをも対象とする。特権免除協定は，ICC の活動が円滑に行われるために不可欠のものであるが，現時点（2013 年 7 月 1 日）で批准国は 72ヵ国にとどまっ

73　前述の第 10 回締約国会議における国連大使の声明は，この点について，「ICC の未来を確保することは，主に，我々がそのメンバーの普遍性を達成できるかどうかにかかっている。」，「締約国は，事態を ICC に『丸投げ（dumping）』するのではなく，まずそしてなによりも，国内の管轄権を行使する最善の努力をしなければならない。」と述べている。

74　ICC の特権及び免除に関する協定（Agreement on the Privileges and Immunities of the ICC），採択 2002 年 9 月 9 日，発効 2004 年 7 月 22 日。

第 10 章　国際刑事裁判所と日本の課題

ている。

　日本は，ICC 規程加入時に，特権免除協定については必要性に乏しいとしてそれを批准することをしなかった[75]。それ以来，日本では特権免除協定の批准は検討されてこなかったようである。しかしこの協定は，ICC に関わる者に対する保護の枠組みを設けて，ICC の世界的な活動を強化していくことつながるものであり，日本における個別的な必要性という観点のみでその批准の要否が語られるべきものではない。実際に ICC の職員や弁護人の活動に対する攻撃が生じていることを考えれば[76]，日本政府は特権免除協定を批准し，その推進に積極的な役割を果たすべきである。

　もうひとつ，日本政府が早急に検討すべき追加的義務として，2010 年に ICC 検討会議で採択された侵略犯罪に関する改正規定の受諾がある。侵略犯罪に関する改正規定は，コンセンサスで採択されたものの，実際にそれが発効し，ICC が侵略犯罪の管轄権を行使できるようになるためには，30 カ国の批准または受諾をはじめ，いくつかの条件が付されている。

　日本政府は，その採択においていくつかの問題点を指摘して採択のコンセンサスには参加しなかった[77]。侵略犯罪に関する改正規定に，日本政府が指摘するような数々の問題点が存在することはそのとおりである（詳しくは，本書第 9 章参照）。他方で，侵略犯罪にはじめて犯罪の構成要件として規定されたこと，また，侵略犯罪の認定権限を国連安保理に専有させたいと意図す

75　第 166 国会参議委員本会議における麻生太郎外務大臣（当時）の答弁（2007 年 4 月 13 日），「我が国におきましては，ICC の事務所の設置などを前提とした特権免除を付与する必要性がなく，長期にわたって ICC 職員などが活動することも現時点では想定されておりません。したがって，我が国といたしましては同協定を締結する必要性が乏しいことから，これを締結しないこととといたしております。」

76　2012 年 6 月に発生したリビアにおける，ICC の職員と弁護人に対する逮捕については，本書第 1 章（注 29），日本弁護士連合会「リビアにおける国際刑事裁判所の弁護士・職員の拘束を懸念し，即時の釈放を求める会長声明」（2012 年 6 月 15 日）などを参照。

77　外務省「国際刑事裁判所（ICC）ローマ規程検討会議（結果の概要）」（2010 年 6 月 11 日）「なお，今回の規程改正は，現行ローマ規程の改正手続との関係で疑義が残ること，締約国間及び締約国と非締約国間の法的関係を複雑なものとすること，非締約国の侵略行為による侵略犯罪を必要以上に裁判所の管轄権行使の条件から外していること等から，規程改正の採択のコンセンサスには参加しないが，それをブロックすることはしないとの対応を行った」。

る安保理常任理事国（ICC 締約国を含む）の強い反対にもかかわらず，侵略犯罪の独立の認定権限を ICC に持たせるコンセンサスを成立させたことの，歴史的な意義は決して小さなものではない。このような困難な問題の合意の過程において，改正規定を不完全なものとする政治的妥協がなされたとしても，それは致命的な欠陥としてではなく，将来に向けた産みの苦しみとして評価される必要がある。ドイツと並んで，東京裁判においてその侵略行為を平和に対する罪として断罪され，戦争放棄を自らに課す平和憲法を採択した国として，侵略犯罪に関する改正規定を発効させ，定着させていくことは日本の責務ということもできるだろう[78]。

侵略犯罪に関する改正規定は，現時点（2013年7月1日）までに6カ国によって受諾または批准されている。その中にドイツが含まれていることは，特筆される。日本は，侵略犯罪に関する改正規定の問題点の解決について，締約国間の共通理解形成を促進していくという立場からも，その受諾を早期に行うべきである。

(d) 市民社会との協働の必要性

ICC を強化するための貢献は，もちろん日本が政府の立場でのみ行うべきことではなく，市民社会によっても担われることである。ICC 規程への加入に際して，日本弁護士連合会（日弁連）などの法律家団体，国際刑事裁判所問題日本ネットワーク（JNICC）やアムネスティー・インターナショナル日本支部などの NGO は，加入促進のために大きな役割を果たしてきた[79]。そうした市民社会の諸団体は，しばしば国際社会のネットワークを通じて，ICC の直面する課題の解決に向けた活動を行っている。JNICC は，ICC のための NGO 連合（CICC：本部　ニューヨーク）やそのアジア地域組織に所属して，ICC 規程批准の促進活動を行っている。日弁連は，ICC で活動する弁護士の声を代表すべく設立された国際刑事弁護士会（ICB：本部　バルセロナ），ICC の公正な裁判を監視する活動などを行っている国際法曹協会（IBA：本部　ロンドン）などに所属している。また，ICC の活動やそこで形成される法

78　同上の報告は，「日本は東京裁判の経験を有する国として，ICC による侵略犯罪についての管轄権の行使を重視するとの立場を踏まえ，コンセンサス形成に積極的に参加した。」とも述べていた。

79　東澤（注16）。

的問題を研究する研究者も少なくない。

　日本のICCへの関わりを促進していくため，特に日本政府のICCに対する政策を形成し実行していくためには，このような市民社会の活動との協働が有益であることはいうまでもない。残念ながら，これまでICCに対する日本政府の政策形成において，このような市民社会の意見が反映される場はほとんど存在しなかった。逆に言えば，市民社会の側から，日本政府に対してICCに関わる政策の協議を求める活動も少なかったように思われる。しかし，ICCを強化するための貢献を意味あるものとするためには，政府と市民社会との協働が不可欠であることはいうまでもない。

Ⅳ　人権保障のためのICC

　日本におけるICCについての議論を振り返る中で，そこには，重要な一つの問題が抜け落ちていたことを指摘しなければならない。それは，ICCの活動と人権保障との関係である。

　冒頭に引用したアナン元国連事務総長の演説は，歴史的なICC規程の採択を「普遍的人権と法の支配の前進のための巨大な一歩」であることを指摘していた。ICCは法の支配の実現であると同時に普遍的人権を実現しようとするもの，あるいは法の支配自体が普遍的人権の実現のための不可欠な手段であることを，その演説は意味していたのかも知れない。

　ICC規程の主要な目的の一つが，これまで不処罰のままに放置されてきた大規模人権侵害に対応することであったことは，すでに述べたとおりである（本書第1章参照）。そして，ICCを通じて実現をめざす法の支配も，重大な国際犯罪の撲滅や予防も，究極的にめざすものは，人々の人権を保障することにある。ここで人権に焦点を当てることは，2つの意味で重要である。

　一つには，ICCの機能や成功は，直接的にそれがめざす法の支配や犯罪の撲滅・予防を超えて，真に人々の人権を保障するものとなっているかが常に問われなければならないということである。例えば，本書第1章において，平和と司法的正義をめぐる複雑な議論，司法的正義の実施が一時的には和平の合意や実現を妨げる状況での葛藤を紹介した。そのような葛藤に直面した場合に，政治的な事情を考慮することはICCの任務ではないとして，思考

を停止してしまうことは，ICC 規程が目指すものではない。司法的正義の実施のために失われるかもしれない人々の人権に悩み続けることが，ICC の目的によりよく合致する。また，人権と結びつけて考えることは，ICC に対する日本の貢献を考える際にも，ICC によって守られるべき人々の人権を保障するために何ができるのかという視点を与えることになる。本章第 7 章では，ICC の鍵となる特徴であるとされる被害者賠償制度が，実際に機能するものとなるのかどうかの重大な岐路に立っている状況を示した。それを解決できる方向性は，個別事件での司法判断以前に，締約国会議が本来の ICC の活動目的に沿った被害者賠償制度の立法的な枠組みを作り上げることにある。そうした作業を日本は，主導できる立場にある。

　人権に焦点を置く二つ目の意味は，人権という概念そのものの中にある。人権は，第 1 次的には，国家の権力行使から人々の自由を守るために，その保障が国家に義務づけられている。そして ICC 規程が問題とする大規模人権侵害もしばしばそれは国家権力の政策や庇護のもとに行われ，また，国家権力の不作為によって不処罰が放置されてきた。ICC が対象とする国際社会の関心事である最も重大な犯罪としての集団殺害犯罪や人道に対する犯罪は，そのような国家権力あるいはそれに準じる権力のもとに行われる犯罪がまず想定されている。あるいは，戦争犯罪，とりわけ国家間の戦争犯罪は，まさに国家権力による行為そのものである。そのような意味で ICC の対象犯罪は，一般犯罪や組織犯罪とは区別された，国家規模の犯罪を裁く機関であると言うこともできる。そうであれば，ICC の活動を支援することは，一般的な国際犯罪の撲滅ではなく，国家的な行為により引き起こされた大規模人権侵害に対処するために，国際社会が介入していくという質を伴う行為である。ICC の活動を支持することは，そのような国家的行為による大規模人権侵害に対し，刑事司法の手段によって介入していくことが前提とされている。日本が他国で行われる大規模人権侵害に対し，それを自らの関心事として介入する基本的姿勢が，ここでは求められている。

　最後に，ICC が究極的には人権保障のための制度であることを語る場合，ICC の活動は，他の人権保障の国際的な取組みと深く連動し，役割を分担し合うものであることを指摘しておきたい。ICC の目的が世界人権宣言によって承認された「恐怖からの自由」と重なり合うことは，前述したとおりであ

る。世界人権宣言は,「法の支配によって人権を保護すること」(前文) の重要性から語りはじめられている。そして人々の「恐怖からの自由」を保障するために,国際社会にはICCという刑事司法の手段以外に,いくつかの取組みが進行している。

その一つは,「人間の安全保障」(human security) の推進である。1994年に国連開発計画 (UNDP) が「人間開発報告書」で提唱し,その後日本政府が主導して設立された国連の人間の安全保障委員会の設立につながっていた「人間の安全保障」は,人間の「恐怖と欠乏からの自由」を核心としていた。「人間の安全保障」は,現在までに数度の国連総会決議によって国連の基本政策となるとともに,日本政府もその推進を主導している[80]。「人間の安全保障」の推進と,ICCの活動は,多くの点でその目的を共通にしている[81]。

また,ICCが採用する補完性の原則と類似の枠組みを採用する概念として,「保護する責任」(responsibility to protect) がある。国家が人々を保護する義務を果たさない場合に,人々を保護する責任は国際社会に委ねられるとする「保護する責任」は,国内の司法権に能力や意思がない場合にICCの管轄権を許容するICC制度と同様に,国内の人権侵害に対する国際社会の介入を認める論理を提供する[82]。「保護する責任」は,カナダ政府の設置による「介入と国家主権に関する国際委員会 (ICISS)」が2001年に公表した報告書「The Responsibility to Protect」により提唱され,2005年の国連総会ハイレベル全体会合が採択した「2005年世界サミット成果文書」に取り入れられた。さらに,2011年のリビアでの民衆蜂起とそれへの旧政権による弾圧について,国連安保理が,一方ではリビアの事態をICCに付託する決議をあげながら,引き続きリビア政府の「保護する責任」に言及して加盟国の武力行使を容認する決議を行ったことから[83],「保護する責任」のもたらす武力介入の側面と,ICCの介入との関係が問題とされた。

さらに,世界人権宣言の「恐怖からの自由」を実現するための動きとして,

80　外務省のウェブサイト:http://www.mofa.go.jp/mofaj/gaiko/hs/
81　佐藤 (注14) 参照。
82　東澤靖「現代における人権と平和の交錯——国際刑事裁判と『保護する責任』をめぐって」PRIME36号 (2013) 15-31頁。
83　UN Doc S/RES/1970, 26 February 2011 及び UN Doc S/RES/1973, 17 March 2011。

近時，国連人権理事会において「平和に対する権利」（right to peace）の起草が議論されている[84]。「平和に対する権利」は，1984年に国連総会決議「平和に対する人民の権利に対する宣言」として採択されたが[85]，その後は長らく忘れられた権利となっていた。しかし，従来の国連人権委員会にかわるものとして国連総会の下部機関として設置され 2006 年から活動を開始した国連人権理事会は，2008 年以降この権利に関する議論を開始した。そしてその諮問委員会が提出した「平和に対する権利宣言」案を受けて，国連人権理事会は 2012 年以降作業部会を設けて，起草のための交渉を行っている[86]。

このような，人間の安全保障，保護する責任，そして平和に対する権利をめぐる取組みは，世界人権宣言が求める「恐怖からの自由」の実現と，人権保障のために国際社会の責任を，ICC と共有すると言うことができる。ICC の活動のあり方，そしてその活動に対する日本の貢献のあり方を考える場合，そうした各種の取組みとの連動が必要となる。

大規模人権侵害に対処するための，国際社会や国内社会の協働と適切な役割分担，それが ICC の目的を実効的かつ効果的に実現していく途である。

---

84 東澤靖「国連人権理事会における『平和に対する権利宣言』の起草 —— その意義と課題」明治学院大学法科大学院ローレビュー 18 号（2013）63-79 頁。
85 'Declaration on the Right of Peoples to Peace,' UN Doc A/RES/39/11, Annex.
86 ただし，「平和に対する権利」は，キューバなどの発展途上国によって主導され，逆にアメリカや日本を含む少なからぬ西側諸国が，平和は人権の問題ではないなどの理由で反対し続けているという複雑な状況がある。

初 出 一 覧

第1章 「重大・組織的な人権侵害事態と国際刑事裁判所（ICC）」法律時報 84 巻 9 号（2012 年 7 月）72-77 頁。

第2章 「判例紹介：国際刑事裁判所における最初の有罪判決 ── ルバンガ事件（国際刑事裁判所第 1 審裁判部　2012 年 3 月 14 日判決, 同年 7 月 10 日決定［上訴］）」国際人権第 23 号（2012 年 10 月）138-141 頁。

第3章 「国際刑事裁判所における捜査・訴追対象者の権利」法律時報 79 巻 4 号（2007 年 3 月）43-47 頁。

第4章 「研究ノート：国際刑事裁判所（ICC）における『公正な裁判』── ルバンガ事件を振り返って」明治学院大学法科大学院ローレビュー第 15 号（2011 年 12 月）91-110 頁。

第5章 「ICC における被害者の地位 ── 実現された制度と課題」村瀬信也・洪恵子共編『国際刑事裁判所 ── 最も重大な国際犯罪を裁く』（2008 年 2 月，東信堂）227-264 頁。

第6章 「判例紹介：国際刑事裁判所における被害者の参加 ── ルバンガ事件（国際刑事裁判所上訴裁判部　2008 年 7 月 11 日判決）」国際人権第 19 号（2008 年 10 月）197-203 頁。

第7章 「国際刑事裁判所（ICC）における最初の賠償に関する決定 ── ルバンガ事件（国際刑事裁判所第 1 公判部 2012 年 8 月 7 日決定）」明治学院大学法科大学院ローレビュー第 17 号（2012 年 12 月）21-39 頁。

第8章 「ICC ローマ規程の改正手続と 2010 年検討会議」明治学院大学法科大学院ローレビュー第 8 号（2008 年 3 月）11-24 頁。

第9章 「国際刑事裁判所ローマ規程の侵略犯罪の改正 ── ICC は侵略犯罪を裁くことができるのか」明治学院大学法科大学院ローレビュー第 14 号（2011 年 3 月）105-128 頁。

第10章 書き下ろし

事項索引

あ行

アフガニスタン……………………… 6
アフリカ連合（AU）……………… 8, 40
アメリカ………………………………… 246
アメリカ要員保護法………………… 246
安全保障理事会の延期決定………… 214
安全保障理事会の決定……………… 212
安保理決議 1593……………………… 11
安保理付託…………………… 200, 211
イギリス……………………………… 249
一事不再理…………………… 114, 188
一般的な効力………………………… 172
因果関係（causal link）…… 126, 154
ウガンダ…………… 5, 9, 19, 46, 96, 120
越境犯罪（transnational crimes）…… 183
NGO………………… 56, 67, 72, 253
援助犯………………………………… 21
オランダ……………………………… 249

か行

蓋然性の優劣（balance of probabilities）
　………………………… 23, 115, 154
過失犯………………………………… 32
カナダ………………………………… 249
管轄権行使の前提条件……………… 173
韓国…………………………………… 6
間接的な被害者……… 51, 83, 121, 150
間接犯罪実行………………………… 21
勧誘犯………………………………… 21
北朝鮮………………………………… 6
ギニア………………………………… 6
客観的解釈の原則…………………… 203
旧ユーゴスラビア国際刑事法廷（ICTY）
　……………………… 19, 41, 79, 125, 133

教唆犯………………………………… 21
共通代理人（common representative）
　…………………………………… 96, 120
共同計画（common plan）……… 18, 21
共同犯罪企図（joint criminal enterprise）
　…………………………………… 21
共同犯罪実行（joint perpetration,
　co-perpetration）……………… 17, 21
恐怖からの自由……………………… 253
許可上訴……………………………… 162
記録の閲覧…………………………… 99
記録や書類へのアクセス…………… 121
グルジア……………………………… 6
形式的対等（procedural equality）…… 35
刑の量定……………………………… 136
刑罰の謙抑主義……………………… 250
ケープタウン諸原則………………… 148
ケニア共和国………………………… 5
厳格解釈の原則……………… 188, 202
検察官事務所（OTP）……………… 119
検察官手持ち証拠の吟味…………… 121
検察官の職権捜査…………………… 200
原状回復（restitution）…… 79, 109, 137
検討会議（Review Conference）
　………………………… 10, 169, 193
行為支配の理論……………………… 22
公開記録の閲覧……………………… 119
拘禁刑………………………………… 23
公正な裁判…………… 13, 40, 123, 202
　公開・公正・———……………… 34
　———を受ける権利……………… 34
構成要件文書………………………… 21
公設弁護士（代理人）事務所……… 37
公設代理人事務所（Office of Public
　Counsel for Victims：OPCV）

269

事項索引

..................49, 85, 95, 120, 141, 160
公設弁護人事務所（Office of Public
　Counsel for Defence：OPCD）..........38
公的弁護..................................33
拷問等禁止条約....................80, 138
合理的な疑いを超えた証明（確信）
　.............................23, 114, 155
コートジボワール..........................5
国際協力..................................13
国際軍事法廷........................29, 133
国際刑事裁判所（ICC）
　——の実効性・効率性..................258
　——の選別性...........................7
　——の独立性.........................226
　——の判断の独立性...................213
ICC 協力法..............................248
ICC 連合（CICC）.......................248
国際刑事裁判所問題日本ネットワーク
　（JNICC）.............................262
国際刑事弁護士会（ICB）..........38, 262
国際刑事法..............................242
国際刑事法廷.............................29
国際司法支援...........................259
国際人権法..........31, 41, 44, 80, 93, 109, 114,
　121, 125, 137, 148, 202, 227, 242, 255
国際人道法.................44, 114, 121, 242
国際人道法違反処罰法..................249
国際的武力紛争..........................16
国際的法益..............................257
国際法上の被害者の権利...............114
国際法曹協会（IBA）..................262
国際連合憲章...........................171
国内立法措置...........................242
国連安全保障理事会の役割.............195
国連決議 1593..........................247
国連決議 3314..........................203
国連憲章 39 条..........................212
国連人権理事会........................266
国連の諸機関............................56
個人的利益..........................50, 121

個人の刑事責任..............21, 204, 208
国家規模の犯罪........................264
国家責任.................................111
子どもに対する暴力......................86
子どもの権利条約.......................20
子ども兵士..................17, 19, 136
個別的賠償..............................152
コロンビア...............................6
混合法廷.................................29
コンゴ民主共和国（DRC）....3, 15, 36, 39,
　55, 104, 120

さ　行

罪刑法定主義.......................31, 188
裁判所（Court）.......................140
裁判所書紀..........................72, 96
裁判所の義務..........................139
裁判所の裁量..........................139
裁判の運営に対する犯罪...............248
裁判部（Chamber）....................140
削除編集（redaction）..........36, 47, 57
参加者（participant）................129
参加的権利............................123
参加被害者......................107, 129
サンフランシスコ講和条約............253
シエラレオネ特別裁判所（SCSL）...20, 37
敷居条項..............................258
時　効................................113
自己付託..............................243
事実の錯誤.............................33
事実の「法的な再性格付け」（legal
　re-characterization）................61
自然人............................126, 151
事態と事件の区別......................101
実効性..................................11
執行停止...............................69
　——の申立...........................58
実行犯..................................32
実質的対等（substantial equality）...35
実績調査（stocktaking）........190, 193

270

司法ガイドライン……………………148
司法支援……………………………242
司法的真実（judicial truth）……………131
司法的正義……………………9, 264
市民社会……………………………262
自由権規約………30, 34, 41, 80, 138, 227
従属犯……………………………22, 32
集団殺害犯罪………………………134
集団殺害を行う共同謀議……………187
集団的（な）賠償…………116, 142, 152
集団への寄与犯……………………21
主観的要素…………………………21
ジュネーブ
　——諸（四）条約……………19, 249
　——（第1・第2）追加議定書……19, 249
受理許容性…………………………188
上官責任……………………………21
（ICC決定の）消極的な影響力…………146
（侵略犯罪規定の）消極的理解……222
証　拠
　——（の）開示……15, 35, 52, 55
　——の開示を受ける権利……………42
　——の許容性や関連性………………52
　——の要約（Summary）………………47
勝者の裁き…………………………253
上訴の権利…………………………162
象徴的賠償…………………………158
証人等に対する尋問…………………98
証人被害者…………………………107
常任理事国…………………………259
証明の優越（preponderance of proof）…154
条約法に関するウィーン条約
　………………………………128, 173198
書記局………………………67, 85, 120, 160
職権主義（inquisitorial system）
　………………………………53, 77, 124
職権捜査……………………………211
シリア………………………………7
人権保障……………………………263
人種差別撤廃条約…………………138

人的貢献……………………………244, 259
人道に対する犯罪…………………61, 134
審理への出席，発言と尋問……………119
侵略行為（の定義）…………………204
侵略の定義に関する決議……………203
侵略犯罪………………………7, 193, 261
　——の行為の主体……………………208
　——の定義…………………203, 206
　——の定義と管轄権行使の条件……179
「人類の平和と安全に対する犯罪」案
　………………………………………203
ダルフール（スーダン）
　…………………………5, 11, 39, 120, 246
スリランカ………………………………7
性的（ジェンダー）暴力………………86
（国際刑事裁判の）正当性……………8, 29
制度的改正手続……………………170, 198
性奴隷…………………………………61, 87
性暴力………………20, 24, 115, 136, 151
セーフガード（の措置）………………54, 123
世界人権宣言………………80, 137, 252, 264
責任阻却事由…………………………32
（ICC決定の）積極的な影響力…………146
積極的補完性の原則…………………243
（侵略犯罪規定の）積極的理解………221
戦後補償裁判…………………………109
戦争犯罪…………………16, 46, 134, 184
（国際的武力紛争における）全般的な
　支配………………………………16
専門家…………………………………92, 112
組織または機関………………………127
唆し犯…………………………………21
損害等の決定…………………………139

た　行

第6決議………………………………197, 230
　——決議本文…………………………201
大規模人権侵害…………………………3, 264
対象犯罪に関する改正手続……171, 198
単独犯罪実行…………………………21

地域的普遍性‥‥‥‥‥‥‥‥‥‥‥9
遅延なく裁判を受ける権利‥‥‥59, 63, 74
中央アフリカ‥‥‥‥‥‥‥‥‥5, 120
仲介者（intermediary）‥‥‥22, 66, 136
中　国‥‥‥‥‥‥‥‥‥‥‥‥‥259
直接的な害悪‥‥‥‥‥‥‥‥‥‥128
直近の原因（proximate cause）‥‥‥154
通常の改正手続‥‥‥‥‥‥‥170, 198
締約国会議‥‥‥‥‥‥‥‥‥‥‥169
締約国付託‥‥‥‥‥‥‥‥‥200, 211
手続の中止‥‥‥‥‥‥‥‥‥‥55, 69
テロリズム‥‥‥‥‥‥‥‥‥‥‥182
ドイツ‥‥‥‥‥‥‥‥‥‥‥249, 262
東京裁判‥‥‥‥‥‥29, 44, 78, 137, 252
当事者（party）‥‥‥‥‥‥‥‥‥129
当事者対抗主義（adversarial system）
　‥‥‥‥‥‥‥‥‥‥‥‥52, 77, 124
（検察官の）独立の規程上の義務‥‥‥68
特権免除協定‥‥‥‥‥‥‥‥‥‥260
トリガー（ひきがね）‥‥200, 211, 231

　　　　　　な　行

ナイロビ宣言‥‥‥‥‥‥‥‥‥‥148
日本国憲法‥‥‥‥‥‥‥‥‥‥‥251
日本弁護士連合会‥‥‥‥‥‥‥‥262
ニュルンベルク原則‥‥‥‥‥‥44, 79
ニュルンベルク裁判‥‥‥29, 40, 44, 78, 137
人間の安全保障（human security）‥‥265
認定可能な犯罪事実‥‥‥‥‥‥‥‥61

　　　　　　は　行

賠　償
　──　原則‥‥‥‥‥‥‥‥‥‥‥147
　──　原則の確立‥‥‥‥‥‥‥‥139
　──　実施の手続‥‥‥‥‥‥‥‥157
　──　制度‥‥‥‥‥‥‥‥‥‥‥14
　──　手続への参加者‥‥‥‥‥‥157
　──　に関する決定‥‥‥‥‥46, 133
　──　の形態‥‥‥‥‥‥‥‥‥‥152
　──　の決定‥‥‥‥‥‥‥‥‥‥112

　──　の原則‥‥‥‥‥‥‥‥‥‥112
　──　の受益者‥‥‥‥‥‥‥‥‥149
　──　の立証基準‥‥‥‥‥‥‥‥155
　──　命令‥‥‥‥‥112, 114, 139, 157, 161
罰金刑‥‥‥‥‥‥‥‥‥‥‥‥‥‥24
パリ諸原則‥‥‥‥‥‥‥‥‥‥‥148
パレスティナ‥‥‥‥‥‥‥‥‥‥‥6
犯罪事実確認手続‥‥‥‥‥‥‥‥‥47
犯罪収益‥‥‥‥‥‥‥‥‥‥‥‥113
犯罪の構成要件に関する文書‥‥32, 233
被害者・証人室（Victims and Witnesses
　Unit：VWU）‥‥‥‥‥‥67, 85, 90
被害者
　見解・懸念の表明‥‥‥‥‥‥97, 119
　──　参加‥‥‥‥‥‥‥‥‥14, 23
　──　参加の諸形態‥‥‥‥‥‥‥129
　──　参加の要件‥‥‥‥‥‥‥‥128
　──　信託基金‥‥‥‥‥108, 140, 157
　　　──　を通じた賠償命令‥‥‥139
　──　信託基金規則‥‥‥‥‥‥‥115
　──　代理人‥‥‥‥‥‥‥37, 119, 141
　──　と証人の保護‥‥‥‥‥‥‥‥86
　──　に関する組織‥‥‥‥‥‥‥‥82
　──　に対する賠償‥‥‥‥‥‥‥108
　──　のアクセス‥‥‥‥‥‥‥‥‥81
　──　の権利‥‥‥‥‥‥‥‥‥‥‥82
　──　の参加‥‥‥‥‥‥‥‥43, 119
　──　の参加形態（Modality of
　　Participation）‥‥‥‥49, 54, 95, 119
　──　の参加や賠償‥‥‥‥‥‥‥‥80
　──　のための信託基金‥‥‥‥‥115
　──　の定義‥‥‥‥‥‥‥44, 82, 119
　──　の手続参加‥‥‥‥‥‥‥‥‥92
　──　の匿名による参加‥‥‥‥‥104
　──　の法律上の代理人‥‥‥‥‥‥95
　──　賠償制度‥‥‥‥‥‥‥‥‥264
　──　への通知‥‥‥‥‥‥‥‥‥100
　──　への賠償‥‥‥‥‥‥‥‥‥134
　──　法的代理人（LRV）‥‥‥‥163
　──　保護・賠償課（Victim Protection

事項索引

and Reparation Section：VPRS）……85
被害者自ら証拠を提出………………121
非金銭的賠償…………………………158
非公開（インカメラ）………………88
非公開聴聞……………………………51
非公開聴聞や片面的（ex parte）聴聞
　への参加……………………………121
非国際的武力紛争……………………16
被告人の釈放………………………57, 69
被告人の容疑と関連…………………124
非差別原則………………………147, 202
非常再審（Extraordinary Review）…105
非人道的または残虐な取扱い………61
非締約国……………………174, 200, 219
秘密保持合意文書（Documents on
　Condition of Confidentiality）…………55
不可欠の寄与（essential contribution）…18
武器対等原則（Principle of Equality
　of Arms）………………………34, 41, 187
不受諾
　──国…………………………172, 200
　──宣言…………………………223
　──宣言国………………………218
不処罰
　──の格差（Immunity Gap）………243
　──の文化………………………3
　──否認原則……………………252
付帯私訴（constitution de partie civile）…78
普遍性……………………………6, 241
兵器，投射物及び物資並びに戦闘の方法
　………………………………………184
米州人権裁判所……………………109, 153
米州人権条約…………………………41
平　和…………………………………9
平和構築………………………………242
平和に対する権利（right to peace）……266
平和に対する罪………………………194
弁護士（団体）の参加………………37
弁護人の立会権………………………33
片面的（ex parte）審理……………51

ほう助犯………………………………21
法　人…………………………………151
　──の刑事責任……………………187
法の錯誤………………………………33
法の支配…………………………240, 254
補完性の原則……………4, 13, 147, 210, 248, 255
保護する責任（responsibility to protect）
　………………………………………265
保護措置………………………………67
保護命令………………………………52
補　償…………………………………111
ホンジュラス…………………………6
麻薬犯罪………………………………182

ま　行

マ　リ…………………………………5
満足及び繰り返されないことの保障……111
ミニマリスト（最小限主義）………250
命令犯…………………………………21

や　行

ヨーロッパ人権裁判所…………30, 64, 109
ヨーロッパ人権条約……………30, 34, 41
予審裁判部門の許可…………………213

ら・わ行

（侵略犯罪改正からの）離脱（opt-out）
　………………………………………220
リハビリテーションの提供…………111
リビア……………………5, 12, 40, 265
リヒテンシュタイン提案……………196
（侵略犯罪改正の）了解文書………201
量　刑…………………………………23
量刑の決定……………………………46
ルバンガ………3, 15, 36, 39, 45, 104, 119, 135
ルワンダ……………………………19, 46
ルワンダ国際刑事法廷（ICTR）……41, 79,
　125, 133
レバノン特別法廷……………………38
ロシア…………………………………259

273

事項索引

ングジェロ……………………………………… 5

*　　*　　*

124条経過規定 ………………………… 178
1985年宣言 …………… 80, 93, 109, 125, 138

2005年基本原則 ……… 81, 93, 109, 121, 138, 148, 152
「4つの自由」演説 …………………… 252
98条協定 ………………………………… 246

〈著者紹介〉

東澤　靖　（ひがしざわ・やすし）
明治学院大学大学院法務職研究科教授
弁護士（日本，ニューヨーク州，カリフォルニア州）
国際刑事弁護士会（ICB）・国際法曹協会人権評議会
（IBA-HRI）各理事

〈関連著作〉
単著：『国際刑事裁判所　法と実務』（明石書店，2007）
共著：『国際刑事裁判所の扉をあける』（現代人文社，2008），『国際刑事裁判所 ── 最も重大な国際犯罪を裁く』（東信堂，2008），『「正義」の再構築に向けて ── 国際刑事裁判所の可能性と市民社会の役割』（現代人文社，2004），『入門国際刑事裁判所 ── 紛争下の暴力をどう裁くのか』（現代人文社，2002）

学術選書
127
国際人権法

❀ ❀ ❀

国際刑事裁判所と人権保障

2013(平成25)年11月16日　第1版第1刷発行
6727-3:P288Y　Y6800E-012:040-025

著者　東澤　靖
発行者　今井　貴　渡辺左近
発行所　株式会社　信山社
〒113-0033　東京都文京区本郷 6-2-9-102
Tel 03-3818-1019　Fax 03-3818-0344
henshu@shinzansha.co.jp
エクレール後楽園編集部　〒113-0033 文京区本郷 1-30-18
笠間才木支店　〒309-1600 茨城県笠間市才木 515-3
笠間来栖支店　〒309-1625 茨城県笠間市来栖 2345-1
Tel 0296-71-0215　Fax 0296-72-5410
出版契約 2013-6727-3-01010　Printed in Japan

ⓒ 東澤　靖，2013　印刷・製本／亜細亜印刷・渋谷文泉閣
ISBN978-4-7972-6727-3 C3332　分類329.501-a096 国際人権法
6727-0101:012-040-0250《禁無断複写》

JCOPY 〈(社)出版者著作権管理機構委託出版物〉
本書の無断複写は著作権法上での例外を除き禁じられています。複写される場合は、そのつど事前に、(社)出版者著作権管理機構（電話 03-3513-6969，FAX 03-3513-6979，e-mail:info@jcopy.or.jp）の許諾を得て下さい。

◆国際人権法
申　惠丰 著

国際人権法学会学会誌
◆国際人権 1号〜　国際人権法学会 編

講座　国際人権法1　国際人権法学会15周年記念
◆国際人権法と憲法
編集代表　芹田健太郎・棟居快行・薬師寺公夫・坂元茂樹

講座　国際人権法2　国際人権法学会15周年記念
◆国際人権規範の形成と展開
編集代表　芹田健太郎・棟居快行・薬師寺公夫・坂元茂樹

講座　国際人権法3　国際人権法学会20周年記念
◆国際人権法の国内的実施
編集代表　芹田健太郎・戸波江二・棟居快行・薬師寺公夫・坂元茂樹

講座　国際人権法4　国際人権法学会20周年記念
◆国際人権法の国際的実施
編集代表　芹田健太郎・戸波江二・棟居快行・薬師寺公夫・坂元茂樹

◆ブリッジブック国際人権法
芹田健太郎・薬師寺公夫・坂元茂樹 著
◆抗う思想/平和を創る力
阿部浩己 著
◆プラクティス国際法講義（第2版）
◆演習プラクティス国際法
柳原正治・森川幸一・兼原敦子 編

◆ヨーロッパ人権裁判所の判例
戸波江二・北村泰三・建石真公子・小畑郁・江島晶子 編集
◆ヨーロッパ「憲法」の形成と各国憲法の変化
中村民雄・山元一 編

信山社